**口絵 1** 万福寺所伝本第二幅「信心諍論」(京都・西本願寺)

**口絵 2** 西本願寺本「出家学道」段(京都・西本願寺)

**口絵 3** 高田専修寺本「出家学道」段（三重・専修寺）

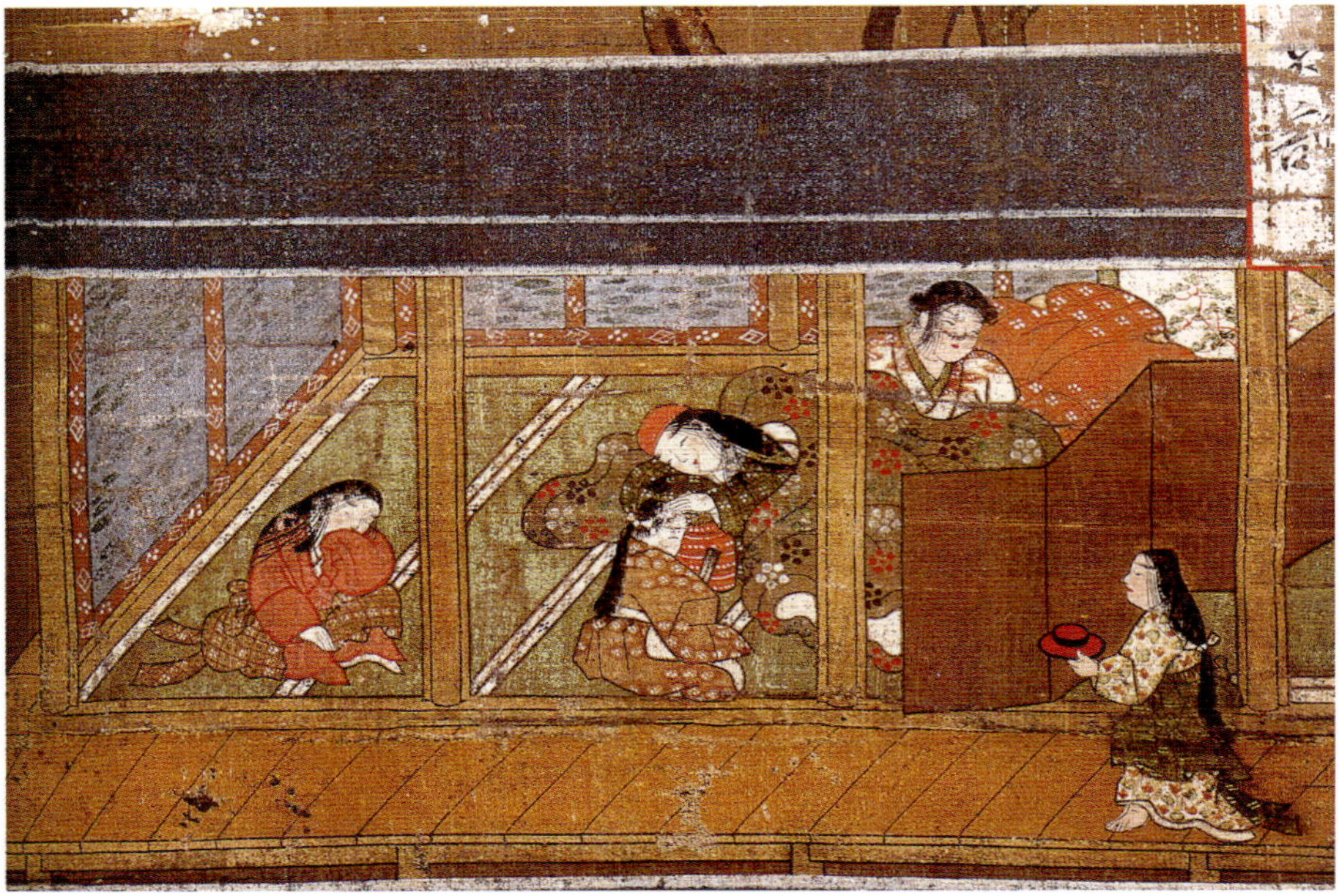

**口絵 4** 願照寺本第一幅「□□教訓」（愛知・願照寺）

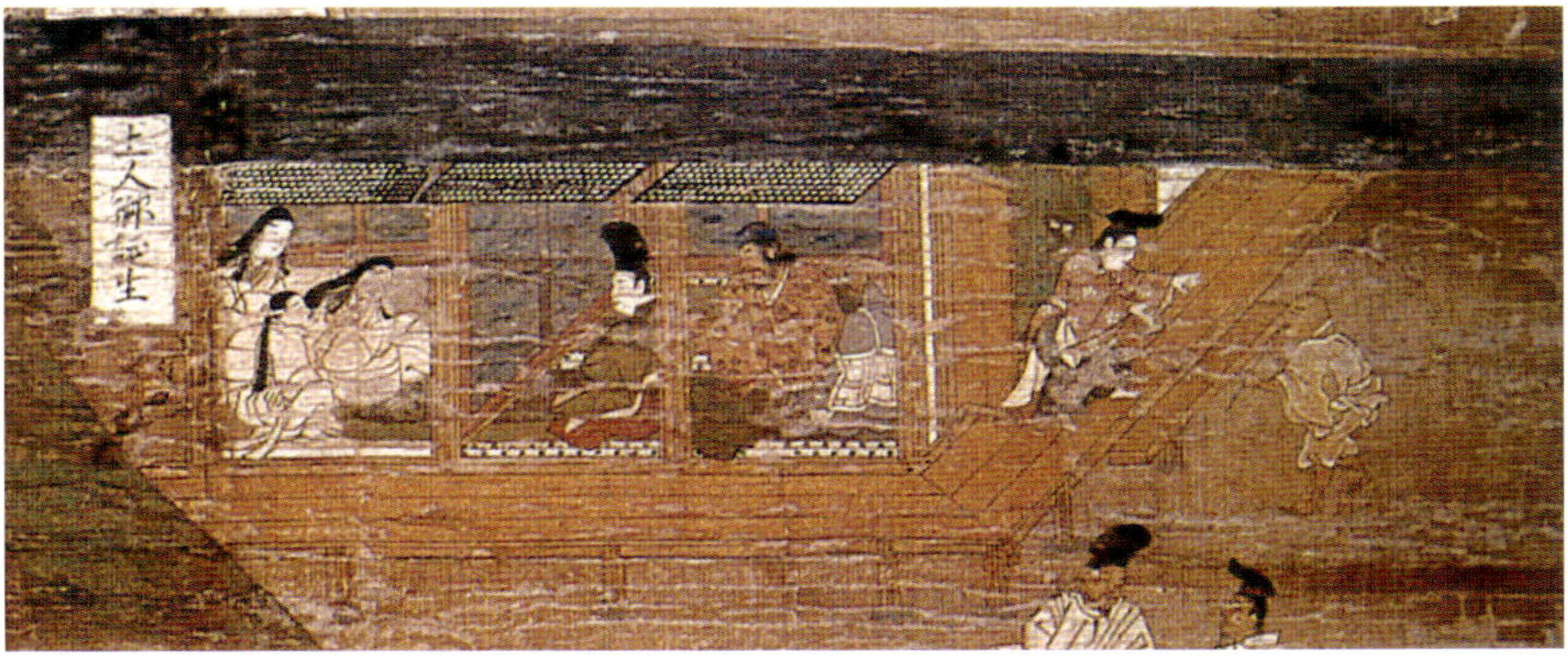


**口絵 5** 如意寺本第一幅「上人御誕生」(愛知・如意寺)

**口絵 6** 如意寺本第一幅「竹馬遊戯」(愛知・如意寺)

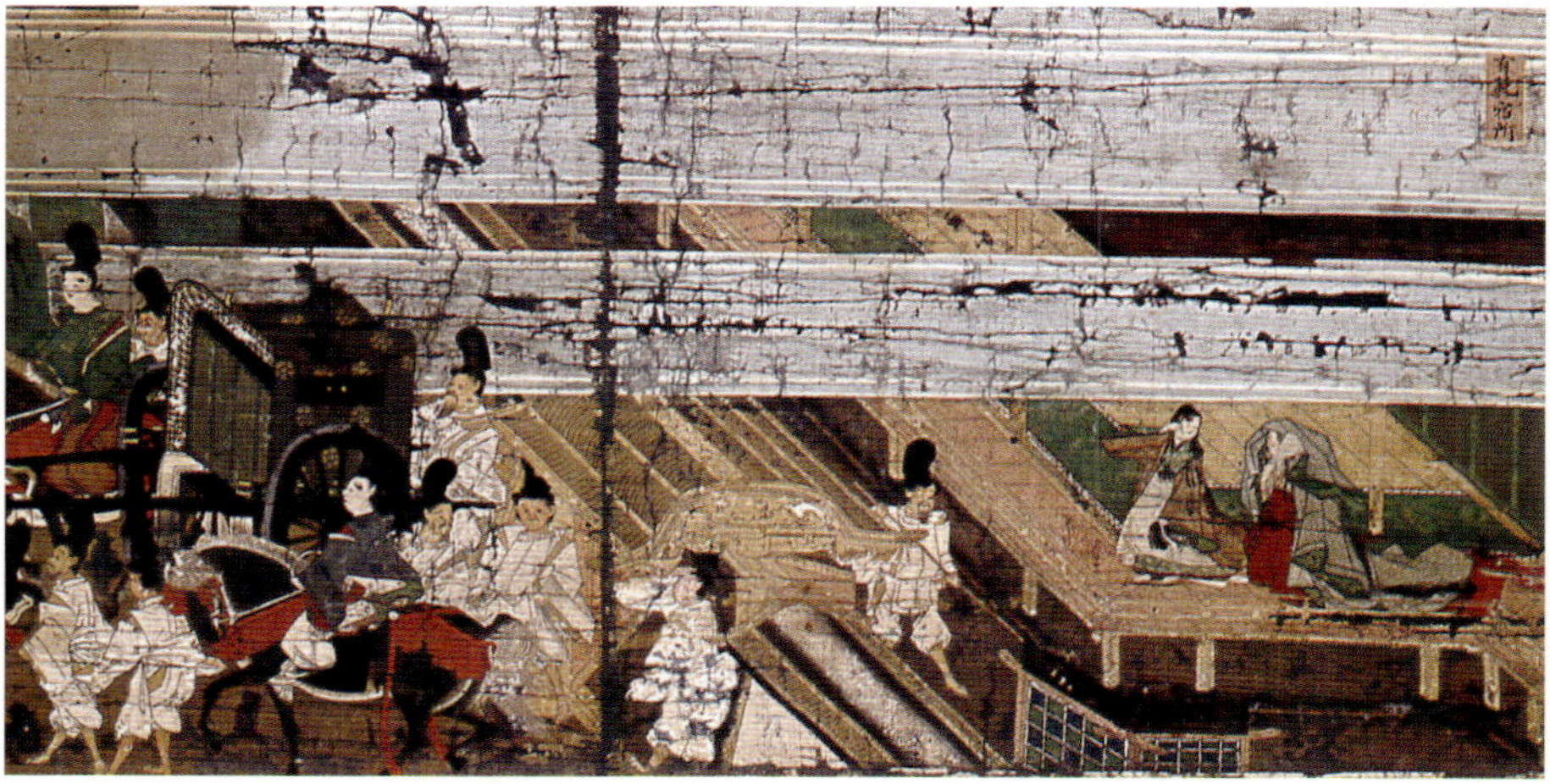

**口絵 7** 万福寺所伝本第一幅「母子訣別」（京都・西本願寺）

**口絵 8** 康永本「吉水入室」段（京都・東本願寺）

**口絵 9** 西本願寺本「吉水入室」段（京都・西本願寺）

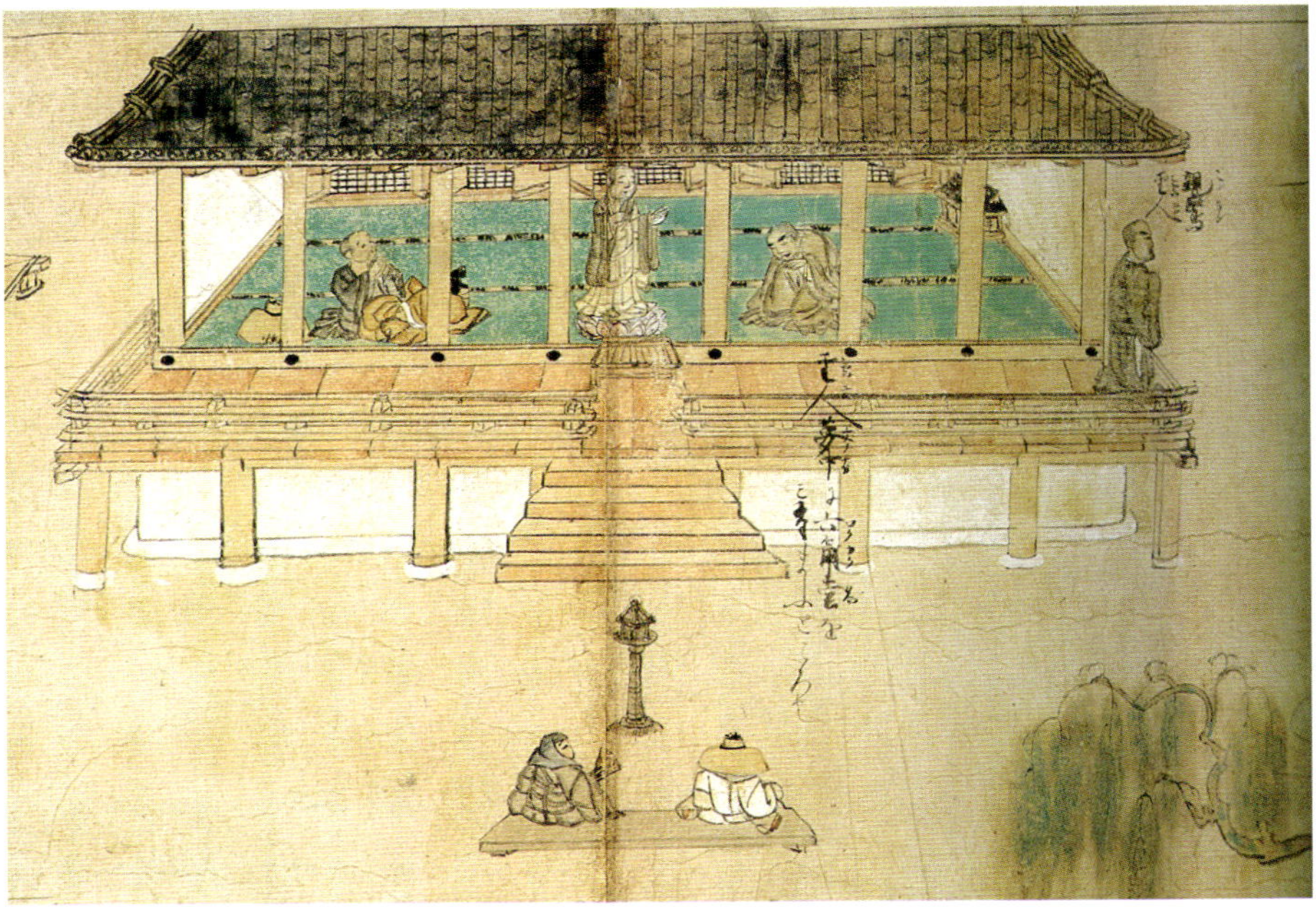

**口絵 10** 高田専修寺本「六角夢想」段（三重・専修寺）

**口絵 11** 康永本「六角夢想」段（京都・東本願寺）

**口絵 12** 仏光寺本「六角夢想」段（京都・仏光寺）

**口絵 13** 弘願本「蓮位夢想」段（稲田・西念寺所蔵模本）

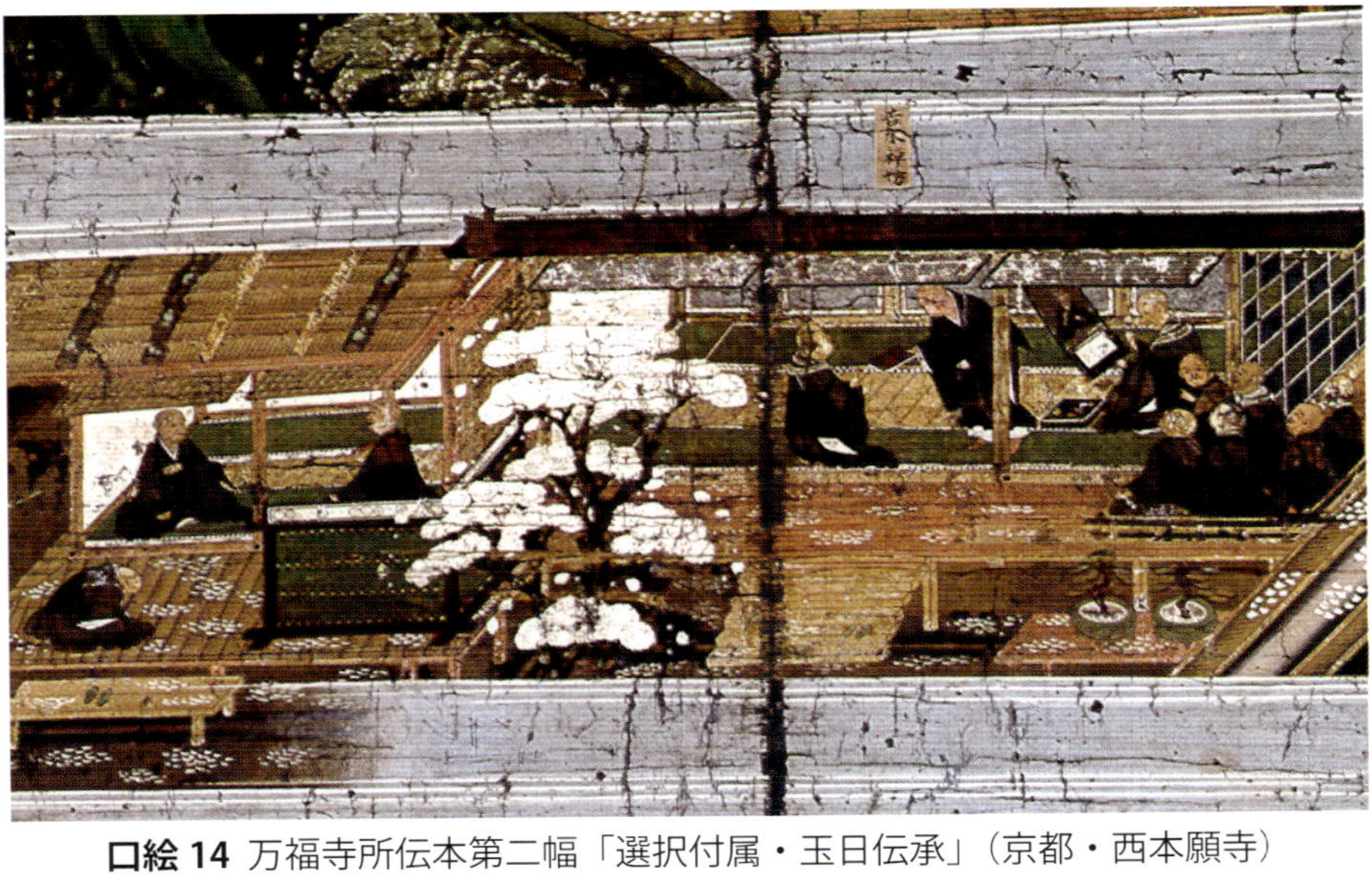

**口絵 14** 万福寺所伝本第二幅「選択付属・玉日伝承」（京都・西本願寺）

**口絵 15** 願照寺本第一幅「信行両座」（愛知・願照寺）

**口絵 16** 如意寺本第二幅「信心諍論」（愛知・如意寺本）

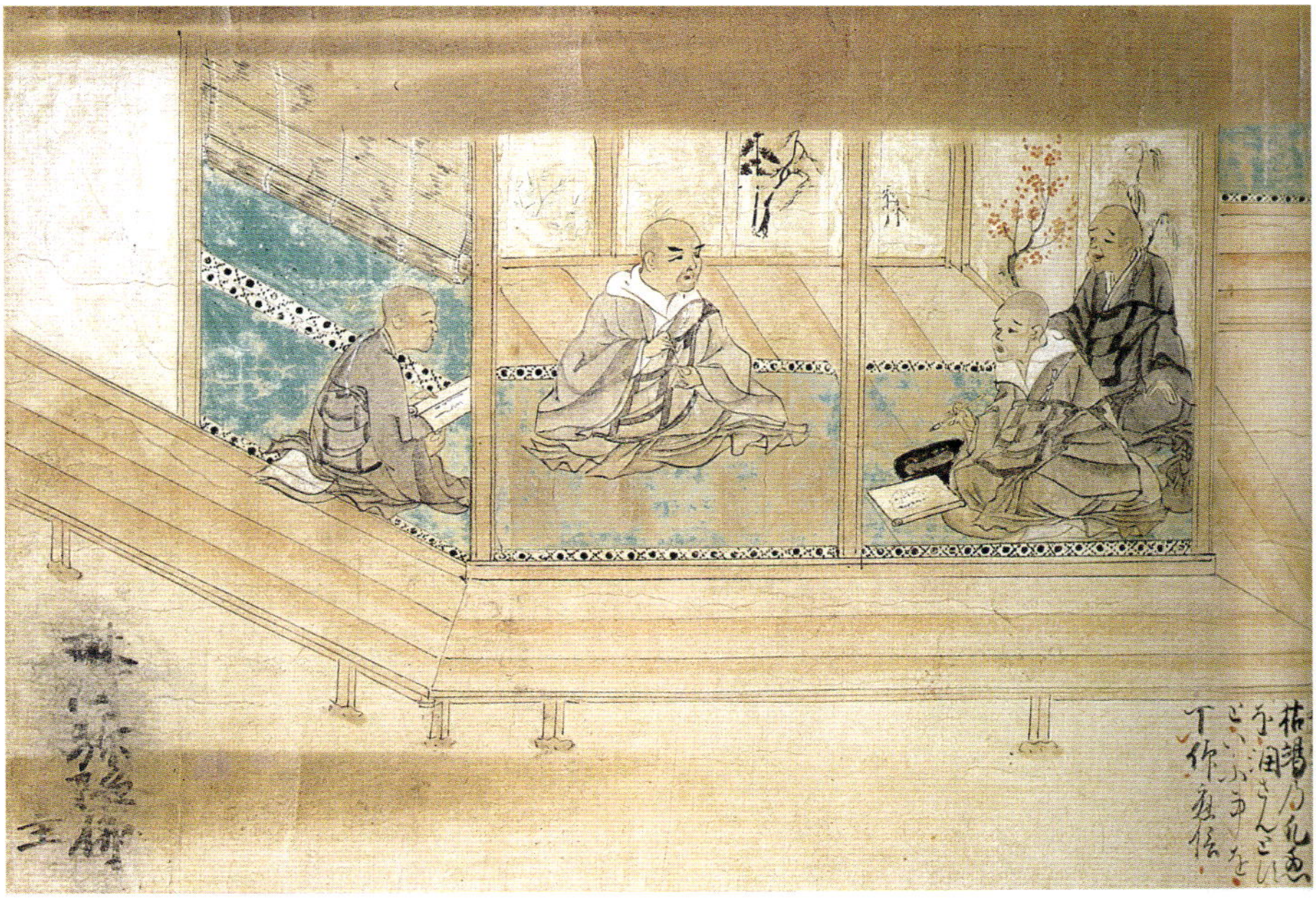

**口絵 17** 西本願寺本「入西鑑察」段（京都・西本願寺）

**口絵 18** 光照寺本「配流越後国所」（広島・光照寺）

**口絵 19** 万福寺所伝本第三幅「越後庵室」（京都・西本願寺）

**口絵 20** 万福寺所伝本第四幅「山伏剃髪」（京都・西本願寺）

**口絵 21** 弘願本「箱根霊告」段（稲田・西念寺所蔵模本）

**口絵 22** 仏光寺本「一切経校合」段（京都・仏光寺）

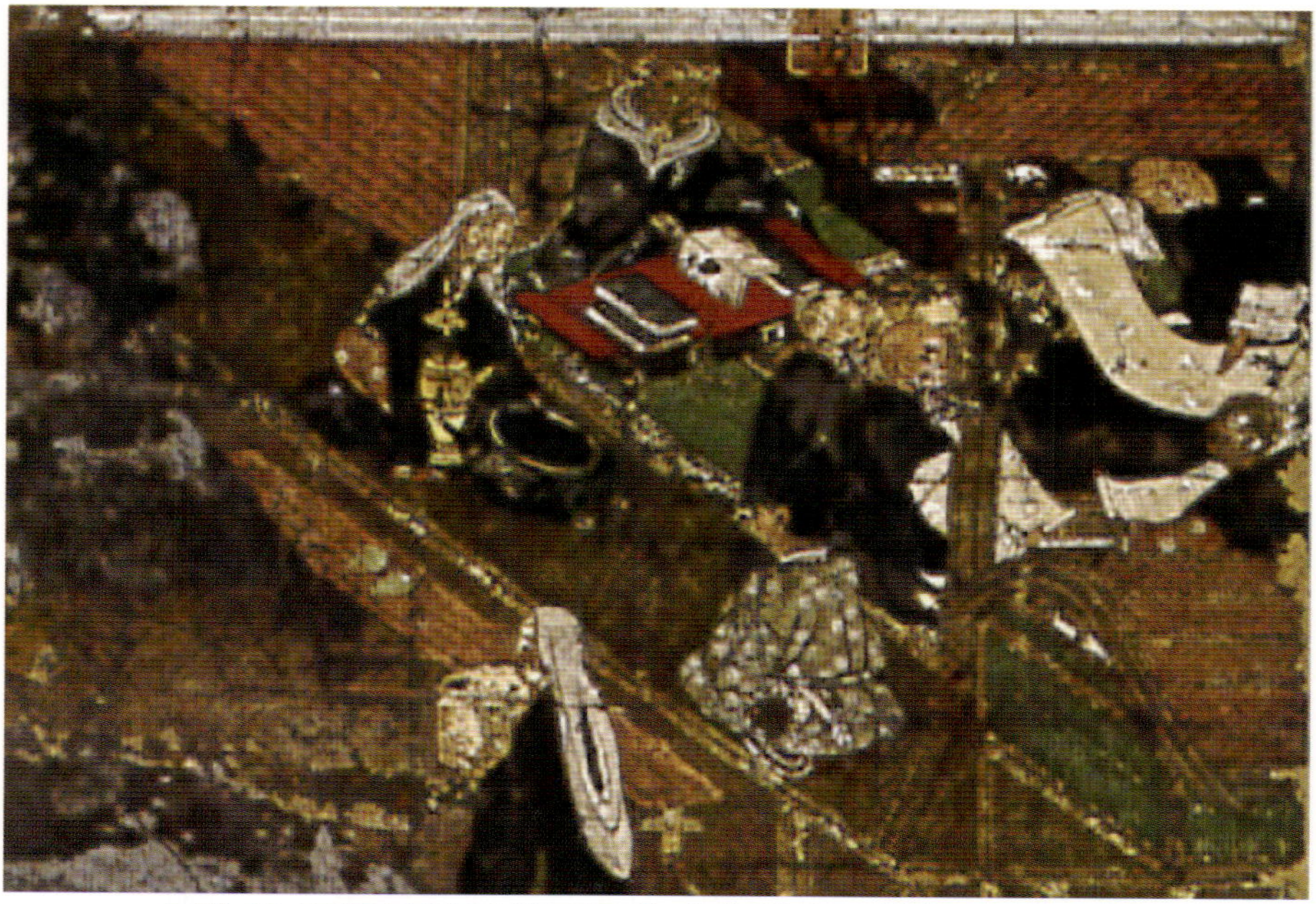

**口絵 23** 万福寺所伝本第四幅「一切経校合」（京都・西本願寺）

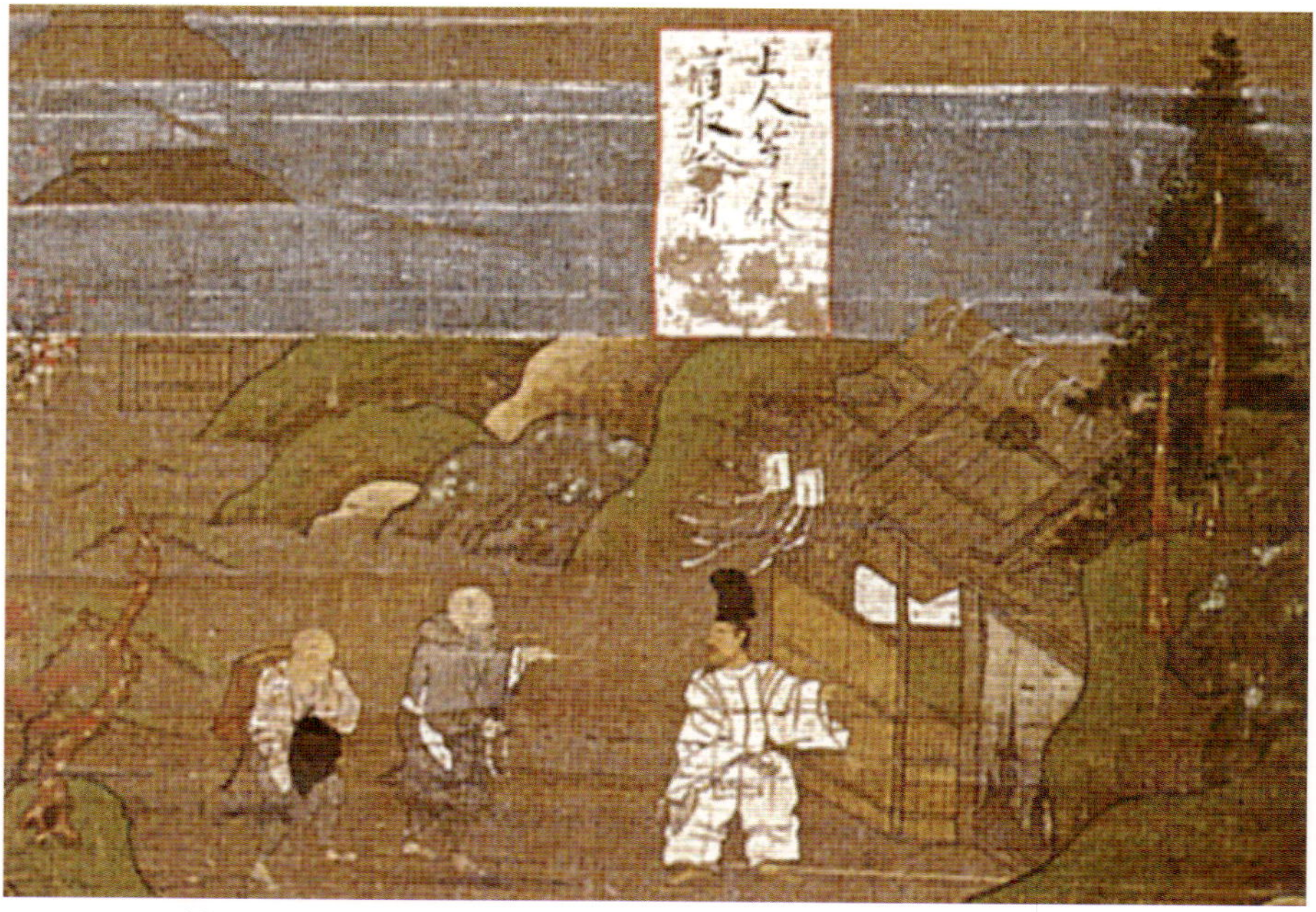


**口絵 24** 願照寺本第三幅「上人筥根宿取給所也」（愛知・願照寺）

**口絵 25** 西本願寺本「熊野霊告」段「平太郎参上」（京都・西本願寺）

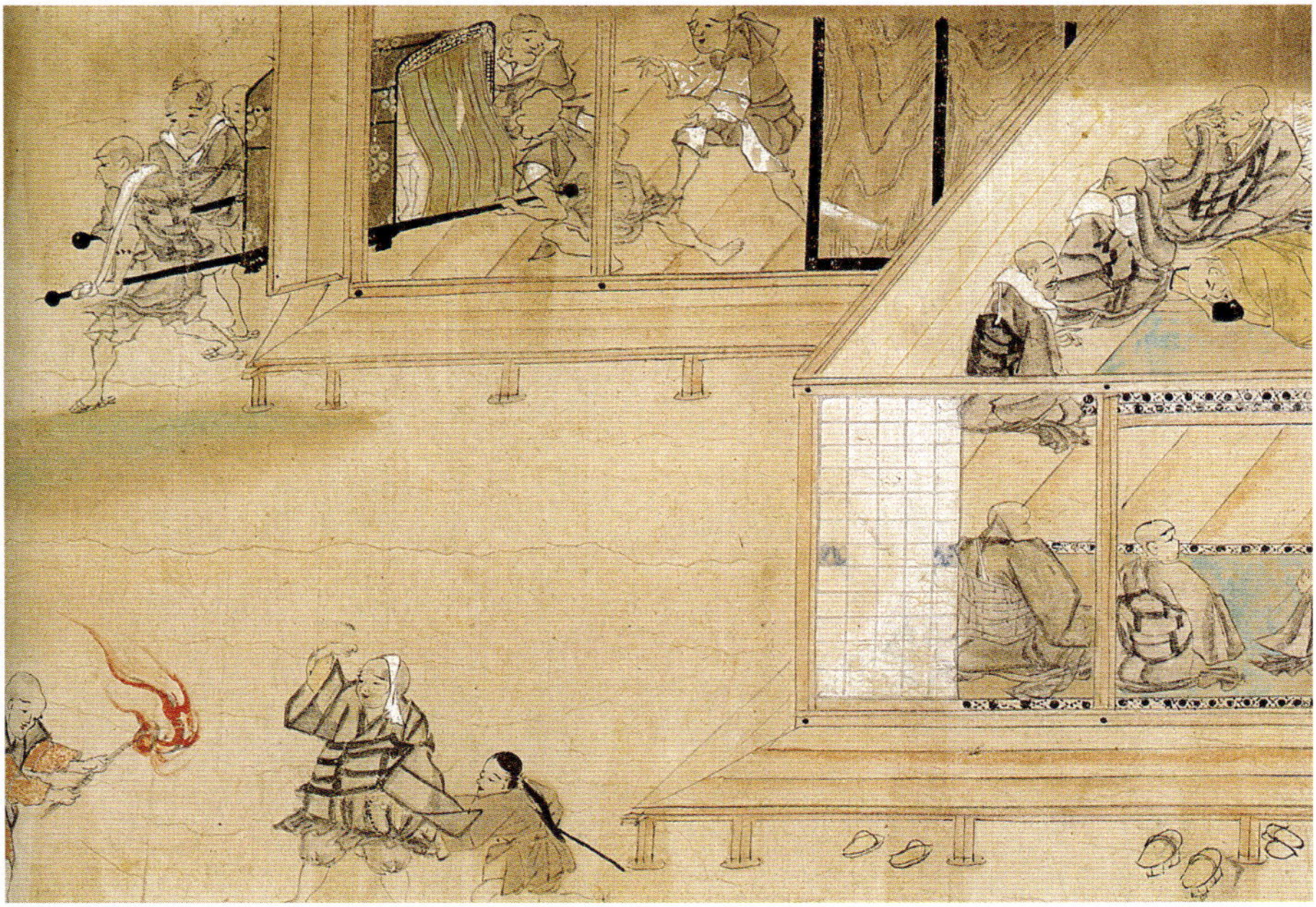

**口絵 26** 西本願寺本「洛陽遷化」段「出棺」（京都・西本願寺）

**口絵 27** 光照寺本「御往生所」（広島・光照寺）

**口絵 28** 康永本「洛陽遷化」段「荼毘所・犬神人」（京都・東本願寺）

**口絵 29** 高田専修寺本「廟堂創立」段（三重・専修寺）

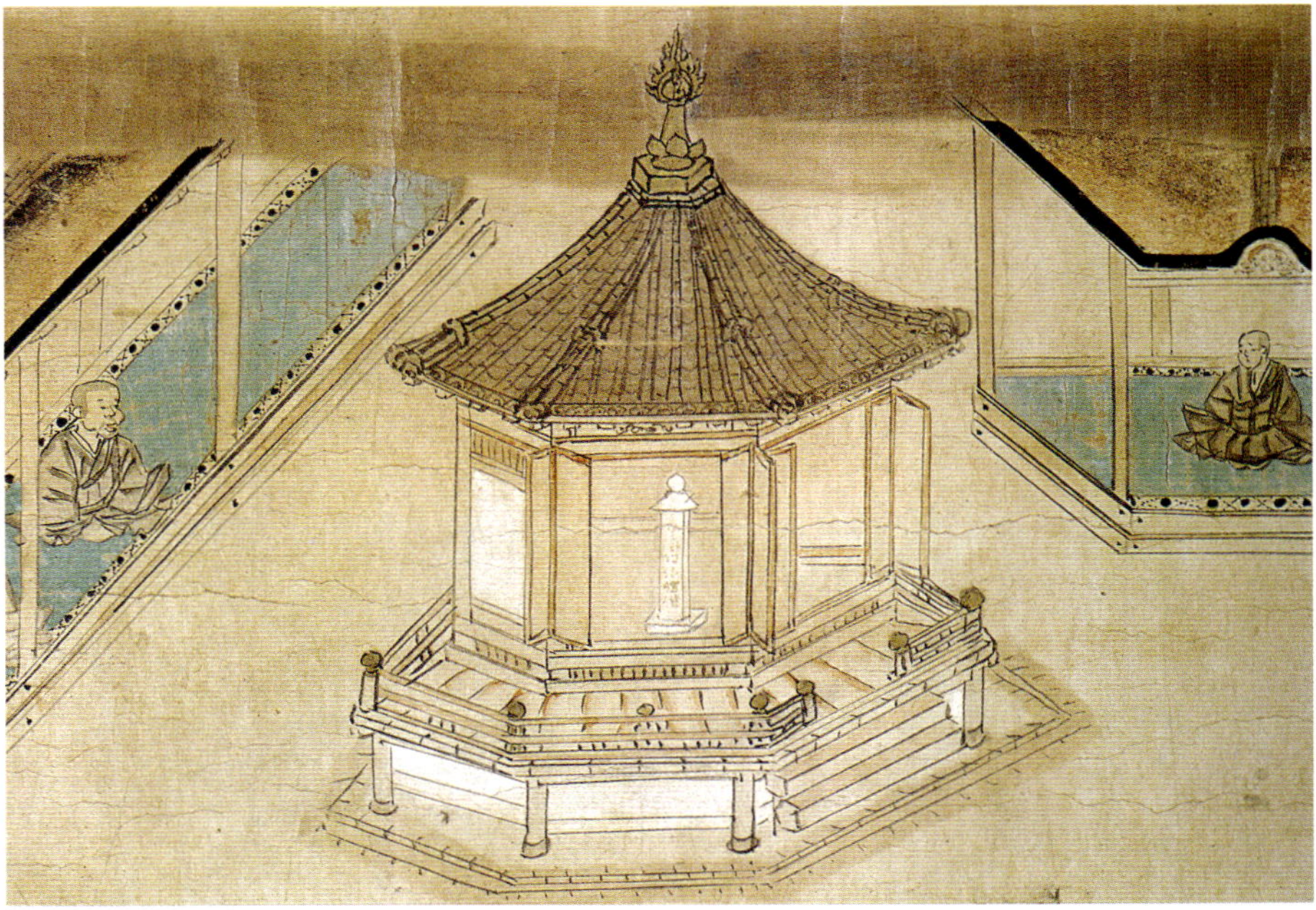

**口絵 30** 西本願寺本「廟堂創立」段（京都・西本願寺）

**口絵 31** 康永本「廟堂創立」段（京都・東本願寺）

**口絵 32** 光照寺本「廟堂建立以来遺弟等参集所」（広島・光照寺）

# もうひとつの親鸞伝

——伝絵・絵伝を読み解く——

岸田 緑渓

仏光寺本「稲田興法」段（京都・仏光寺）

湘南社

# まえがき

親鸞聖人は自分について語ることがきわめて少なく、寡黙だったといわれます。その伝記的な事実を知る一級の資料として、四十三通の書簡が残されていますが、いずれも最晩年のもので、これによって親鸞の生涯全体を知ることはできません。また、聖人の配偶者である恵信尼の書簡から重要な情報が得られるのですが、わずか八通に過ぎません。有名な『歎異抄』は、親鸞没後二十年あまりの頃に成立し、唯円が聖人から信心について聞いたことを書いたもので、伝記的な史料はほとんどありません。

江戸時代後半には「聖人伝」が多数出版されました。こうした近世の「伝記」の中には、教化《きょうけ》を効果的に行う目的でつくられたものがあり、史実とは言えない荒唐無稽な逸話を多く取り込んでいます。霊験譚を喜ぶ門信徒の心情に迎合する傾向が目に余るというので、明治時代初期には親鸞伝の絵解《えと》きが東西本願寺によって禁止されたこともありました。大衆が容易に読める平仮名本の出版禁止に本山が乗り出したのは十七世紀にさかのぼるといいます。大衆化が低俗化を助長するとみなしたのでしょう。

こうした「霊験譚」の類は、親鸞の伝記を史実に即して構築する資料としては、価値が劣ります。そこで、二次的な資料なのですが、聖人在世に近い中世に制作された各種の「親鸞伝絵」から聖人の伝記的事実を引き出す試みがされました。その「伝絵」を制作したのが親鸞の曾孫にあたる覚如です。本書は、覚如が制作した「伝絵」をもとに、親鸞の生涯を構築しようとするものですが、覚如は学問的な好奇心から「伝絵」を制作したわけではないので、「伝絵」の内容について、史実とそうでない部分を仕分けなければなりません。また、「伝絵」には、ほかに信頼できる資料が少ないこともあって、いまだに複数の見解が出されたまま、解決の見通しもつかない問題が多くふくまれます。このような未解明の問題について、いろいろと想像を巡らせる余地があることも、「伝絵」の魅力です。絵画史料を読み解くことで、謎解きの醍醐味が味わえるわけです。本書では、「伝絵」とそこから発展した「絵伝」をひろく視野に入れます。

各章の末尾に「もうひとつの詞書《ことばがき》」の節を設けました。通俗的な見方に代わる解釈をここに提示しました。もちろん、それなりの根拠はあげたつもりです。全十五段を通して「もうひとつの詞書」をつなげてみれば、現行の親鸞伝とは別のものが浮かび出て来るでしょう。本書のねらいのひとつはそこにあります。

もうひとつの親鸞伝　―伝絵・絵伝を読み解く―　＊　目次

まえがき……………19

序章　「伝絵」と「絵伝」……………29

親鸞の妻は三人だったのか／「親鸞伝絵」の構成／掛幅絵伝の成立／別系統の親鸞伝／『拾《しゅう》遺《い》古《こ》徳伝《とくでん》』『慕帰絵《ぼきえ》』『最須敬重絵詞《さいしゅきょうじゅうえのことば》』

第一章　上巻第一段「出家学道《しゅっけがくどう》」……………46

出家には暗い事情がからんでいたのか／親鸞の祖父はアウトローだった／出家した動機は父母との死別だったのか／兄弟すべてが出家したのはなぜか／母親の出自は不明／絵伝の母親像／慈円の坊で髪を落とし、和歌を詠んだのは史実か／親鸞は比叡山でどのような生活を送っていたのか／もうひとつの詞書…灯火をともす得度場面は夜だったのか

第二章　上巻第二段「吉水入室《きっすいにゅうしつ》」……………67

覚如は第二段と第三段の順序をまちがえたのか／覚如は当時の伝承に基づいて書いたのか／親鸞は上級の官僧として描かれた／もうひとつの詞書…覚如は「吉水入室」の動機を知らなかった

第三章　上巻第三段「六角夢想《ろっかくむそう》」……………………73

六角堂の夢告は一度か、二度か／聖徳太子の偈文は「親鸞夢記」だったのか／高田派には親鸞位に入る秘義があったのか／比叡山を下りた理由／六角堂へは比叡山から毎晩かよったのか／東方の群集は何を意味するのか／初期の「伝絵・絵伝」に鳥居が描かれなかったのはなぜか／専修寺本絵伝では立像が座像に直された／もうひとつの詞書…「親鸞夢記」は高田派起源の伝承か

第四章　上巻第四段「蓮位夢想《れんいむそう》」……………………91

初期の「伝絵・絵伝」に「蓮位夢想」がないのはなぜか／「蓮位夢想」が増補されたのはいつか／太子の平伏図は何を示すのか／「蓮位夢想」は「康元二年夢告和讃」に基づいているのか／『尊号真像銘文《そんごうしんぞうめいもん》』にも類似表現があった／親鸞聖人が阿弥陀仏の化身であること

／もうひとつの詞書…太子の平伏図は覚如の作為か

第五章　上巻第五段「選択《せんじゃく》付属《ふぞく》」……103

親鸞は法然の命で結婚したのか／親鸞の妻は二人だったのか／視覚による伝道を重視した高田門流／初期真宗教団で坊守が重視されたのは高田門流だった／甲斐万福寺所伝本の尼僧は玉日姫なのか／聖光房弁長《しょうこうぼうべんちょう》との出会い／いつから「親鸞」と名乗るようになったのか／絵相の変異——配置が康永本で逆転する／もうひとつの詞書…玉日姫との結婚伝承は万福寺所伝本にあらわれる

第六章　上巻第六段「信行《しんぎょう》両座《りょうざ》」……119

「信行両座」は本当にあった話なのか／覚如の作為は人選にも及んでいるのか／一念義と多念義の対立／初稿本は詞書に忠実、康永本は両座が明確に分かれる／もうひとつの詞書…一念義の僧は「信の座」に座らなかった

第七章　上巻第七段「信心諍論《しんじんじょうろん》」……………………132
「信心諍論」は『歎異抄』にも書かれている／他力信仰を理解した門弟は親鸞だけだったのか／「体失・不体失往生」の論争／康永本では諍論より評定へ重点が移った／もうひとつの詞書…親鸞に対する評価の違い

第八章　上巻第八段「入西鑑察《にゅうさいかんざつ》」……………………142
「入西鑑察」は後で追加された／「入西鑑察」の肖像画は鏡御影《かがみのごえい》なのか／覚如がこの段を増補したのはいつか／親鸞は善光寺聖だったのか／「三位一体」説／古風な一場面の西本願寺本／もうひとつの詞書…覚如は善光寺信仰と妥協したのか

第九章　下巻第一段「師資遷讁《ししせんちゃく》」……………………157
承元《じょうげん》の法難で「禿《とく》」の姓になる／覚如は自説を取りつくろったのか／親鸞はなぜ処刑されたのか／越後国府《えちごこくぶ》の生活／康永本で「法然の出立」が描かれるのはなぜか／もうひとつの詞書…越後では不断念仏にはげんだのか

第十章　下巻第二段「稲田《いなだ》興法《こうぼう》」……176
勧進聖として越後から関東へ向かったのか／最初から目的地を定めて関東に向かったのか／聖人は一光三尊を感得したのか／専修寺本四幅絵伝の「開山堂」は「太子堂」だったのか／三願転入はいつ起きたことなのか／「寛喜の内省」と「三部経読誦中止」の違い／黒い傘を持つのは絵解きのためなのか／「室の八島」が「居多《こた》の浜」に変わったのか／もうひとつの詞書…〔越後→京都→伊勢神宮→関東〕のルートだったのか

第十一章　下巻第三段「弁円済度《べんねんさいど》」……207
山伏の弁円とは明法房のことだったのか／念仏聖と修験の競合／親鸞の布教方法／稲田では旧来安置の本尊をそのまま用いたのか／初稿本系では僧体、康永本系では俗体／もうひとつの詞書…親鸞は名号を書き慣れていなかったのか

第十二章　下巻第四段「箱根霊告《はこねれいこく》」（附「一切経《いっさいきょう》校合《きょうごう》」）……223
「一切経校合」は史実か／鎌倉滞在は六、七箇月だったのか／親鸞は国府津から京都に向かった

のか／袈裟を脱がずに肉食したのか／親鸞、箱根を越える／覚如はなぜ「箱根霊告」段を収めたのか／在来信仰との妥協・調和／初稿本系と康永本系とでは構図が逆転する／もうひとつの詞書…幕府の弾圧で鎌倉を追放されたのか

第十三章　下巻第五段「熊野霊告《くまのれいこく》」…………………244

「伝絵」と「真仏因縁」の平太郎／「真仏因縁」の意図／「熊野霊告」の本地垂迹説とは／京都の親鸞はひっそりと暮らしていた／「念仏のすすめもの」とは何か／真仏の弟子・専信が「安城御影」の願主だったのか／親鸞の猫皮の杖と草履／西本願寺本の草履の由来／もうひとつの詞書…「内《ない》専修、外《げ》勧進」

第十四章　下巻第六段「洛陽遷化《らくようせんげ》」…………………270

義絶された善鸞はどうなったのか／「銭」の問題／越後の恵信尼と子供たち／親鸞の臨終場面／親鸞の葬送は呪術色が薄かったのか／出棺は「縁側出し」／初稿本系では墓所に石柱／もうひとつの詞書…出棺・没後儀礼にみる古層信仰の残滓《ざんし》

第十五章　下巻第七段「廟堂創立《びょうどうそうりゅう》」……………………294
廟堂破却される／廟堂内部の景観の違い／唯善が石塔を破壊した／覚如、鍵を持ち境内を掃除する／もうひとつの詞書…廟堂内部の景観を読み解く
あとがき……………………309
親鸞関係略系図……………………313
参考文献……………………314

## 序章　「伝絵」と「絵伝」

### 親鸞の妻は三人だったのか

浄土真宗（以下、「真宗」と略します）は、既成仏教教団で最大級の信者数を誇り、かつてその年間予算は京都のそれに匹敵するともいわれた教団でした。ところが、一般門信徒、いや、大部分の僧侶すら夢にも思わないことでしたが、その教団の開祖とされる親鸞聖人について、歴史的に実在した人物ではないらしい、とささやかれる事態が生じました。西欧の実証的な研究方法の立場から、開祖聖人の実在に疑問符がつけられたわけです。明治維新の文明開化の影響がこんなところにも及びました。

架空説が唱えられた背景には、江戸時代にあまりに荒唐無稽なカリスマ親鸞像がもてはやされたということもありますし、そもそも親鸞自身が私生活について語ることが少なかったので、親鸞の実像を構築する手掛かりが得にくかったからです。また、真宗の内部資料にしか、「親鸞」が存在したことを伝えるものが見当たらなかったこともあって、真宗関係者が創作した人物ではないのかと疑われました。親鸞がいつどこで誰と結婚したのかという基本的な事柄についてすら、あいまいでした。妻帯していたにしても、相手が一人だったのか、二人だったのか、はては三人だったのか、議論を呼びました。

今日、三人説は旗色がやや悪いようです。三人説の依って立つ根拠は、親鸞最晩年の書簡に「いまごぜんのはは（今御前の母）」と「そくしやうぼう（即生房）」の世話を門弟に依頼する内容がみられることですが、「いまごぜんのはは」という人物について具体的には何も知られていません。将来の生活をとても心配しているので、親鸞の妻ではないか、と推測するわけです。中澤見明《なかざわけんみょう》氏（『史上之親鸞』大正十一年（1922）第六章）は、「いまごぜん」と「そくしやうぼう」が京都で生まれた聖人の子で、「いまごぜんのはは」がその生母ではないか、と推測しています。聖人の妻として確実にあげられるのは恵信尼ですが、上記の「いまごぜんのはは」のほかに、もう一人の妻がいて、それが伝承にあらわれる玉日姫《たまひひめ》ではないかとか、息男・善鸞《ぜんらん》が「継母」と呼んだ女性ではないか、とも言われました。

本願寺第三代宗主・覚如《かくにょ》の長子である存覚《ぞんかく》（『存覚一期記』十九歳の条）によると、即生房の息女が生んだ子が、親鸞の外孫であることから、善法坊の里坊を相続したそうです。善法坊は親鸞の弟・尋有《じんう》の坊舎でした。即生房は本願寺系図で親鸞の長男と伝える「印信」（範意）と同一人物ではないかとする説もみられます（谷下一夢『存覚一期記の研究並解説』65頁）。宮崎円遵氏（「『いまこせんのはゝ』に就いての疑義」『宮崎圓遵著作集』第一巻）も、即生房が親鸞の実子であろうと推測します。

さらに、宮崎氏（「『いまこせん』のはゝ私見」『前掲書』）は、越後に流された親鸞はそこで結婚し即生房をもうけたが、その女性とは間もなく死別し、恵信尼と再婚した、と考えます。その上で、常陸で成長した即生房が結婚した相手が「今御前」で、その今御前が母親に先だって死に、親鸞は生活力のなさそうな即生房と「今御前の母」の世話を常陸の門弟に懇願した、と推理をめぐらせます。ただし、上記の内容について、宮崎氏は断定を保留し、後考を待ちたいとします。

三人説は雲をつかむような話ですが、古系図や親鸞の書簡などから判断すると、二人説が最有力です。なお、一人説について、九条稙道《くじょうたねみち》制作の系図にそうとも解釈できそうな記載がみられますが、「玉日姫《たまひひめ》」と呼ばれる伝説上の妻であるのが問題です。妻帯については、「玉日伝説」との関連で、本書第五章「選択付属」で扱います。

親鸞の伝記は、没後三十四年経ってから、曾孫の第三代宗主・覚如がつくりました。絵巻形式でつくられた親鸞聖人の伝記（以下、「伝絵」と略します）は重要文化財とされる写本だけでも六本あります。原初本とされるものは、永仁三年（１２９５）十月に完成しました。『善信聖人絵《ぜんしんしょうにんえ》』という題名が当初付けられたようです（「親鸞」は正式な実名ですが、「善信」は房号で、日常使われる呼び名とされます。僧侶が居住する部屋の名をつけたのが房号です）。この原初本は四十一年後に戦火で失われましたが、写本が何本か残され、「伝絵」が聖人の生涯を知るもっとも基本的な史料とされます。重要文化財に認定されている六本以外に、仏光寺本なども親鸞の伝記研究に欠かせない情報を提供します。

ところが、親鸞の伝記を知るうえで一級の史料とされた親鸞伝絵について、中澤見明氏（『前掲書』第一章）が、作者の覚如聖人の捏造した部分がかなり多くを占める、と指摘したことで、「伝絵」に対する信頼がゆらぐことになりました。大正時代末のことです。

「信仰」と「学問」を峻別するのはむずかしいのですが、厳格な史実探求の立場で書かれた『史上之親鸞』は強烈な衝撃を与えたようです。中澤氏は、「覺如上人の手に成った『善信聖人親鸞傳繪』であるが、その中には史實と見るべきものが尠く、殆んど夢物語を以て充されて居る」（第一章序説）と、親鸞伝絵の歴史的真実性についてきわめて懐疑的な見解をもっていました。ただし、中澤説には行き過ぎた部分があって、それを修正する山《やま》田文昭《だぶんしょう》氏（『真宗史稿』昭和九年〔１９３４〕）の業績が世に出て以来、親鸞伝の歴史的考証がさらに進みました。山田氏は、覚如が故意に伝記的事実を捏造したというのはあまりに早計で、当時の親鸞門徒がそのような捏造を見逃すわけがない、とします。そして、親鸞の行実を知るのに門弟の口碑・伝承を材料として使わざるを得なかったことから、覚如の過失というよりも、むしろ口碑の史料的価値に問題がある、と考えました。覚如は「伝絵」をつくるのに不確かな言い伝えに頼らざるを得なかったというわけです。

覚如は正応三年（1290）から約三年間をかけて関東・東北方面の親鸞遺跡を巡り歩いています（『慕帰絵』第四巻）。親鸞面授の遺弟では如信、顕智、唯円などが残っているだけでした（赤松俊秀「親鸞聖人伝絵諸本について」『続鎌倉仏教の研究』）。その時に収集した情報を親鸞伝作成に役立てたようですが、すでに失われた情報も少なくありませんでした。また、不正確な言い伝えを取り入れたという側面もありました。それでも、親鸞伝としては一級の資料であることは誰も否定しません。

大正十年には、西本願寺で親鸞の妻・恵信尼が末娘の覚信尼にあてた書簡が発見されたことで、「伝絵」に書かれている重要部分が史実に基づくと判明しました。この書簡によって、比叡山の堂僧であったこと、六角堂で霊夢を得たこと、吉水の法然の門を叩いたことなど、親鸞の行実が史料的に裏付けられました。恵信尼書簡の発見は中澤氏が『史上之親鸞』を上梓する前年でした。また、大正時代後半に、親鸞自筆の真蹟といわれるものが調査された結果、鎌倉期のもので宋朝体の独特の筆跡であることが判明し、真筆とニセモノが学問的に区別されました。ニセモノが世に氾濫していたことも架空説の温床でしたが、聖人架空人物説は完全に否定されるに至りました（平松令三「親鸞筆跡の光と影」『親鸞の生涯と思想』）。

『善信聖人絵』は絵巻物でした。詞書《ことばがき》とそれに対応する絵が交互に書かれる形式でつくられました。後に、図絵と詞書が分けられ、詞書だけのものは『御伝鈔』、絵巻形式のものは「御伝絵」と区別されて呼ばれます。

真宗の年中行事のうちで最も重要な法会は報恩講です。西本願寺では一月、東本願寺では十一月に、一週間にわたり多くの法要が催されます。報恩講の中日初夜法要の際には、「御伝記の拝読」が行われます。拝読される御伝記は『御伝鈔』と呼ばれるのが普通です。また、親鸞聖人の遺徳に感謝し、その生涯を偲ぶ意味もあって、御影堂《ごえいどう》の左右奥に、各四幅、合計八幅の御絵伝が掛けられます。この「絵伝」は親鸞の一生を描いたものです。本願寺第十三代門主・良如が寛文三年（1663）の四百回忌法要のために描かせたものです。これは「康永本」と称される上下本末四巻本伝絵に基づいて制作されましたが、画面を拡大して巨大な八幅絵伝に仕立てられました。このような掛幅（軸）形式の絵を「絵伝」と呼びます。「絵伝」がどの「伝絵」に基づいてつくられたのかは判断しにくい場合もあります。いくつかの「伝絵」の特徴が混じっているからです。

「絵伝」の発生時期は南北朝初期にさかのぼれるようです。現存する最古の「絵伝」は建武五年（1338）の光照寺所蔵の一幅絵伝とされます。覚如の長子・存覚の筆跡が裏書に認められるそうです。光照寺は高田派荒木門徒の流れを汲む明光《めいこう》が開基で、「また、この年（1338—引用者注記）三月、父覚如から義絶されていた存覚は、明光の門弟たちの懇望によって備後に下り、法華衆徒と対決してこれを論破しており、御絵伝の成立にとって存覚と東国門徒の存在は大きな意味をもつものと考えられる」と、赤井達郎氏（「親鸞絵伝と蓮如絵伝」『絵解きの系譜』）は一幅本絵伝の成立に存覚と高田門流の介在を指摘します。

光照寺は「親鸞絵伝」「法然絵伝」の合計四幅を並べる広い堂舎をもち、「光明本尊」「絵系図」を利用する視覚による伝道がさかんな寺院でした（千葉乗隆『親鸞聖人絵伝』（光照寺本）の成立」『千葉乗隆著作集』第四巻〈真宗文化と本尊〉）。高田門流で絵解きを利用した伝道が早くから定着したことについては、後述します（序章「**別系統の親鸞伝**」）。

「伝絵」について、焼失した原初本が永仁三年（1295）十月に完成したことは奥書からわかっています。永仁三年は親鸞の三十三回忌の翌年にあたります。覚如の制作意図がこのことにもあらわれています（「伝絵」の原初本は光照寺の一幅絵伝より半世紀ばかり早く成立したことになります）。「伝絵」の奥書には「ひとえに（聖人への）知恩報徳のために伝絵をつくった」（大意）と、書かれています。ただし、親鸞聖人の没後、東国をふくめて、聖人の存在感が希薄であったことで、覚如が宗の内外に聖人の立場を明示する必要にせまられて「伝絵」を制作したのではないかとする説が提示されています（宮崎円遵「本願寺聖人親鸞伝絵私記」『宮崎圓遵著作集』第二巻）。念仏信仰が法然上人から伝授されたと説かれたので、聖人の立場がぼけてしまっていたという事情がありました。関東方面で門徒が「伝絵」を高く評価したのは、「伝絵」の多くがかつては関東の寺に納められていたことからもわかります。覚如没後に成立した『慕帰絵』（観応二年〔１３５１〕制作）の第五巻には「遠近の門徒がことごとく『伝絵』を崇め、味わい、誰もがこれを書写させて安置した」（大意）と、書かれています。

原初本（初稿本）に近い写本として**西本願寺本**（『善信聖人絵』）と**高田専修寺本**《せんじゅじ》（『善信聖人親鸞伝絵』）が知られています。これらはとくに「初稿本系」として重視されます。西本願寺本は別名「**琳阿本**《りんあぼん》」とも呼ばれます。この絵巻の所有者だったと推測される人の名前に由来します。また、覚如が晩年に増補させた**康永本**《こうえい》（１３４３年）なども代表的な伝絵です。報恩講で拝読される『御伝鈔』は基本的には康永本の詞書を集めたものです。上下二巻、十五段から成ります。**照願寺本**がこれに基づいてつくられました。ほかに、**仏光寺本**が特異な内容をふくむことから、注目されています。**弘願本**《ぐがん》、**天満定専坊**《てんまじょうせんぼう》本は初稿本と康永本の中間に位置します。これらは室町前期を降らないとされます。「伝絵」各本の概略は後述します。

伝絵は絵巻物、絵伝は床の間や壁などに掛けられる掛軸（幅）というのが両者の基本的な違いですが、多くの人が同時に鑑賞できる利点は掛軸（幅）にあります。布教に有効な道具立てであることから、絵伝の需要はかなりありました。各地で制作が求められ、多様な絵伝が南北朝時代からつくられ始めました。絵伝の絵解きをつうじて門信徒の教化がさかんに行われたのは高田門流のようです。親鸞だけでなく、法然や聖徳太子の絵伝も制作されました。

第八代宗主・蓮如時代以降、本願寺が末寺に下付した四幅絵伝はおびただしい数にのぼります（一万数千点ともいわれます）。江戸時代に本山から全国末寺の少なくても半数に下付されたそうです。ただし、近世では定型・固定化がすすみ、多様性に欠けます。

沙加戸弘氏（『親鸞聖人 御絵伝を読み解く』第三章）によれば、江戸時代初期までの絵伝には図画の内容を示す「札銘《さつめい》」が付けられましたが、江戸時代中期（1700年代初頭）以降には必要のないものとして、消えます。近世中期以降、札銘にかわって「絵説《えせつ》」が行われるようになったからだそうです。

沙加戸氏は「絵説」から「絵解《えとき》」が発達したとします。絵相そのものを説明するのが「絵説」で、仏教の教義で絵相を解釈し、法話の域に近づいたのが「絵解」です。絵解きは文化・文政（十九世紀初頭）に盛期を迎え、近世末から明治にかけて娯楽性をつよめたそうです。東西本願寺は明治十年、十三年に「絵解」を禁じました。それ以前にも、『御伝鈔』の内容から逸脱することに目を光らせて、親鸞伝の人形浄瑠璃を禁止するように東本願寺が奉行所に申し立てたのは江戸時代の十七世紀だったそうです（塩谷菊美『語られた親鸞』第四章六）。

教化・伝道の媒体として本堂に絵伝を掛け、その前で『御伝鈔』を拝読するのは、十五世紀頃には始まっていたようです。蓮如は宝徳元年（1449）に専称寺の住職に『御伝鈔』を書き与えているのですが、その専称寺が四幅絵伝を同年に制作させています（平松令三「総説　親鸞聖人絵伝」『真宗重宝聚英』第四巻所収）。『御伝鈔』拝読にともなって、「御絵伝」を本堂に掛けるのが伝道教化に効果的と判断されたのでしょう。『御伝鈔』拝読が儀式化されると、絵解きによる伝道は衰退しました。

## 「親鸞伝絵」の構成

初期の「親鸞伝絵」は上下二巻十三段から成るのですが、決定版といえる康永本では上下本末四巻十五段に増補されました。康永本の構成を示します。各段の内容を示す略称は後世に付けられました。以下の略称はその代表的なものです。

上巻本
第一段「出家学道《しゅっけがくどう》」(「出家得度」)
第二段「吉水入室《きっすいにゅうしつ》」
第三段「六角夢想《ろっかくむそう》」(「太子告命」)
第四段「蓮位夢想《れんいむそう》」

上巻末
第五段「選択付属《せんじゃくふぞく》」(「選択相伝」)
第六段「信行両座《しんぎょうりょうざ》」(「信行分座」)
第七段「信心諍論《しんじんじょうろん》」(「信心一異」)
第八段「入西鑑察《にゅうさいかんざつ》」(「定禅夢想」)

下巻本
第一段「師資遷謫《ししせんちゃく》」(「越後流罪」)
第二段「稲田興法《いなだこうぼう》」(「稲田幽栖」)
第三段「弁円済度《べんねんさいど》」(「山伏済度」)

下巻末
第四段「箱根霊告《はこねれいこく》」(「箱根通過」)
第五段「熊野霊告《くまのれいこく》」
第六段「洛陽遷化《らくようせんげ》」(「入滅葬送」)
第七段「廟堂創立《びょうどうそうりゅう》」(「大谷廟堂」)

原初本は建武三年の兵火で焼失しました。これに近い初稿本系が二本現存しますが、そのうち、西本願寺本は上巻に「蓮位夢想」が欠け、十四段本です。また、高田専修寺本には、上巻に「蓮位夢想」だけでなく、「入西鑑察」もありません。十三段本です。西本願寺本の題名は『善信聖人絵』、高田専修寺本は『善信聖人親鸞伝絵』です。これらは覚如が若かった二十六歳頃の作品です。どちらが先に完成したのかは、議論が分かれています。

　初稿本系に対し、覚如が晩年に制作した最終決定版は『本願寺聖人伝絵』という題名の**康永本**です。覚如七十四歳、康永二年（１３４３）に手がけられたこの作品は、上記のように、上下本末四巻の十五段本です。翌年の康永三年に康永本とほぼ変わらない『本願寺親鸞聖人伝絵』という題名の**照願寺本**も制作され、これも康永本系です。さらにそれから二年後の貞和二年（１３４６）に完成した『本願寺聖人親鸞伝絵』の題名をもつ**弘願《ぐがん》本**には絵相に初稿本系の古風な描写がかなりみられます。詞書はこれら三本にほとんど違いはありません。

　**天満定専坊《てんまじょうせんぼう》本**は覚如没後十年（１３６０）につくられた絵巻です。ただし、下巻を欠き、八幅仕立ての絵伝形式に改変されて伝えられました。絵相はおおむね康永本に基づきますが、初稿本の絵相に近い部分や、この本に特有の部分もあります。詞書は康永本とほぼ同じです。存覚の手で書かれたとされます。

　以上のように、重文の六本のうち、初稿本系の二本は鎌倉時代末期、そのほかの四本は南北朝期につくられました。

　**仏光寺本**も注目される伝絵です。津田徹英氏（「佛光寺本『善信聖人親鸞伝絵』の制作時期をめぐって」『美術研究』第四百八号、２０１３年１月）によれば、十四世紀・南北朝時代前期にさかのぼり、詞書は内大臣・三条公忠（１３２４―１３８３）の筆跡で、延文五年（１３６０）をわずかにさかのぼる時点で絵と詞が同時に制作とされたと判断されます。津田氏は、延文五年に制作された天満定専坊本に仏光寺本の絵相が取り込まれていること、また、絵伝としては最古のものとされる光照寺一幅本の絵相が仏光寺本と近似し、前者を規範に仏光寺本が描かれたと推定できることから、光照寺本制作の建武五年（１３３８）以降に仏光寺本が制作された、と判断しました。これで制作年代の上限と下限の見当がつきます。

仏光寺本は初稿本系に近いとされ、上巻六段・下巻八段から成ります。上巻には、「蓮位夢想」と「入西鑑察」が欠けています。初稿本系の高田専修寺本と同じ構成ですし、題名も同じく『善信聖人親鸞伝絵』です。下巻については、初稿本系とも康永本系とも大きく違う部分がみられます。「熊野霊告」と「洛陽遷化」の間に、「一切《いっさい》経《きょう》校合《きょうごう》」段が加えられています。覚如『口伝鈔』（八）に「一切経御校合の事」という章があって、親鸞が鎌倉幕府の命で一切経の校合に参加したという伝承がみられます。史実である可能性が指摘されていますが、覚如がなぜこの段を伝絵諸本に組み入れなかったのかは疑問です。この問題は後で取り上げます（本書第十二章）。

仏光寺本には、「一切経校合」が付け加えられただけでなく、詞書にも他の伝絵と違う部分があります。「稲田興法」段で伊勢神宮に、「弁円済度」段で鹿島神宮に参拝しています。神祇不拝を旨とするはずの親鸞にそのような行動がみられるとすれば、どのような理由によるのでしょうか。また、伊勢神宮に参拝したのは、越後から京都に出て、それから東に向かう途中です。親鸞の教えを正当に継承すると称する高田派系の親鸞伝によれば、親鸞は京都山科では興正寺を建立したそうです。興正寺は後に仏光寺に改名されました。これらが史実であれば、関東で教化にはげむ以前の行動について、別の解釈が導き出される可能性がありますが、どうでしょうか。本書第十章で扱います。

なお、津田徹英氏（前掲論文、注〔128〕）は、仏光寺を開いた了源が南関東・阿佐布門徒出身で、阿佐布門徒の伝承が伊勢神宮参拝伝承に反映している、と考えます。阿佐布門徒は高田門流の荒木門徒から派生しました。この門徒の地域には伊勢神宮の神領があり、貢納のために門徒が伊勢神宮参拝に参加したことがあり得たとします。それに先行して親鸞による参宮が行われたという伝承が生じ、仏光寺本に継承された、とします。本書第十章（「稲田興法」）では、親鸞や蓮如を「聖なる人」として位置づける目的で伊勢・鹿島・箱根・熊野参宮伝承がつくられた可能性にふれます。

## 掛幅絵伝の成立

先にふれたように、「伝絵」から発展した「絵伝」のうち、建武五年（1338）制作の広島県沼隈郡沼隈町中山南《さんな》の光照寺所蔵の一幅絵伝（**光照寺本**）が最古に属します。一幅はこれだけです。もっとも多いのは四幅絵伝で、定型化したものは蓮如上人の時代以後に本願寺が末寺に下付したものとされます。ほかに、二幅・三幅・六幅・八幅などの形式がみられます。

光照寺一幅絵伝は画面を上下七段に区切り、合計二十場面が描かれています。最下段に二場面、それより上は各段に三場面が配当されています。各場面にはその内容を示す札銘《さつめい》が書かれています。札銘は、絵の理解に役立つように、たいていの絵伝に書かれていますが、剥落したりして、判読できなくなったものも少なくありません。また、本願寺から下付された四幅本の多くには札銘がつけられません。「絵説」の普及と、その後に「絵解」がさかんになったために、札銘が必要でなくなったのでしょう（沙加戸弘『前掲書』72頁）。「絵説・絵解」にかわって、報恩講で『御伝鈔』拝読が儀式化されて行われるようになったのは蓮如時代以降のようです（赤井達郎『前掲書』197頁）。「絵解」は明治時代以降に衰退し、戦後には消滅状態に至っています。そのきっかけは本願寺による絵解きの禁止令でしょうか。

光照寺絵伝の札銘は比較的に状態が良いようです。裏書と札銘の筆跡は覚如の長子・存覚のものに酷似しているとのことです。なお、絵相については、「蓮位夢想」「入西鑑察」が欠けていることから、初稿本系伝絵に準拠していますが、康永本との共通点もあり、さらに、この絵伝に特有の創意工夫もみられるとされます。

各場面の内容は次の通りです――①出家得度、②吉水入室、③六角堂夢想、④選択集を許与、⑤内題と名字を書き与える、⑥真影に銘を書く、⑦信行両座、⑧信心諍論、⑨内裏での詮議、⑩越後への出発、⑪関東への道行き、

⑫稲田草庵、⑬板敷山、⑭山伏懺悔改心、⑮箱根権現、⑯平太郎参上、⑰熊野権現、⑱聖人臨終、⑲火葬、⑳大谷廟堂（平松令三「図版解説　親鸞聖人絵伝」『真宗重宝聚英』第四巻所収）。「伝絵」との違いで目立つのは、臨終場面で聖人が仰臥合掌し、阿弥陀仏らしい絵像が枕元に掛けられていること、大谷廟堂の前に位牌らしきものが描かれていることなどです。これらについては、本書第十四・十五章でふれます。

「伝絵」が上下二巻から成ることから、二幅本の絵伝が多くつくられてもおかしくないのですが、遺品はごく少ないようです。また、二幅本は初稿本系に属し、康永本系統のものはないそうです。ただし、初稿本に近い絵相をもつものの、**上宮寺本**（津市乙部）は、第一幅第五段の左側に「一切経校合」と思われる場面が描かれていることから、初稿本とも康永本とも違う「伝絵」に基づいて、この場面が描かれたとみなせるかもしれません。仏光寺本伝絵との関係が問題とされるでしょう。第一幅最上段・第二幅最下段および最上段が欠失し、全体に画面の損傷が進んでいます。室町時代初期の作品とされます。

三幅本も多くはありませんが、親鸞の誕生、幼児期について重要な情報をもたらす絵伝がこれにふくまれます。**如意寺本**と**願照寺本**です。いずれも三河（豊田市、岡崎市）の寺院に伝えられるものです。また、上記の二本の祖形とみなされる**妙源寺本**も三河岡崎市の寺院に伝えられます。鎌倉末期から南北朝初期の作品とする説もあり、絵伝としては光照寺一幅絵伝とならんでもっとも古いものでしょう。妙源寺本、如意寺本、願照寺本は、「伝絵」の「蓮位夢想」、「入西鑑察」が欠けていることから、基本的には初稿本系です。また、場面を三幅本特有に配列するなど、ほぼ同一系統に属する絵伝であることは明白とされます。如意寺本は南北朝期の文和三年（１３５４）、願照寺本は室町時代初期の作品とされます。如意寺本の第一幅第一段には「聖人御誕生」と幼童の竹馬遊戯の場面、願照寺本の第一幅下段に病母が幼い聖人に何やら教訓を垂れているような場面があります。

四幅本は本願寺が末寺に下付したもので、十五世紀初頭の加賀市願成寺本がその始めとされます。康永本伝絵にほぼ準拠しています。本格的な下付は蓮如上人時代以降に行われました。本願寺にならって、近世に高田派、仏光寺派も末寺に四幅本を下付したそうです。六幅絵伝については後述します。

八幅絵伝は西本願寺の報恩講で掛けられるものが唯一とされます。第十三代宗主・良如の命で作られ、寛文三年（１６６３）の本山大遠忌で用いられました。制作は西本願寺の絵所・徳力家です。一幅の縦が２４０センチにも及ぶ大きな作品です。

## 別系統の親鸞伝

独自の絵相をもつことで注目されるのが六幅本の甲斐国等々力**万福寺旧蔵本**（西本願寺所蔵）です。制作は南北朝時代にさかのぼると推定されます。第一幅第一段に聖人の牛車を見送る女性、また第二幅、第三幅、第四幅に尼僧が描かれるなど、「伝絵」および他の「絵伝」にはみられない場面が少なからずあります。また、第四幅最上段右には「一切経校合《きょうごう》」と思われる場面が描かれています（小山正文「関東門侶の真宗絵伝—甲斐国万福寺旧蔵絵伝を探る—」『親鸞と真宗絵伝』注（32））。この場面は二幅の上宮寺本にも見られます。本願寺系伝絵とは別の親鸞伝が展開できる可能性を秘めています。

各種の「絵伝」のなかでも、三幅の如意寺本・願照寺本と六幅の**万福寺本**は親鸞幼少時代の絵をふくむ共通点をもちます。また、これらの寺は真仏《しんぶつ》を祖とする広い意味での高田門流に属していました（高田は現在の栃木県真岡市にあたり、そこを拠点に発展した門徒集団を高田門流とします）。親鸞の高弟で、関東・東海方面の重鎮だった真仏は、高田派・仏光寺派・興正派では第二代宗主とされます。如意寺は真仏の弟子である武蔵荒木（埼玉県行田市荒木）の源海《げんかい》が開いた寺でした。願照寺も真仏の弟子である専信《せんしん》房専海《せんかい》に発する高田門徒の寺でした。さらに、万福寺は武蔵荒木門徒の源海の流れを継ぐ源誓《げんせい》によって開かれました。源海は仏光寺派・興正派の第三代宗主です。

上記の三河三寺の共通点について、「高田門流は本願寺系とは異なり、善光寺如来・聖徳太子・法然・親鸞・源誓といった諸絵伝を用いこれらを絵解きしながらさかんに念仏勧化を行う風が非常に顕著であった」と、小山正文氏は指摘します（「絵伝に画かれた幼少時代の親鸞」『前掲書』）。高田門流では、絵解きがさかんな伝道風土がみられました。このような背景から、絵解僧の側からの要望によって他の絵伝には見られない場面が付け加えられることもあったと考えられます。最古の親鸞絵伝（**光照寺本**）の願主は明尊《めいそん》で、高田門流の明光《めいこう》の門下でした。『法然上人繪傳』三幅も願主が同じく明尊で、建武五年につくられました（日下無倫『總説親鸞傳繪』前編第三章ⅡB（1））。法然や聖徳太子などの絵伝をつくらせている点でも、光照寺は高田門流の伝統を引き継いでいます。

また、初期真宗では教団の統制がまだ強くなく、それぞれの門徒がその土地に伝えられた伝承を絵伝に描き加える裁量の余地がかなりあったはずです。高田門流では、絵解きが親鸞絵伝だけでなく法然絵伝や聖徳太子絵伝と組み合わされて行われました。如意寺本・願照寺本・万福寺本の聖人幼児期場面が法然絵伝の場面に準じて効果的に描かれたとする説が提示されています（小山正文「前掲論文」）。

各地の門徒集団がそれぞれの伝承をもち、覚如の親鸞伝とは別系統の親鸞伝が地方によって継承されたこともあったようです。覚如がつくらせた親鸞伝とは違う別系統の伝承が取り入れられた代表的な絵伝が万福寺本といえます。「その門徒の伝承や地縁的なものが必然的に話題となり、やがてそれ等を描き添えた絵伝が現れるのは恐らく自然のことであろう」とは、宮崎円遵氏の指摘です（「親鸞伝絵の竪幅絵伝」『宮崎圓遵著作集』第二巻）。

すでにふれたように、万福寺本絵伝のいくつかの場面に尼僧が描かれています。この尼僧が『**親鸞聖人御因縁**』（以下、『御因縁』と略します）に登場する玉日姫《たまひひめ》ではないかとする説があります（**口絵1**）。永正十七年（1520）に実悟（蓮如の第十男）が収録した聖教目録に「親鸞聖人御因縁並真仏源海事一巻」が載せられているので、それ以前には『御因縁』が成立していたとされます。室町中期を降らないかなり古い伝承とされます（玉日伝承については、「伝絵」上巻第五段「選択《せんじゃく》付属《ふぞく》」の章で述べます）。『御因縁』では、比叡山の慈円門下時代、親鸞は「忠安」という名でしたが、「伝絵」では「範宴」とされます。実悟の『日野一流系図』（天文十年）では「元忠宴」、大坂本願寺本系図では「元忠安」であることなどから、『御因縁』は「伝絵」よりも古いか、別系統の伝承と思われる、としたのは宮崎円遵氏です（「『親鸞聖人御因縁』ならびに『秘伝抄』について」「真宗伝道史雑想」『宮崎圓遵著作集』第七巻）。なお、類書の『親鸞聖人御因縁秘伝抄』（『秘伝抄』と略します）は『御因縁』を原型として成立したとする説が有力です（平松令三〈編〉「解題」『真宗史料集成』第七巻所収）。

『御因縁』の主な伝承内容は玉日姫を道場の坊守《ぼうもり》の始まりとする「親鸞因縁（坊守因縁）」ですが、これに続いて「真仏因縁」「源海因縁」が付け加えられています（「真仏因縁」については「伝絵」下巻第五段「熊野霊告」の章でふれます）。真仏・源海は高田門流の重鎮です。また、源海は高田門流のうちでも荒木門徒の中心人物です。この門徒では夫婦を並べて僧尼の法脈相承を絵系図の形式で示すのがさかんでした。

初期本願寺では門主の内室が表に出ることはなかったそうで、「坊守因縁」は荒木門徒に始まるとされます（宮崎円遵「『親鸞聖人御因縁』ならびに『秘伝抄』について」『前掲書』）。万福寺本絵伝に玉日姫らしき尼僧が描かれる理由がここに求められるわけです。宮崎円遵氏は「親鸞玉日の結婚因縁やそれにつづく真仏因縁に示された説話は、『親鸞伝絵』よりも時代的に先行するか、または『伝絵』とは別系統なところに行われた説話であろう」と、述べています。この「別系統のところ」とは、高田門流の荒木門徒あたりがその発生源とみられています（宮崎円遵「前掲論文」）。

万福寺の開基は源誓で、如意寺の源海を師とします。両寺とも荒木門流に属します。如意寺の三幅絵伝の裏書と伝えられる記録に、住職の教密が勧進元になって、尾州の数箇所の坊主と坊守が協力してこの絵伝を作らせたと書かれています（宮崎円遵「前掲論文」）。これも高田門流が絵伝制作に積極的にかかわっていたことの根拠になります。

### 『拾遺古徳伝《しゅういことくでん》』『慕帰絵《ぼきえ》』『最須敬重絵詞《さいしゅきょうじゅうえのことば》』

親鸞の伝記（「伝絵」「絵伝」）のほかに、絵巻物形式の法然伝や覚如伝からも親鸞の行実にかかわる具体的な情報が得られます。

まず、『拾遺古徳伝』は法然伝ですが、従来の法然伝で取り上げられていない親鸞の行実を伝えています。表題の「古徳」とは法然のことです。親鸞が法然門下のなかで占めるべき地位を正当に伝える意味があって、覚如によって正安三年（１３０１）に詞書が短期間で完成され、それからしばらくして絵巻化されたようです。九巻七十二段から成り、第六・七・九巻の合計七段が親鸞に関係するところです。『親鸞伝絵』を補完するもので、「伝絵」と内容的に一致します（小山正文「総説　拾遺古徳伝絵」『真宗重宝聚英』第六巻所収）。ただし、第九巻第七段「追善供養」などは「伝絵」にはみられないものです。帰洛後、親鸞が法然の忌日に四日四夜の礼讃念仏を行った場面が描かれています（常福寺本）。覚如はこれを「先師報恩謝徳」のために行ったと書いています。

『拾遺古徳伝』は絵巻形式ですが、じきに絵伝として詞書と分離して門徒に公開されました。建武五年（１３３８）につくられた広島光照寺の法然絵伝がその例です（小山正文「図版解説　法然上人絵伝」『前掲書』」所収）。先にふれた一幅本の親鸞絵伝と一組になって、絵解きされたものとされます。同じ画工の手になるものです。光照寺の法然絵伝は三幅です。

光照寺三幅本のほかに、『拾遺古徳伝』に由来する法然絵伝として、六幅本が多く伝えられています（浄興寺本、満性寺本、浄珠院本、光明寺本、本證寺本）。ただし、蓮如以降、教団が発展すると、『拾遺古徳伝』の絵巻・絵伝ともつくられなくなったそうです。真宗のなかで、法然伝の占める位置に変化が生じたからとされます（小山正文「法然絵伝と真宗」『親鸞と真宗絵伝』）。

『慕帰絵』は、覚如の没後九箇月に次男の従覚が制作した覚如伝の絵巻です（観応二年（１３５１））。十巻二十六段から成ります。親鸞にかかわる部分は第四巻第一段です。高田門徒の重鎮だった顕智が昔語りとして覚如に伝えた内容です。この段には親鸞と善鸞が密談しているところに顕智が入ってきた場面が描かれています。詞書では、顕智の発言として、親鸞が善鸞を義絶したのには内輪の事情があったと書かれています。また、第四巻第二段によれば、「坂東八箇国、奥州・羽州の遠境にいたるまで」覚恵と覚如は親鸞の遺跡を三年かけて巡見したそうです。『最須敬重絵詞《さいしゅきょうじゅうえのことば》』は、覚如の高弟・乗専《じょうせん》の手で覚如の死後一年に書かれました（文和元年（１３５２））。『慕帰絵』と同様、覚如の誕生から葬送までをたどる伝記です。絵の部分は伝えられていません。絵巻化されたかどうかについても不明です。全七巻二十八段の詞書と『最須敬重絵指図書』が絵相について知る手掛かりを与えてくれます（宮崎円遵「最須敬重絵の指図書」『宮崎圓遵著作集』第六巻）。以上の絵巻・絵伝は本願寺の立場でつくられたもので、本願寺系『親鸞伝絵』と矛盾する内容は基本的にはありません。

以下に引用する『御伝鈔』は『浄土真宗聖典』（注釈版、第2版、１０４３―１０６１頁、以下、『注釈版聖典』と略します）所収の流布本によるものです。これは西本願寺蔵版本を底本とします。諸本に重要な異同がある場合には、注を付けます。なお、必要に応じ『浄土真宗聖典―原典版―解説・校異』（『原典版聖典―校異』と略します）も利用しました。

# 第一章　上巻第一段「出家学道《しゅつけがくどう》」（口絵2）

それ聖人《しょうにん》（親鸞）の俗姓《ぞくしょう》は藤原氏《ふじわらうじ》、天児屋根尊《あまつこやねのみこと》二十一世《にじゅういっせ》の苗裔《びょうえい》、大織冠《たいしょっかん》　鎌子内大臣《かまこのないだいじん》　の玄孫《げんそん》、近衛大将右大臣《このえのたいしょううだいじん》　贈左大臣《ぞうさだいじん》　従一位内麿公《じゅいちいうちまろこう》　後長岡大臣《ごながおかのだいじん》と号《ごう》し、あるいは閑院大臣《かんいんのだいじん》と号《ごう》す。贈正一位《ぞうしょういちい》太政大臣房前公孫《だいじょうだいじんふさざきこうのまご》、大納言式部卿真楯息《だいなごんしきぶきょうまたてのそく》なり　六代《ろくだい》の後胤《こういん》、弼宰相有国卿《ひつのさいしょうありくにのきょう》五代《ごだい》の孫《まご》、皇太后宮大進有範《こうたいごうぐうのだいしんありのり》の子《こ》なり。（〔西本願寺本〕夫聖人の俗姓は藤原氏、大織冠諱鎌子内大臣天児屋根尊二十一世孫也の後胤、弼宰相有国卿五世の孫、皇太后宮大進有範也。）（〔西本願寺本で欠落〕しかあれば）朝廷《ちょうてい》に仕《つか》へて霜雪《そうせつ》をも戴《いただ》き、謝山《やさん》にわしりて栄華《えいが》をもひらくべかりし人《ひと》なれども、興法《こうぼう》の因《いん》うちにきざし、利生《りしょう》の縁《えん》ほかに催《もよお》ししによりて、九歳《くさい》の春《はる》のころ、阿伯従三位範綱卿《あはくじゅうさんみのりつなのきょう》　時《とき》に従四位上前若狭守《じゅしいじょうさきのわかさのかみ》、後白河上皇《ごしらかわのじょうこう》の近臣《きんしん》なり、上人《しょうにん》（親鸞）の養父《ようふ》　前大僧正《さきのだいそうじょう》　慈円慈鎮和尚《じえんじちんかしょう》これなり、法性寺殿御息《ほうしょうじどののごそく》、月輪殿《つきのわどのの》長兄《ちょうきょう》　の貴坊《きぼう》へあひ具《ぐ》したてまつりて、鬢髪《びんぱつ》を剃除《ていじょ》したまひき。範宴少納言公《はんねんしょうなごんのきみ》と号《ごう》す。それよりこのかた、しばしば南岳《なんがく》・天台《てんだい》の玄風《げんぷう》を訪《とぶら》ひて、ひろく三観仏乗《さんがんぶつじょう》の理《り》を達《たつ》し、とこしなへに楞厳横川《りょうごんよかわ》の余流《よりゅう》を湛《たた》へて、ふかく四教円融《しきょうえんにゅう》の義《ぎ》にあきらかなり。

詞書の概略＝親鸞聖人の俗姓は藤原氏で、藤原鎌足の孫の孫に従一位内麿公《うちまろこう》がいる。その六代目の子孫は有国《ありくに》であるが、その有国の五代目の子孫である皇太后宮大進《こうたいごうぐうのだいしん》日野有範《ひのありのり》の子が親鸞聖人である。（〔西本願寺本で欠落〕しかしながら、）天皇の側近くに仕え、御所で栄華を開くべき人であったものの、仏法を興し、衆生を救う縁が生じたので、九歳の春の頃、伯父である従三位範綱《のりつな》（その時は従四位上）に付き添われ、前大僧正の慈円の坊に行き、髪をそって得度した。そして範宴少納言と号した。天台宗を学び、比叡山横川に伝えられる教義を受け継いだ。

## 出家には暗い事情がからんでいたのか

第一段の絵相は、「伝絵」の巻頭を飾るにふさわしく、親鸞の出家を祝うかのように、春の花が咲き競う華やかな雰囲気に満ちています。親鸞が乗ってきた豪華な八葉の御所車が慈円の坊の門前に置かれ、従者や子童が描き込まれています。高田専修寺本の絵相がとくに華美です **（口絵3）**。伯父範綱の馬具も立派です。明治時代に入るまで、「出家学道」の内容に疑念が差し挟まれることはなかったようです。親鸞が裕福な貴族出身だったという印象をほとんどの門信徒が「伝絵」の絵相からうけたことでしょう。

明治以後、誰もが事実として受け止めてきた親鸞伝について、学問的な再検討が始められました。その成果は山田文昭氏『真宗史稿』（昭和九年〔1934〕）に代表されます。山田氏は次々と真実の親鸞像を紡ぎだし、「伝絵」冒頭部分の家系について、親鸞の祖父が放埒人《ほうらつにん》として系図から省かれていることを指摘しました。

実証的な研究が積み重ねられるにつれて、親鸞が出家する頃の日野家の内実は華やかな雰囲気とはかけ離れたものという見方が常識となりました。たとえば、平松令三氏（『親鸞』29頁）も「いずれにせよ親鸞の出家には、何らかの暗い事情があったにちがいない、とする点は、古来のすべての見解に共通している」と、述べています。

　この段の詞書について、指摘されている問題点をあげます。いかにも高級貴族の出身であるかのように書かれていますが、事実はぱっとしない三流貴族だったのではないのか。出家に伯父が付き添ったのはなぜなのか。それは父母と死別していたからなのか、それとも別の事情があったからではないのか。兄弟すべてが出家したのはなぜか。これらが代表的な疑問です。また、出家得度の詠歌「明日ありと　思ふこころのあだ桜　夜半に嵐の吹かぬものかは」についても、江戸時代後半になってさかんに引用されるようになったことから、親鸞が実際に詠んだ歌ではないと指摘されます。

「伝絵」の出家得度の場面を見ると、夜間に行われているかのように描かれているので、翌日の朝に持ち越さず、得度を急いでいるようにみえます。この絵相による影響もあって、近世につくられた歌とされます。ただし、得度は夜間のことだったのでしょうか（「**慈円の坊で髪を落とし、和歌を詠んだのは史実か**」の節でふたたび取り上げます）。

「伝絵」では、両親が付き添わず、伯父に伴われて慈円の坊に出向いた絵相になっています。出家する時には両親とは死別していたとする伝承はかなり早くから定着していました。この伝承を具体的に表す場面が南北朝・室町時代初期の絵伝に取り込まれています。たとえば、後述するように、母親が病没していたことを暗示する願照寺本の「□□教訓」の場面です（**口絵4**）。なお、絵伝には各段の主要な場面を示す札銘《ふだめい》が書かれています。「□□」は判読不能部分を示します。「病母」と解釈されたりします。

　絵巻の詞書と絵を分離して、絵の部分だけを抜き出して掛幅（軸）にしたのが掛幅絵伝ですが、掛幅にする過程で、覚如の「伝絵」には見られない「言い伝え」を絵伝に描き入れることもあったようです。掛幅絵伝を本堂に掲げて門徒に示し、聖人の信仰を絵解きするのも伝道教化の重要手段でした。伝道教化の効果をあげようとする絵解法師の意向を取り込んだ絵相を門信徒に示すことを通じて、これといった根拠のない伝承であっても、門信徒の間に言い伝えが「史実」として普及することもあったでしょう。たとえば、両親早逝伝説に基づいて願照寺本「□□教訓」が描かれたと考えられます。「伝絵」にはない場面をふくむ掛幅絵伝がとくに高田門流でつくられたことは序章でふれました。

そもそも、親鸞が亡くなってから二十七年後に覚如が「伝絵」を制作したのですが、その頃であっても、親鸞の家柄・誕生・成育歴からして、不明部分がかなりあったようです。そのせいもあって、史実とは認めがたい伝承がうまれる余地があって、それらが各地の絵伝に取り込まれました。

なお、親鸞が誕生したとされる京都市伏見区大字日野の日野誕生院には、「産湯の井戸」や「えな（へその緒）塚」がありますが、この地で誕生したというのは言い伝えにすぎません。また、山田文昭氏（『前掲書』１８５頁）によれば、「日野の地が日野家と密接な關係を有して居た（中略—引用者）けれどもそれは日野の嫡流であって、庶流たる有範の系統」はそうでなかったようです。親鸞の曾祖父にあたる宗光《むねみつ》は庶子でした（山田文昭『前掲書』１８１頁、実悟撰『日野一流系図』）。

## 親鸞の祖父はアウトローだった

親鸞の家系については、詞書の内容そのものに疑念がもたれたことがありました。南北朝末期に編集され、公家・武家の系図として信頼される『尊卑分脈』には、藤原北家の内麿公の系図として、親鸞の父・有範《ありのり》は有国《ありくに》の四代目の子孫となっているのですが、詞書では五代目とされているからです。この違いを説明する必要があります。覚如はいい加減なことを書いたのでしょうか。そもそも『尊卑分脈』（内麿流）は応永六年（１３９９）没の洞院公定《とういんきんさだ》が編集したものですが、後に本願寺系図が書き加えられたらしいという問題があります。ただし、『尊卑分脈』の貞嗣流は原形をおおむね保ち、親経とその猶子となった経尹《つねまさ》があらわれます（経尹が親鸞の祖父にあたることは他の系図から判明します)。経尹には「放埒人也　実父式部少輔宗光」という注記がつけられています。経尹が宗光の子にあたることはこの系図からわかりますが、親鸞(範宴)は書かれていません。

この問題に決着をつけたのは山田文昭氏(『前掲書』第二編本論一第一章)です。山田氏は、天文末から天正にかけて書写された古本本願寺系図(『大坂本願寺本』)で、親鸞の祖父に経尹という人物がいることを突き止めました。

さらに、天文十年(1541)の奥書をもつ実悟(蓮如の第十男)が撰述した『日野一流系図』でも、有国―資業―実綱―有信―宗光―経尹―有範という家系が確認されました。ここでも経尹が親鸞の祖父とされています。また、昭和二十八年、専修寺宝庫で発見された鎌倉時代末期の古系図でも宗光・経尹が正しい位置におさめられています(『本願寺史』増補改訂、第一巻、5頁)。宗光・経尹父子が上記の『尊卑分脈』の系図から省かれていなかったとすれば、有範が有国の六代目にあたることになります。赤松俊秀氏(『親鸞』17頁)は、覚如が五代目としたのは「世代を数え誤ったか、それとも経尹を除いたかのどちらかであろう」とします。

ただし、『尊卑分脈』の内麿公の系図から経尹が省かれたことには、以下に述べるように、もっともな理由があります。覚如が有範を五代目としたのには、経尹が他家の養子に入るなど、家系に錯綜した部分があったことから、同情すべき背景があり、必ずしも覚如が詞書をいい加減につくったことにはならないでしょう(『真宗史料集成』第七巻、二系図、1―5)。

経尹は『尊卑分脈』貞嗣卿孫で「放埒人也」と注記され、親経の養子になって内麿公の流から離れています。アウトロー的な好ましからざる人物であることから、「尊卑分脈」内麿公孫から除外されたと山田文昭氏などは考えています。「放埒の人を世代から除くことは当時の公家社会には多く見られた事実で、特に異とするには当たらない」と、赤松俊秀氏(『前掲書』17頁)は述べています。家系に放埒人がいたことがその孫である親鸞の境遇に悪影響を与えたというのは定説です。経尹の三男で、親鸞の父・有範について、官界での出世が妨げられ、その官職「皇太后宮大進《こうたいごうぐうのだいしん》」は従六位ほどの官位で、下級官吏にすぎないとされます（平松令三『前掲書』21頁）。

有範については、山田文昭氏（『前掲書』１８０頁）によれば、「（前略―引用者）何等かの事情によつて、早く當時の社會から退いて出家入道し三室戸に隠棲したものであらう」と、家系図の注記から判断しています。しかも、早くに亡くなったというのは通俗説で、これとは異なり、有範は「皇太后宮大進を退いたあと入道して、相当長命したようである」（赤松俊秀『前掲書』20頁）とされます。有範の兄・宗業《むねなり》が生まれたのが康治元年（１１４２）で、承安二年（１１７２）に有範がつかえたらしい皇太后は承元三年（１２０９）に死亡したとする説が有力です（木越祐馨「家系と出自」『誰も書かなかった親鸞―伝絵の真実』所収）。皇太后死去にともない有範が出家したのであれば、かなり長命したことになります。また、有範の三男・兼有が経典に加点できる年齢に達してから有範が死亡したことが知られています。それならば、親鸞の出家に父・有範が付き添わなかったのには、有範に公の行事に姿をあらわしにくい事情があったからとも考えられるわけです。

## 出家した動機は父母との死別だったのか

さきに述べたように、親鸞が伯父に付き添われて出家したのは、父母と早くに死別したからと信じられていたようです。子どもの出家に父母が付き添うのが普通で、そうでないのは特別な事情が隠されていたと考えられるからです。古くは、『最須敬重絵詞』第一巻に、「俗姓ハ藤原　皇太后宮ノ大進有範ノ息男ナリ。幼稚ニシテ父ヲ喪《サウ》シ給ケルヲ、伯父若狭三位範綱卿猶子トシテ交衆ヲイタス、扶持ノ力トモナリ（以下略―引用者）」とあって、十四世紀中葉以降には父親の早逝が信じられていたことが分かります。江戸時代に親鸞伝のベストセラーであった『親鸞聖人正統伝《しょうとうでん》』巻之一や『親鸞聖人正明伝《しょうみょうでん》』巻一上では、四歳のとき、父・有範が死去し、それで親鸞と弟の二人が伯父の範綱の養子になったと書かれています。「伝絵・絵伝」には、この伝承に基づいて、出家得度の段が描かれています。たとえば、高田派が用いる四幅絵伝は、「範綱卿」という注記をはっきりと示し、範綱と親鸞を慈鎮和尚と対面させています。絵伝としては最も古い光照寺の一幅絵伝（建武五年〔1338〕）にも親鸞、慈鎮の右奥に範綱が描かれているように見えます。どの伝絵・絵伝にも、父親の登場はありません。

父親早逝説は今日では否定されています。西本願寺で戦後発見された存覚自筆の『無量寿経』の奥書には、有範の中陰の間に親鸞の弟・兼有《けんう》（三男）がこの経に加点した、と書かれています。存覚は本願寺第三代宗主の長男で、親鸞没年（1262）からわずか二十八年後に生まれ、親鸞在世の頃の記憶がまだ新しかったと思えます。存覚は加点のことを伝聞としていますが、兼有が加点できる年齢に達してから有範が死亡した可能性が否定できないわけです（山田文昭『前掲書』第二編本論一第一章）。『親鸞聖人正統伝《しょうとうでん》』などに書かれているように、もし親鸞が四歳のときに父有範が死んだとすれば、その中陰では兼有は乳幼児であったはずで、加点などはできません。

親鸞の出家の直接的な動機は父親の逝去ではなかったようです。先にふれたように、父親の有範は出家してからかなり長生きしたと思われます。門信徒の伝道に利用された後世の談義本には、父・有範は親鸞四歳もしくは六歳の時に、母は八歳の時に逝去したとあるのが普通です。ただし、有範の早世説では、入道した事実が説明できません。恐らく、皇太后死去にともない入道したとすれば、承元三年（1209）以降でしょう。親鸞が四十歳に達するころに入道したことになります。

五天良空が著した『親鸞聖人正統伝』（以下、『正統伝』と略します）は上記の伝承をのせる代表的な親鸞伝です（享保二年〔1717〕出版）。これを紹介します（巻之二）。父親が親鸞に出家するようにとの遺言を残したという内容をふくみます。

四歳で、父有範が亡くなった。それで、十八公麻呂（親鸞の幼名、ヤソキミ／ジュウハチコウ）と弟の浅麻呂の二人とも、伯父の若狭守範綱の養子となった…八歳で母吉光女《きっこうじょ》がちょっとした病気がもとで亡くなった。兄弟二人は深く心を痛め、その身もやせ衰えた。範綱は色々と諫めたり、慰めたりして、法華経の四要品を教え、いたずらに悲しむだけでは何の益もない、この経で母の菩提を弔へと勧めた。親鸞は昼夜法華経を読み、八歳の冬の終わりには法華経八巻をすべて暗記し、この時から出家の志が止むことがなかった。九歳の春、出家。剃髪して俗世を離れることは厳父有範が亡くなる時の遺言だった。（大意）

江戸時代の談義本『親鸞聖人正明伝《しょうみょうでん》』（以下、『正明伝』と略します）でも、父母の死亡時期は同じです。ただし、母が臨終で遺言を残しています。如意寺本の「□□教訓」との関連を想わせます。大意を紹介します。

まだ四十歳にならないうちに母の貴光女が亡くなった。臨終のとき、範綱公夫妻を呼び、「二人の幼児は四歳で父に死なれ、八歳でまた母を失うことになります。世に例のない孤独の身となります。かならず二人とも出家させて、父母の菩提を弔わせてください。けれども、範綱公のもとにいるので、父の有範が生きているよりも頼もしく思われます」と、涙を流して言った。（大意）

この『正明伝』については、著者が存覚で、専修寺に三百年間死蔵されていたのを刊行したと『正統伝』を開板した五天良空が述べているのですが、今日では江戸時代に存覚の名をかたって書かれたものとされます。後世で成立した親鸞の霊験譚がほとんどこれに網羅されていることから、存覚の時代に書かれたとはいえないわけです（山田文昭『前掲書』１５８頁）。親鸞の幼名を「十八公若《じゅうはちこうわか》」「松若殿」「鶴充丸」とするのも、信用できません。

ただし、日下無倫氏（『總説親鸞傳繪』前編第四章Ⅱ）によれば、「十八公若」は室町時代初頭から流布していたと考えられます（初出は1407年）。「十八公麿」は江戸時代以降に定着した幼名だそうです。実悟撰の『日野一流系図』に童名「元忠宴」、『本願寺系図（大坂本願寺本）』に「元忠安」とあって、これは多少とも信用が置けます。

## 兄弟すべてが出家したのはなぜか

親鸞には四人の兄弟がいたことは実悟撰『日野一流系図』によって知られます。系図の注記によるとすべて出家し、僧侶になっています。晩年帰洛した親鸞は三条富小路《さんじょうとみのこうじ》の善法坊《ぜんぽうぼう》に住んだのですが、その坊舎は次男の尋有《じんう》の里坊であったことが知られています。ただし、『正統伝』（四歳の条）では、親鸞が四歳、次男尋有（浅麻呂）が二歳の時に、父が死亡し、他に兄弟はいないとします。しかし、少なくても三男兼有《けんう》については実在が疑えません。

兄弟がすべて出家したというのは、当時の貴族の子弟が多く出家していることを考慮しても、異常とみなされます。山田文昭氏（『前掲書』186頁）は、「父有範が若くして入道し、諸種の系圖から見ても其子が皆出家して居るのは注意すべきことであつて（中略―引用者）一門が悉く佛門に入るといふことは通常の場合では他にその例がない」と、特殊な事情が介在したと考えます。初期真宗教団にその事情についてふれる史料はありません。

父・有範の出家入道については、以仁王《もちひとおう》が源氏と結び、平家打倒の兵を挙げたものの失敗したことが、源氏方に近かった有範が出家入道した原因かもしれない、と赤松俊秀氏（『前掲書』21頁）は推測します。赤松説を採らない平松令三氏（『前掲書』29頁）は、親鸞の祖父・経尹と同じく、有範にも「放埒」の血が流れていて、「政界官界から追放されるようなよからぬ出来事でもあったのかもしれない」と、します。さらに、有範一家の所領が没収される事態が引き起こされたと推測します。「すべての所領を失って、生活の資を絶たれたために、子供たちをみな僧侶にしたのかもしれない」というのが平松氏の結論です。当時の寺は荘園をもち、僧侶になれば生活は保障されました。以上が親鸞の出家に暗い事情があったとする平松氏の理由です。なお、親鸞が出家する動機について、詞書では、仏法を興し、衆生を救う縁が生じたとしています。漠然とした建前を述べてすませているのは、当時の日野家の実情にふれたくなかったから、とも考えられます。

親鸞の四人の兄弟は官僧としてどの程度の地位にのぼったのでしょうか。実悟が撰述した『日野一流系図』によれば、尋有《じんう》は権少僧都、兼有は権律師、有意は法眼、行兼は権律師に就いています。家柄に相応する地位だったのか、それともそれぞれの努力精進のたまものだったのか、はっきりしたことはわかりませんが、平安時代末期の官僧社会は「藤原氏であればどんな凡才でも、出家するとさっそく、一流どころで権大僧都、二流どころで権少僧都、三流でも法眼までは一挙にのぼることができた。要するに一般僧侶ののぼりうる最高の地位は、ようやく、藤原氏出身の僧侶の出発点にすぎなかった」という状況だったそうです（圭室諦成『葬式仏教』60頁）。親鸞の兄弟は三流貴族の特権すらもっていなかったことになります。

なお、帰洛後、親鸞は火事にあって、比叡山東塔の善法坊《ぜんぼう》院主になっていた弟・尋有の里坊舎に身を寄せました。宗祖が最晩年に移り住んだ善法坊は「三条富小路《とみのこうじ》」にあったとされます。平雅行氏（『歴史のなかに見る親鸞』39頁）は、尋有の年齢が正確にはわからないのですが、親鸞との年齢差が七歳とすれば、僧都に昇格したのは七十九歳であろう、と推測します（年齢差が十七歳であれば、１１９０年に生まれ、僧都になるのは六十九歳となります）。かなり遅い出世ですが、親鸞が比叡山に留まっていたとしても、鈍行出世の状態だったのでしょう。

このように、親鸞の父親が勤めていた皇太后宮大進の役が下級官職であったことからも、官界での出世が期待できる家柄ではありません。しかし、日野の系統は学問の分野で秀でていたようです。官位は低いものの、曾祖父の宗光は大学頭《だいがくのかみ》、伯父の宗業《むねなり》は文章博士《もんじょうはかせ》で、大学寮の長官・教授を務めていました。存覚の『歎徳文』によれば、伯父の宗業が親鸞に俗典（仏教以外の学問）を手ほどきしたとのことです。宗業は、庶流であるにもかかわらず、三位に昇進しています。破格な昇進とされますが、文筆面での功績がめざましかった、と考えられます（山田文昭『前掲書』180頁）。

## 母親の出自は不明

親鸞の母親については、確実なことは何も知られていません。どの系図にも母親の名は書かれていません。『正統伝』では「聖人御母ハ源氏、清和天皇七代ノ孫、八幡太郎義家ノ嫡子、対馬守義親ノ息女也。御名ヲ吉光女ト申ス」と、『正明伝』では「八幡太郎義家ノ孫女貴光女」と、述べられています。しかし、玄智の『非正統伝』によれば、義親の死亡時を起点に計算すると、吉光女が親鸞を生んだのは早くても六十七歳の時ということになって、史実としては成り立たないそうです。「吉光女」「貴光女」という名も近世になって現れたとされます。

母親についての伝承は、『正統伝』『正明伝』や、江戸時代前期の言い伝えを取りまとめた『絵伝撮要』にみられます。両親は子宝に恵まれず、神仏に祈願していたこと、母は菩提心が日頃から深く、ある夜、浮世の無常を想って西に向いて寝ていたところ、西から金色の光がやってきて、部屋を照らし、身を三周して口に入る夢を見て、懐妊した、などが記されています。親鸞の幼名について、『正統伝』によれば、吉光女の夢に如意輪観音が現れ、一尺ほどの五葉松を母に授けて、「あなたは奇異の子を産むはずである。この松を以て名付けなさい」と、告げたそうです。「松」の文字は分解すると「十八公《じゅうはちこう》」になります。親鸞の幼名は「十八公若」だったそうです。五葉松は親鸞の法流が五家に分かれることを暗示する、と『正統伝』は述べます。『正統伝』の著者が高田派であったことから、本願寺への対抗意識をこめて、書かれたのでしょうか。

懐妊をめぐるこうした伝承は高僧伝にみられがちな奇瑞譚ですが、幼児期の親鸞についても、『絵伝撮要』などに同様の奇瑞譚が語られています。なお、『絵伝撮要』の著者・普門も高田派の住職だった人で、元禄五年に没しています。

『絵伝撮要』によると、幼児期の親鸞は利発に成長すること群を抜き、ともすれば西に向かって念仏し、庭で遊ぶのにも石を重ねて塔のようなものを作って、その回りをまわり、土をこねて仏像をかたどったそうです。『正統伝』でも、生後二歳で、父親の膝の上で「南無阿彌陀仏」と二回言ったのが、発声の初めだった、と書かれています。また、西に向かい、半時ばかり合掌礼拝したのは四歳のことだったそうです。『正明伝』は、夏の始めに誕生、秋の十一月には立って歩き、いつも念珠を持って合掌し、経典を見ておし頂く癖があった、とします。これらの奇瑞譚は中世の伝絵・絵伝には描かれていません。近世になってから捏造された話でしょう。

**絵伝の母親像**

親鸞の母親らしき人物がいくつかの絵伝で描かれています。愛知県豊田市力石町の如意寺（真宗大谷派）所蔵の絵伝が最も古く、南北朝時代にさかのぼるとされます（文和三年〔１３５４〕）。第一幅の最下段に「上人御誕生」の札銘があります**（口絵5）**。『大谷遺跡録』の著者である先啓が安永七年（１７７８）に書いた『御伝絵指示記』では、見取り図によってこの段の図解・説明をしています。その大意を紹介します。

如意寺の御誕生の場面には「上人御誕生所」という札銘がある。左の方には有範卿、右の方には吉光女、後ろには乳母が二人、有範卿の次に僧一人、白袈裟を着けている。並んで幼童一人。庇《ひさし》の縁には烏帽子装束の三人がいる。

小山正文氏（「絵伝に画かれた幼年時代の親鸞」『親鸞と真宗絵伝』）はさらに詳しい解説を加えています。奥間で親鸞をまさに産もうとしている母と介抱役の女房と童子が描かれ、その手前の部屋では有範と安産祈祷師の白袈裟の僧と二人の山伏が端坐しています。縁側の外には二人の烏帽子姿がみえますが、これは祝い客もしくは見舞い客であろう、と推測します。縁側では、烏帽子姿の下男とおぼしき男が庭の僧から護符を受け取っているようにみえるとのことです。

本願寺第三代宗主・覚如の伝記『最須敬重絵詞《さいしゅきょうじゅうえのことば》』は文和元年（南北朝時代）に高弟の乗専によって制作されたとされます（実際には、覚如の長子・存覚の手で作られた可能性が濃厚）。これは絵巻にはされなかったようで、詞書だけが伝えられています。ところが、江戸時代末期に書写された『最須敬重絵指図書』が西本願寺の宝庫で発見され、絵の描き方について指示したものであることから、絵相の概略が分かるようになりました（この指図書も存覚が代作したとする説もあります）。

虫食い部分はあるのですが、この指図書によれば、第一巻第一段は「御誕生ノ所」と名付けられ、産婦と父親、女房、尼などを描くように指示していように読めます（宮崎円遵「最須敬重絵の指図書」『宮崎圓遵著作集』第六巻）。文和三年に制作された如意寺本絵伝の親鸞誕生場面と類似していることが注目されます。南北朝期には定型化された誕生場面が絵伝に組み込まれていたのでしょうか。なお、小山正文氏（前掲論文）によれば、如意寺の誕生場面が法然の絵伝のそれときわめて類似しているとのことです。各種の法然絵伝に強く影響された絵相であることは否定できないようです。

如意寺本第一幅第一段の左半分は子童が竹馬遊びに興じている場面が描かれています**（口絵6）**。誕生後の親鸞の成長ぶりを生き生きと描きます。『御伝絵指示記』の如意寺本図解では、親鸞を挟んで、右に子童二人、左に一人がいます。如意寺本第二段には「慈鎮和尚御坊、上人御出家所」という出家得度の場面が続きます。この竹馬遊戯場面は、法然の伝記『拾遺古徳伝』（常福寺本）でも誕生図に続いて描かれています。法然の各種の掛幅絵伝に描かれる絵相と酷似していることから、法然絵伝の影響を小山正文氏（前掲論文）は強調します。広島県光照寺の三幅本法然絵伝などが著しく類似した場面をもちます。建武五年につくられました。

愛知県の願照寺（真宗本願寺派）に所蔵される絵伝の第一幅第一段にも特異な絵相がみられます。室町時代初期の作品とされます。「□□教訓」という札銘が付けられています**（口絵4）**。絵から推測すると、「母子教訓」とか「病母教訓」と読めそうです。病に伏した母親が幼児の頭をなでながら、何かを語りかけています。山田文昭氏（『前掲書』186頁）は「傳繪製作の當時既に聖人出家の動機が正しく母の遺言であつたことに傳へられてゐたことを證すべき一史料である」とします。付添いの女性が病母の身体をさすっているように見え、さらに、かたわらの女性が母子の様子に涙を流しています。縁側には薬湯のようなものを運ぶ女性が描かれています。臨終に近い病母が遺言として親鸞に出家を勧めている絵相で、次の「出家学道」の段に効果的につながります。なお、遺言については、『正明伝』にこれと同じような記述があって、願照寺本の絵相に影響されたものと思われます。

この「□□教訓」の段にしても、各種の法然伝にみられる「母子決別」段と似ていると小山氏（前掲論文）は指摘します。とくに、妙源寺本（愛知県岡崎市、真宗高田派）の法然絵伝の絵相と酷似しているとします。確かに、付添いの女性が描かれていないことを除けば、母子の配置は共通しています。この「絵伝」は室町時代初期の作品だそうです。法然絵伝が「□□教訓」段へも影響を与えたと小山氏は推定します。

甲斐国万福寺旧蔵の六幅本は南北朝を降らない古い絵伝とのことで、現在は西本願寺の所有です。この万福寺本の第一幅第一段には「有範宿所」という札銘が付けられた場面があります。これには他の親鸞絵伝にはない独自な場面が描かれています**（口絵7）**。縁側で被衣《かつぎ》をかぶった女性が牛車の一行が出ていくのを見送っています。親鸞の母親と思われます。そばで付添いの女性がこれを見送っています。十人以上もの狩衣の付人が牛車を取り巻いています。かなり華やかな出立の場面です。この「見送り」場面についても法然絵伝と類似している、と小山氏は指摘します。なお、如意寺・願照寺・万福寺はもとは高田門流の有力寺院でした。

このように、親鸞の母親は出産・病臥・見送りの場面に登場します。「伝絵」にはない場面であることから、宮崎円遵氏が指摘するように、高田門流につらなる〈別系統の伝承〉が絵伝に取り込まれたのでしょうか。

## 慈円の坊で髪を落とし、和歌を詠んだのは史実か

詞書によれば、親鸞は伯父の範綱に付き添われて、慈円の坊に行き、剃髪しました。「伝絵」第一段の剃髪場面で紙燭《しそく》（初稿本系）が灯されているので、日が暮れてからのことだったようにみえますが、当時の剃髪式は昼でも灯火をともして行われたとされます。出家受戒は、もとは、夜に行われたからと考えられます（澁澤敬三・神奈川大学日本常民文化研究所〔編〕『新版　絵巻物による日本常民生活絵引』第四巻）。灯火をともす昼の出家場面は『一遍聖絵』第一巻第二段（『前掲書』第二巻）、早朝に火をともす剃髪場面と思われるのは『法然上人行状絵図』第三巻第四段、第四十七巻第一段です（『前掲書』第五巻）。夜の出家場面は、『慕帰絵』第三巻第一段（『前掲書』第五巻）にみられます。剃髪は、明るい時間帯では外向き（庭向き）に座って行われ、夜の場合は室内に向かっています。『慕帰絵』では室内で灯火がともされるだけでなく、中庭や門外に焚火や松明が描かれています。

満開の桜が描かれていることからも、「明日ありと思ふ心の仇さくら夜半に嵐の吹かぬものかは」という和歌を詠んだという伝承が生じたのでしょう。たとえば、『御絵伝教授鈔』（安永二年〔１７７３〕刊）によれば、伯父と慈円がただちに出家させることに迷っていると、その会話を障子の陰から聞いた聖人が、生死無常の習いから明日のことは期し難く、今宵のうちに出家したいという内容の歌を詠んだとされます（『親鸞聖人行実』真宗大谷派教学研究所、３７５頁）。

しかし、この伝承も、夜に落髪得度したかのようにみえる第一段の絵相に基づいて、かなり後代になって案出されたもののようです。この和歌が絵解きの好材料に利用されたのは江戸時代中期からとされます。『御絵伝教授鈔』、『御伝鈔演義』（安永三年〔1774〕刊）に酷似した歌が収められているのが初出とされます（中路孝信「共同研究　親鸞聖人伝の注釈書の研究（二）　親鸞聖人と詠歌」『龍谷大学仏教文化研究所紀要』三八号、「親鸞聖人出家得度時の詠歌の形成」『日本浄土教の諸問題』所収）。ただし、室町時代の『御文章』の写本に、蓮如上人のものとされる和歌で、この出家得度の詠歌に酷似した類歌がみられるそうです（土井順一「親鸞聖人の出家得度時の詠歌」『佛教と芸能』）。「アスミント　オモフコヽロハ　サクラ花　ヨルハアラシノ　フカキモノカハ」がそれです。同様に、和泉式部や一休禅師によるものと伝承される類歌も知られています。これらの類歌が親鸞の詠歌伝承を生み出す母胎となったとされます。

そもそも、親鸞が和歌を詠まなかったというのは定説です。仏教で代表的な悪とされる十悪を親鸞が列挙した真筆があって、その一つに「綺語」があげられ、その注に「ウタヲヨミ、イロヘコトハヲイウ」とあります（宮崎円遵「親鸞の和讃―三帖和讃―」『宮崎圓遵著作集』第六巻）。「綺語」とは「詠歌、巧みな文飾」のことです。

和歌に対する親鸞の態度とは正反対に、伝道教化の現場では絵解法師によって和歌がおおいに利用されました。門信徒も喜んだことでしょう。室町時代に成立した『御因縁』をはじめ、とくに江戸時代の談義本などには親鸞が詠んだとされる和歌が多数のせられています。しかし、いずれも真作ではありません。その代表例が「御臨末の御書」です（本書第十四章でふれます）。

主要な「伝絵・絵伝」は蓮如時代以前に制作されているので、詠歌の影響で夜の剃髪式の場面が描かれた可能性はないでしょう。逆に、「伝絵・絵伝」の灯火をかざす剃髪場面が得度の詠歌形成をうながした面がある、とは言えそうです。

後に天台座主になった慈円（没後の諡《おくりな》は慈鎮）の房で親鸞が髪をそり落としたという詞書の部分も、確証に欠けます。親鸞の著作に慈円の名がまったくみられないからです。天台座主の慈円の弟子になり、門跡寺院の青蓮院《しょうれんいん》で出家したとすれば聞こえがよいので、親鸞聖人を飾りたてようとする意図で書いたのでしょうか。ただし、得度当時、慈円はまだ青蓮院を相続していないことから、親鸞が慈円のもとで得度したとしても、比叡山の青蓮坊ではなくて、三条の白川房だったとされます（赤松俊秀『前掲書』29頁）。

さらに、平雅行氏（『歴史のなかに見る親鸞』34頁）は、「治承五年春段階で慈円がそれ（白川房―引用者注）を領有していた事実もない」と、青蓮院関連の施設で得度したことを否定します。なお、治承五年は七月に養和元年に改元されました。慈円が受戒（伝法灌頂）を受けるのは寿永元年（1182）であることから、養和元年（1181）には慈円は親鸞の戒師を勤められません。『御伝鈔』が書かれる頃には、すでに慈円にかかわる伝承が高田門流で流布していて、覚如はそれを耳にしていたのかもしれません。次章でふれますが、別系統もしくは「伝絵」に先行して成立したとも思われる『親鸞聖人御因縁』にも慈円にかかわる挿話がみられます。しかし、平雅行氏（前掲書）は、慈円と親鸞の接触そのものを疑問視します。慈円関係の史料が豊富であるにもかかわらず、親鸞の名が一切出てこないからです。それやこれやで、親鸞が慈円の房へ入室し、得度したことについては、否定的な見方が有力です。

詞書によれば、得度した聖人は「範宴《はんねん》少納言公」と称しました。日下無倫氏（『總説親鸞傳繪』前編第四章Ⅱ）は養父の範綱が少納言であったことから「少納言」が付けられたとします。たしかに、父親の職名を付けて「公名《きみな》」とするのが当時の慣習だったようですが、諸系図では、父の有範がそうでなかったのと同じく、伯父の範綱にしても少納言ではなかったようです。「範宴」は法名で、父親の名を一部付けたもののようですが、出家当時の俗名でもあったとする説があります（日下無倫『前掲書』111頁）。

## 親鸞は比叡山でどのような生活を送っていたのか

大正十年に発見された恵心尼書簡（弘長三年〔1263〕、『注釈版聖典』第一通）に、「殿の比叡の山に堂僧つとめておはしましけるが…」という文言があります。この書簡が発見される以前には、親鸞が堂僧であったことはまったく知られていませんでした。南北朝期に書かれた覚如の『御伝鈔』『報恩講私記』や存覚の『歎徳文』などは、慈円を師匠として天台宗の教学・修法にいそしむ優秀な僧であった、と述べています。近世の親鸞伝でも同様です。華厳宗・法相宗・三論宗・倶舎宗・律宗なども学んだとされます。そんなことから、「伝絵」「絵伝」には堂僧にかかわる絵はみられません。

『正統伝』には、学識が卓越していることに感心した慈円が二十五歳の親鸞を小僧都に任じ、青蓮院が兼任していた聖光院の門跡にすえた、と書かれています。これも根拠のない話です。著者の五天良空が高田派の祖師である親鸞を飾りたてるために書いたことでしょう。「高田派以外では、古い真実の伝記がないので、聖人が初めから無位無官の僧のままと思っている。なげかわしい」（大意）と、良空は述べています。また、『正統伝』や『正明伝』では、聖人十九歳（建久二年）で、聖徳太子の磯長廟《しながびょう》に参詣し、三日間参籠したおり、太子の夢告《むごう》を得たとか、二十八歳（正治二年）で、東塔無動寺大乗院で如意輪観音の夢告を得た、との記載がみられます。当時の人々は夢中のお告げが人生行路の重要な「道しるべ」と思っていたようですが、これらの夢告を史実と認める根拠は薄弱とされます。

磯長廟《しながびょう》・大乗院での夢告についても、「伝絵・絵伝」にその場面はみられません。江戸時代後期になって親鸞伝に書かれたのであれば、当然、中世の「伝絵・絵伝」に描かれるわけがありません。ただし、『御伝鈔』第三段「六角夢想」で、聖人は信仰上の転機となる夢告を六角堂で告げられるのですが、その伏線のつもりで近世の聖人伝に書かれたのかもしれません。また、磯長廟《しながびょう》の夢告伝承は『正統伝』（巻之一、十九歳の条）などに載せられていて、江戸時代には広がっていたそうです（平松令三『前掲書』39頁）。太子の六行の偈文のむすびに「善信善信真菩薩」（真の菩薩をよく信ぜよ）と書かれていることから、親鸞の房号「善信」のいわれを後代で説明しようとして創られた伝承かもしれません。

「堂僧」について、山田文昭氏（『前掲書』第二編本論一第二章）の説明が一般に認められています。「堂僧」とは比叡山の常行三昧堂で不断念仏を修する役目の僧だそうです。「不断念仏」は、堂で交替に阿弥陀仏の名を昼夜不断なくとなえて、仏をまのあたりに見る修法です。また、貴族の追善供養のために山外の寺院の阿弥陀堂で三日または七日間行われる場合もありました。親鸞が入山したころ、比叡山の僧侶階級は貴族出身の学生《がくしょう》とその従者であった堂衆に分かれていました。堂衆は僧兵として武力をもつようになり、学生と反目し、叡山内部が荒廃するに至ったそうです。「堂衆」を「堂僧」と呼んだ例がないことから、両者ははっきり区別されます。

堂僧が学生に含まれるとしても、その地位は極めて低かったと山田氏は言います。当時の貴族の日記によれば、布施を受け取る順序が「導師―僧綱（三位以上）―凡僧（昇殿を許された四位、五位）―堂僧」となっていて、堂僧は最後に位置するということです。

他方では、学生と堂衆の対立で荒れた山内にあって、比較的に安全な修行道場であった常行三昧堂で不断念仏を修したことは求道生活に資したといえます。また、口称念仏《くしょうねんぶつ》に重きを置いた行にいそしんでいたことから、法然の専修念仏の教えと遠くない立ち位置にあったといえるでしょう。山内の地位の高低よりも、修行内容が重要です。なお、親鸞の行っていた不断念仏は中国から伝えられた音楽的な引声《いんぜい》念仏の系統を引いていたようです。晩年に書かれた『浄土和讃』に声明《しょうみょう》の基本音階にふれた部分があることから、親鸞は声明の知識をもっていたようです。弟の尋有も堂僧（常行堂検校）だったとされます。親鸞が不断念仏の名手だったことは、後々（たとえば、流罪赦免後の空白期）、その生活に資するところが大きかったと推測できます。

**もうひとつの詞書…灯火をともす得度場面は夜だったのか**

親鸞聖人の俗系は藤原氏の一門の日野家のまた枝流です。さらに、聖人の祖父であった経尹は放埒人（常軌を逸した人）で、他家に養子に出されたこともあり、系図から省かれた人物でした。聖人の父親・有範は経尹の三男です。父の不行跡のせいか、官人としては出世できず、下級官吏で終わった人で、やがて出家入道し三室戸に隠棲しました。聖人が出家する以前に有範が死亡したというのは伝承にすぎず、実際には親鸞の弟・兼有が成人するまで生きたようです。「幼稚ニシテ父ヲ喪《サウ》シ給ケル」とする『最須敬重絵詞』の記述も史実とは考え難いでしょう。兄弟すべてが出家していることも、生家の没落を暗示します。兄弟が就いた僧位は三流貴族出身のそれに及ばないと考えられます。ただし、没落貴族ではあったものの、日野の家系は学問に秀でていました。親鸞は出家するまでに十分な学問的素養をつんでいたと思われます。

聖人の誕生日・誕生地・母親の出自についても、明らかではありません。どの系図も母親の名を挙げていないのですが、南北朝・室町時代の高田門流寺院の「絵伝」には上流家庭の母親像が描かれています。如意寺本には「上人御誕生」、願照寺本には「母子教訓」もしくは「病母教訓」と読める札銘が付けられています。また、万福寺所伝本にも聖人の牛車を見送る女性が描かれています。高田門流では絵解きによる伝道がさかんであったとされます。門信徒の心情に取り入る意図があって、道場主や絵解法師がこのような場面を絵伝に挿入させたのではないかともいわれます。高田門流では上記の場面をふくむ伝承が早くから定着していた可能性があります。

懐妊および幼児期について、江戸時代後期（十八世紀）に成立した『正明伝』『正統伝』に奇瑞譚がのせられていますが、いずれも史実とは認めがたいようです。これらの親鸞伝では、父を四歳で、母を八歳で失ったとし、『正明伝』では臨終の母が出家するように遺言をのこしています。願照寺本絵伝の影響でしょうか。

親鸞が菩提心に駆られて一刻も早く出家したいと申し出たことから、夜間に得度することになったという逸話はこの段の詞書にはありません。江戸時代後期の談義本に出て来る話です。ただし、絵相には、灯火を用いているのが見られます。昼であっても灯火を用いて受戒式を行うことは当時の習慣だったので、この場面は夜と考えなくてよいでしょう。したがって、後世の和歌の伝承は成り立たないでしょう。ここで留意すべきことは、秘密裏に教義を伝える「秘事法門《ひじぼうもん》」と呼ばれる信仰がありますが、これを示唆する「夜中の法門」と呼ばれる信仰を覚如が『改邪鈔』(一八)で非難していることです。たとえ覚如の作為で夜中の得度場面が描かれたとしても、覚如は得度場面を神秘化するつもりで「秘事法門」を取り入れることはなかったでしょう。「秘事法門」は即身成仏的な思想をともない、関東は高田派(とくに第四代専空)を中心に行われたようです(重松明久『覚如』一一)。また、慈円が親鸞の出家得度に立ち会ったことについては疑問とする見方もあります。得度の際に、「明日ありと思ふ心の仇さくら夜半に嵐の吹かぬものかは」を詠じたと伝えられていますが、この歌は江戸時代後期になって絵解きの材料にさかんに利用されたもので、親鸞が和歌を詠まなかったというのは定説です。

比叡山では親鸞の身分は学生でしたが、地位はそう高くない「堂僧」で、常行三昧堂や山外の阿弥陀堂で不断念仏をしていました。近世の親鸞伝では、二十五歳で少僧都および「聖光院」の門跡に任じられたとか、「磯長廟・大乗院」で夢告を受けたと書かれていますが、史実とは認めがたく、「伝絵・絵伝」にそれに関連する場面はみられません。

## 第二章　上巻第二段「吉水入室《きっすいにゅうしつ》」（口絵8）

建仁第一《けんにんだいいち》（西本願寺本以外の諸本）建仁第三（西本願寺本）の暦春《れきはる》のころ　上人《しょうにん》（親鸞）二十九歳《にじゅうくさい》　隠遁《いんとん》のこころざしにひかれて、源空聖人《げんくうしょうにん》の吉水《よしみず》の禅房《ぜんぼう》にたづねまゐりたまひき。これすなはち世《よ》くだり、人《ひと》つたなくして、難行《なんぎょう》の小路迷《しょうろまよ》ひやすきによりて、易行《いぎょう》の大道《だいどう》におもむかんとなり。真宗紹隆《しんしゅうしょうりゅう》の大祖聖人《たいそしょうにん》（源空《げんくう》）、ことに宗《しゅう》の淵源《えんげん》を尽《つ》くし、教《きょう》の理致《りち》をきはめて、これをのべたまふに、たちどころに他力摂生《たりきせっしょう》の旨趣《しいしゅ》を受得《じゅとく》し、あくまで凡夫直入《ぼんぶじきにゅう》の真心《しんしん》を決定《けつじょう》しましましけり。

詞書の概要＝建仁第一（西本願寺本以外の諸本）建仁第三（西本願寺本）の春のころ、聖人二十九歳で隠遁の志にひかれて、源空上人の住まわれた吉水の房を訪れた。末法の世になって、人の資質も衰え、難行の小道は迷いやすくなったので、易行の大道におもむこうとされた。真宗を興された大祖源空上人が浄土教の根源をきわめて、親鸞聖人に述べたところ、聖人はたちどころに本願力によって救済されるという趣旨を理解し、凡夫が真実報土（浄土）へ往生を遂げるという信心を固めた。

## 覚如は第二段と第三段の順序をまちがえたのか

この段では、詞書の冒頭「建仁第三の暦《れき》」からして、めんどうな問題があります。西本願寺本では「建仁第一乃《の》暦」とあるのですが、その他の諸本では「建仁第三（の）暦」となっているからです。詞書では親鸞が二十九歳のときに法然の房を訪ねたと書かれているので、聖人の年齢にしたがえば、「建仁第一乃暦」が正しいことは明白です。

さらに、『教行信証』（化身土巻）では、「しかるに愚禿釈の鸞、建仁辛酉《かのとのとり》の暦、雑行を棄てて本願に帰す」とあります。「本願に帰す」とは法然門下に加わり、専修念仏の教えに入ることです。「建仁辛酉《かのとのとり》」は「建仁元年（１２０１）」で、親鸞二十九歳のときにあたります。「建仁第一の暦」が正しいのは覆せません。

次に問題となるのは、なぜ西本願寺本以外の諸本では「建仁第三の暦」という誤った年記が書かれたのか、その理由です。日下無倫氏（『總説親鸞傳繪』後編上ノ第二段Ⅱ）は次の第三段が「建仁三年癸亥《みずのとのい》」（西本願寺本）もしくは「建仁三年辛酉《かのとのとり》」で始まっていることから、これに引きずられてうっかり「建仁三年」と書いてしまったのではないか、と「うっかり」説を述べています。

平松令三氏の説はやや込み入っています（『聖典セミナー「親鸞聖人絵伝」』本章第三段）。西本願寺本を除き、他の諸本で「建仁三年」と書かれているのは、『教行信証』（化身土巻）の「建仁辛酉《かのとのとり》」を「建仁三年」と覚如が誤って初稿原本に記したことに根本的な原因があるとします。後でその誤りに気付き、西本願寺本では「建仁第一」に修正したことから諸本との違いが生じた、と平松氏は考えます。しかし、他の諸本では修正がされずに「建仁三年」のままであるのは不可解です。この疑問について、平松氏の説明を紹介すると、覚如は初稿原本の誤りに気が付いて西本願寺本を修正したものの、他の諸本については修正できない事情が生じていたとします。その事情については、康永本では西本願寺本の修正時期から制作時期がかなり隔たっていたことで、修正のことが忘れられてしまっていたとか、高田専修寺本などでは覚如の手元から離れて一人歩きしていたので修正が及ばなかったのではないのか、と推測しています。

なお、覚如は「伝絵」をつくってから六年後（1301）に法然伝『拾遺古徳伝』を完成させています。「吉水入室」について、『拾遺古徳伝』の絵相は「伝絵」とほぼ同じですが、その第六巻第一段の詞書には、「吉水入室」の時が、「トキニ建仁元年カノトノトリハルコロナリ。今年聖人六十九歳、善信聖人二十九歳。」（本願寺本）と、正しく書かれています。西本願寺本を除き、「伝絵」がすべて「建仁第三」と書かれ、修正がされていないにもかかわらず、『拾遺古徳伝』の諸本すべてで正しく書かれているのは謎です（小山正文「二つの絵巻からみた師弟関係」『誰も書かなかった親鸞―伝絵の真実』所収）。

次節で説明しますが、覚如は徳治二年（1307）に恵信尼書簡を読み、吉水入室が建仁元年の出来事であることを知ったとする説が立てられています。その説にしたがえば、なぜそれよりも六年早く成立した『拾遺古徳伝』に正確な年記が書かれたのか、解釈に苦しみます。

さらに、この段の最大の問題は、単に年記の誤りというよりも、第二段と第三段の順序が恵信尼書簡の内容とは逆になっていることです。大正十年に発見された恵信尼の書簡（『注釈版聖典』第一通）にしたがえば、第三段「六角夢想」は第二段の「吉水入室」の前に位置するべきです。この書簡では「比叡山を出て、六角堂に百日籠り、九五日目の暁に観音菩薩の示現があって、すぐに堂を出て法然上人に会い、吉水へ同じく百日も通った」（大意）と述べられていることから、「六角夢想」の後に「吉水入室」が続かなければなりません。存覚『嘆徳文《たんどくもん》』（1359年）にも、六角堂での祈念で夢告を得てから黒谷聖人（法然）の吉水の室へ行ったと書かれています。『最須敬重絵詞』（1352年）でも、「六角夢想」のすぐ後に「吉水入室」が続きます。覚如が死亡したのは観応二年（1351）で、その頃には恵信尼書簡に書かれている正しい前後関係がひろく知られていたことになります。

## 覚如は当時の伝承に基づいて書いたのか

覚如がこのように前後関係を誤った理由を赤松俊秀氏（『親鸞』53頁）は次のように説明します。恵信尼書簡を覚如が読んだ時期が問題です。徳治二年（1307）に父・覚恵からの遺品として恵信尼書簡を受け取ったことで、覚如は「吉水入室」が「六角夢想」の後に起きたことを初めて知ったというのが赤松氏の説です。「伝絵」の初稿原本を作った永仁三年（1295）にはそのことを知らずに、その当時に流布していた伝承に基づいて「吉水入室」を先に置いたとします。初稿原本制作時に、覚如は「吉水入室」と「六角夢想」を関連がほとんどない別個の出来事、と思っていたことになります。

さらに、第二段「吉水入室」で、親鸞が法然の房を訪れたのは「隠遁の志にひかれ」たからとされ、あいまいな理由が述べられています。これも「伝絵」制作時に、「六角夢想」が法然を訪れるきっかけになったことをまだ知らなかったからとしました。赤松説は、「伝絵」の第二段と第三段の順序が逆になっていることを説明する、有力な論証と思われます。ただし、初稿原本をつくったのは永仁三年で、それから十二年後の徳治二年に恵信尼文書を読んだとして、なぜその時に「吉水入室」と「六角夢想」の順序を直さなかったのかは疑問です。部分変更ではすまないことから、覚如が差し替えの労を厭ったからでしょうか。なお、康永本（康永二年〔1343〕）制作は徳治二年（1307）からかなり経っています。

## 親鸞は上級の官僧として描かれた

親鸞が地位のあまり高くない堂僧であったことはすでに指摘しました。しかし、「伝絵・絵伝」では、法然の房を訪れる親鸞の出で立ちはかなりの身分の僧であることを想わせます。覚如は聖人を正規の官僧として描こうとしたようです。それは服装・従者・乗物などに現れています。康永本では、聖人は後ろ襟を三角形に立てた僧綱領《そうごうえり》の白い衣・五条袈裟を身に着けています**（口絵8）**。天台宗の僧の正装です。袈裟の白いのが目立ちます。その後ろに従者らしき者が描かれています。従者の服装は僧綱領が付いているものの裳無《もな》しの袴姿です。堂衆の身分なのでしょう。裳《も》は正装のときに袴につけるヒダ飾りです。さらに、稚児が一人加わっています。西本願寺本では法然の房の門外に三人の従者が輿の周囲で待機しています。その輿も「四方輿」という格式の高いものだそうです。従者の数は各本によって違うのですが、かなりの身分の僧でなければこのような絵相にはならないでしょう。

なお、法然の身なりは薄墨色「墨染の衣」です**（口絵9）**。遁世僧は薄墨系統の衣・五条袈裟をまとったようです。ただし、ふつう純黒は許されませんでした。吉田清氏（『法然浄土教成立史の研究』第一章第一節）は、「黒衣は鈍色のことで、黒色というより灰色に近い（中略─引用者）この鈍色の黒衣は、凶服を意味したものである」とします。「念仏ヒジリ」はこのような法衣を着用し、グループ単位で行動したもののようです。なお、井筒雅風氏（『法衣史』１２３頁）によれば、鈍色は凶事の時に使う薄墨色で、宮中では「にぶいろ」「にびいろ」と呼んだそうです。第一段「出家学道」で、慈鎮和尚（慈円）が橙系統の法衣を着ているのは天台宗の高位の僧であるからでしょう（康永本では純黒）。法然は官僧であったけれども、既成の仏教界にあきたらず、その身分から離れて自由な立場で仏道修行に入った「遁世僧」でした。法然門下に加わってからは、親鸞も薄墨色の衣・袈裟を着けています。第二段の衣・五条袈裟の色と第三段以降のそれが違うのは遁世僧の身分に入ったことによるのでしょう。

一般に、天台宗などの官僧は白い袈裟、時宗僧は黒袈裟を着けていました（松尾剛次「黒衣と白衣─鎌倉新仏教を捉え直す」『日本仏教論─東アジアの仏教思想Ⅲ』〔シリーズ・東アジア仏教〕第四巻所収）。覚如は、『改邪鈔』（三）

で、時宗僧が黒袈裟・裳無衣《もなしごろも》を着用するのを非難しています。時宗僧がことさら遁世者であることを示すのを嫌ってのことです。覚如は末世にふさわしい袈裟は白色といいますが、「伝絵」では遁世した法然・親鸞らは鈍色の袈裟を着けています。『慕帰絵』で、覚如自身も鈍色の袈裟をまとっています。松尾氏は、官僧が白い法衣を着けるようになったのは十世紀後半以降、良源の時代からと推定します（「黒衣と白衣」『春秋』３４２）。中世人は、白は「中心」、黒は「異界」というイメージを抱いていたそうです。

## もうひとつの詞書…覚如は「吉水入室」の動機を知らなかった

『教行信証』（化身土巻）などによれば、親鸞が吉水の法然の房を訪ねたのは建仁元年の春のことです。諸本の年記は誤りで、『教行信証』に記載されている「建仁辛酉」を作者の覚如が誤って初稿原本に「建仁三年」と書いたことから、そのような誤りが生じたとされます。その誤りに気付いた覚如は西本願寺本では「建仁第一乃暦」と修正したのですが、ほかの諸本には修正が及ばなかったとする説が提示されています（平松説）。

　さらに重大な誤りが第二段と第三段の順序にあります。恵信尼の書簡では、「吉水入室」は「六角夢想」の後に起きたことですが、「伝絵・絵伝」ではすべて「吉水入室」が先行しています。それは覚如が当時流布していた伝承に基づいて「伝絵」をつくったことから生じた誤り、と推測されます。その伝承には、「六角夢想」が「吉水入室」のきっかけであることが欠落していた、というのが赤松説です。

　親鸞が法然門下に入り、遁世僧になったことは、服装の変化にも現れています。法然を訪れたときの服装は天台僧の白正装ですが、それ以降の段では薄墨色（鈍色）の法衣を着ています。法然も同じ服装です。第二段では、親鸞が多数の従者を引き連れ、立派な輿に乗る高位の僧のように描かれていますが、事実はそれほど地位の高くない堂僧でした。覚如は親鸞をある程度の地位の天台僧として描きたかったのでしょう。

## 第三章　上巻第三段「六角夢想《ろっかくむそう》」（口絵10）

建仁三年《けんにんさんねん》　癸亥《みずのとのい》（〔西本願寺本以外の諸本〕建仁三年　辛酉《かのとのとり》）四月五日《しがついつかのひ》の夜《よ》寅時《とらのとき》、上人《しょうにん》（親鸞）夢想《むそう》の告《つ》げましましき。かの『記《き》』にいはく、六角堂《ろっかくどう》の救世菩薩《くせぼさつ》、顔容端厳《がんようたんごん》の聖僧《しょうそう》の形《かたち》を示現《じげん》して、白衲《びゃくのう》の袈裟《けさ》を着服《ちゃくぶく》せしめ、広大《こうだい》の白蓮華《びゃくれんげ》に端座《たんざ》して、善信《ぜんしん》（親鸞）に告命《ごうみょう》してのたまはく、「行者宿報設女犯《ぎょうじゃしゅくほうせつにょぼん》　我《が》成玉女身被犯《じょうぎょくにょしんぴぼん》　一生之間能荘厳《いっしょうしけんのうしょうごん》　臨終引導生極楽《りんじゅいんどうしょうごくらく》」といへり。救世菩薩《くせぼさつ》、善信《ぜんしん》にのたまはく、「これはこれ、わが誓願《せいがん》なり。善信《ぜんしん》この誓願《せいがん》の旨趣《しいしゅ》を宣説《せんぜつ》して、一切群生《いっさいぐんじょう》にきかしむべし」と云々《うんぬん》。そのとき善信夢《ぜんしんゆめ》のうちにありながら、御堂《みどう》の正面《しょうめん》にして東方《とうぼう》をみれば、峨峨《がが》たる岳山《がくざん》あり。その高山《こうざん》に数千万億《すせんまんおく》の有情群集《うじょうくんじゅう》せりとみゆ。そのとき告命《ごうみょう》のごとく、この文《もん》のこころを、かの山《やま》にあつまれる有情《うじょう》に対《たい》して説《と》きかしめをはるとおぼえて、夢《ゆめ》さめをはりぬと云々《うんぬん》。つらつらこの記録《きろく》を披《ひら》きてかの夢想《むそう》を案《あん》ずるに、ひとへに真宗繁昌《しんしゅうはんじょう》の奇瑞《きずい》、念仏弘興《ねんぶつぐこう》の表示《ひょうじ》なり。しかあれば聖人《しょうにん》（親鸞）後《のち》の時仰《ときおお》せられてのたまはく、「仏教《ぶっきょう》むかし西天《さいてん》（印度）よりおこりて、経論《きょうろん》いま東土《とうど》（日本）に伝《つた》はる。これひとへに上宮太子《じょうぐうたいし》（聖徳太子）の広徳《こうとく》、山《やま》よりもたかく海《うみ》よりもふかし。わが朝欽明天皇《ちょうきんめいてんのう》の御宇《ぎょう》に、これをわたされしによりて、すなはち浄土《じょうど》の正依経論等《しょうえきょうろんとう》この時《とき》に来至《らいし》す。儲君《ちょくん》（聖徳太子）もし厚恩《こうおん》を施《ほどこ》したまはずは、凡愚《ぼんぐ》いかでか弘誓《ぐぜい》にあふことを得《え》ん。救世菩薩《くせぼさつ》はすなはち儲君《ちょくん》の本地《ほんじ》なれば、垂迹興法《すいしゃくこうぼう》の願《がん》をあらはさんがために本地《ほんじ》の尊容《そんよう》をしめすところなり。そもそも、また大師聖人《だいししょうにん》　源空《げんくう》もし流刑《るけい》に処《しょ》せられたまはずは、われまた配所《はいしょ》におもむかんや。もしわれ配所《はいしょ》におもむかずんば、なにによりてか辺鄙《へんぴ》の群類《ぐんるい》を化《け》せん。これなほ師《し》教《きょう》の恩致《おんち》なり。大師聖人《だいししょうにん》すなはち勢至《せいし》の化身《けしん》、太子《たいし》また観音《かんのん》の垂迹《すいしゃく》なり。このゆゑにわれ二菩薩《にぼさつ》の引導《いんどう》に順《じゅん》じて、如来《にょらい》の本願《ほんがん》をひろむるにあり。真宗《しんしゅう》これによりて興《こう》じ、念仏《ねんぶつ》これによりてさかんなり。これしかしながら、聖者《しょうじゃ》の教誨《きょうけ》によりて、さらに愚昧《ぐまい》の今案《こんあん》をかまへず、かの二大士《にだいじ》の重願《じゅうがん》、ただ一仏名《いちぶつみょう》を専念《せんねん》するにたれり。今《いま》の行者《ぎょうじゃ》、錯《あやま》りて脇士《きょうじ》に事《つか》ふることなかれ、ただちに本仏《ほんぶつ》（阿弥陀仏）を仰《あお》ぐべし」と云々《うんぬん》。かるがゆゑに上人親鸞《しょうにんしんらん》、傍《かたわ》らに皇太子《こうたいし》（聖徳太子）を崇《あが》めたまふ。けだしこれ仏法弘通《ぶつぽうぐずう》のおほいなる恩《おん》を謝《しゃ》せんがためなり。

詞書の概略＝建仁三年　癸亥《みずのとのい》（〔西本願寺本以外の諸本〕建仁三年　辛酉《かのとのとり》）の夜、夢のお告げがあった。『親鸞夢記』によれば、六角堂の本尊・救世観音菩薩が大きな白蓮華の上にきちんと座って、善信（親鸞）に「仏教修行者が色々の因縁によって女を犯すことになっても、私が玉のような女になって犯されよう。そして一生あなたを厳かに飾り、臨終には極楽につれて行こう」と、告げた。救世菩薩が言われるには、「これは私の誓願である。善信よ、この誓いの趣旨をすべての衆生に説き聞かせよ」とのことだった。そのとき夢の中で、御堂の正面に出て東を見れば、山岳に大勢の人々が集まっていた。そこで、お告げのように、この文の趣旨を人々に説き聞かせ終わった、と思ったら、夢がさめた。『親鸞夢記』を開いてよくよくこの夢を考えると、これは真宗が繁昌し、念仏が広まる予兆である。それで、聖人は後に次のように言った。

「仏教はインドで興り、経典や論書が日本に伝わっているが、これは聖徳太子の御徳によるものである。救世観音菩薩は太子の本地である。そもそも、法然上人が流罪にならなければ、私もそうならなかっただろう。私が流罪で配所へ行かなかったら、どうして辺地の人々を教化できただろうか。これすべて上人の御徳である。上人は勢至菩薩の化身、聖徳太子も観音の化身であるから、この二人の菩薩の導きで、私は如来の本願を弘めるのである。念仏もこれにより盛んになる。しかし、聖者の教化によらねばならない。愚かな私心に頼らず、阿弥陀仏の御名をひたすら念ずるだけである。それが観音・勢至の大いなる願いである。誤って脇の二菩薩につかえず、直接に本仏である阿弥陀仏を仰ぐべし」

それで、親鸞聖人は阿弥陀仏の脇に聖徳太子を安置して、崇めた。これは仏法を弘めた太子の恩徳に感謝するためである。

## 六角堂の夢告は一度か、二度か

覚如が「伝絵」をつくった頃には、第二段「吉水入室」と第三段「六角夢想」が別個の出来事のように思われていたようです。『御伝鈔』では、「六角夢想」と「吉水入室」の間に文脈上の特別なつながりはみられません。それは、当時、真宗門徒の間で別個の出来事とする伝承が流布していたからと思われます。しかし、時間的にも内容的にも両者が密接に関係することは恵信尼書簡から明白です。恵信尼書簡が発見されたのは「伝絵」がつくられた後のことでした。それは本書前章で指摘しました。

「六角夢想」と「吉水入室」の順序が逆に置かれているというのは今日の大方の見解です。本来は、「六角夢想」の後に「吉水入室」が置かれるべきでした。恵信尼書簡が発見され、六角堂で夢告を受けた後、すぐに六角堂を出て、吉水の法然の房を訪れたという順序が判明したからです。二つのエピソードは『御伝鈔』の順序とは逆に、しかも、連続して生じたといえます。

『御伝鈔』は年記についても正確でないとされます。かりに『御伝鈔』の年記が正しいのなら、親鸞は六角堂で二度も夢のお告げを受けたことになってしまうからです。一度目に夢告を受けたのは、『教行信証』（化身土巻）に書かれている親鸞二十九歳にあたる「建仁第一（辛酉）」の年です。この夢告が起きたのが親鸞二十九歳の時であることは、恵信尼書簡および『教行信証』（化身土巻）で、認められます。二度目の夢告があったとすれば、『御伝鈔』第三段に明記されている「建仁第三」となります。『御伝鈔』にしたがえば、二度目の「六角夢想」は「吉水入室」の二年後に起きたことになります（日下無倫『總説親鸞傳繪』後編上ノ第三段Ⅳ六）。かつては、そのように考える学者も少なからずいました。

ところが、前章で説明したように、『御伝鈔』第三段に書かれている「建仁第三」が「建仁第一」の誤記であるとの説が今日では有力です（平松令三『聖典セミナー「親鸞聖人絵伝」』本章第三段【補説】）。この誤りは第二段にもみられます。このような年記の錯誤は、そもそも、覚如が初稿原本で誤って「建仁辛酉」を「建仁第三」と書いたことに由来するのだそうです。「建仁辛酉」は建仁元年にあたります。このように考えると、「伝絵」の第二段と第三段の年記の錯誤がともにすっきり説明できるとされます（平松令三『親鸞』96頁、『本願寺史』増補改訂、第一巻、第一章二）。結局、六角夢想は建仁元年のただ一回の出来事となります。

## 聖徳太子の偈文は「親鸞夢記」だったのか

次に問題になるのは、親鸞が六角堂で受けた夢告の内容です。まず、恵信尼書簡に書かれている「六角堂で百日間参籠した折に、九十五日目の明け方（あかつき）、聖徳太子が偈文を作って姿を現した」（大意）という部分から、聖徳太子が偈文をとなえたとして、それがどの偈文なのか、議論をよびました。まず、親鸞が書写した太子伝（『上宮太子御記』）に載せられている「廟窟偈《びょうくつげ》」が有力候補に挙がりました。これは聖人が晩年に書写しています（『定本親鸞聖人全集』第五巻所収、３９４—３９５頁）。しかし、その内容が「これは磯長へ参詣者を集めようとする露骨なコマーシャル・メッセージに過ぎない」（平松令三『前掲書』65頁）と、考えられることから、親鸞個人に向けてとなえられた偈文としてはふさわしくないとされました。磯長《しなが》は太子の廟所地です。

「廟窟偈」よりもはるかに有力なのは、「伝絵」第三段「六角夢想」に書かれている「行者宿報の偈」です。「行者宿報の偈」が恵信尼書簡で言及された太子の偈文にあたるとされます（これは性欲処理もしくは妻帯にかかわるので「女犯偈《にょぼんげ》」ともいわれます）。

六角堂の本尊は救世観音菩薩《くせかんのんぼさつ》です。聖徳太子が観音の化身であることから、太子が六角堂で偈文をとなえたとても、おかしくありません。この「行者宿報の偈」が高田派の本山に収められている「親鸞夢記」と同一のものと考えられています。この「親鸞夢記」は鎌倉期を下るものでなく、真仏の筆跡で書かれています。真仏は親鸞の直弟子で、高田派の第二代宗主です。親鸞よりも四年早く死亡しています。真仏が親鸞自筆の「親鸞夢記」を写したのではないか、とも推測されています。

『御伝鈔』には、「かの『記』にいはく」（「例の『記』によれば」）とあって、その「記」に載せられている夢告の内容が書かれています。その「記」が「親鸞夢記」であることは明白とされます。真仏が書写した「親鸞夢記」の内容がそのまま『御伝鈔』第三段にみられるからです。「行者宿報の偈」が「親鸞夢記」であることは否定できないとされます。

## 高田派には親鸞位に入る秘義があったのか

高田派専修寺に真仏書写とされる『経釈文《きょうしゃくもん》聞書《ききがき》』という文書あって、「親鸞夢記」は江戸時代の享保十四年にここから抜き出され、別に表具されていたとのことです。その夢記は昭和九年に高田派の学会誌で公開されたそうです（平松令三『前掲書』71頁）。また、「伝絵」が制作された当時、「既に高田系統にこの夢想記なるものが成立してゐて、それを引用せられたものであろう」（山田文昭『真宗史稿』２１２頁）という説も出されました。この説によれば、「親鸞夢記」は、覚如の創作ではなく、高田門流ですでに成立していたのを覚如が引用したことになります。『正統伝』（巻之三の二十九歳の条）には、「聖人御真筆愚禿親鸞夢想記曰」とあって、『経釈文《きょうしゃくもん》聞書《ききがき》』の「親鸞夢記」が載せられていますが、「御真筆」は事実ではありません。真仏の筆跡とされます。真仏が書写した「親鸞夢記」の原本について、親鸞自身が書いたらしいという見解も出されています（平松令三『親鸞』71頁）。ただし、親鸞真筆を書写した確証はありません。

なお、『三夢記』と呼ばれる文書が高田派専修寺に収められています。「親鸞夢記」と「磯長《しなが》の夢告」「大乗院の夢告」をまとめて、七十八歳の親鸞が建長二年（１２５０）に覚信尼にむけて書いたものと伝えられます（『親鸞聖人行実』真宗大谷派教学研究所編、17頁）。しかし、『三夢記』そのものは今日では偽文書とみなされ、「親鸞夢記」だけが親鸞真作とされます（平松令三『前掲書』40頁）。なお、重松明久氏（「『親鸞夢記』の成立」『千葉乗隆博士還暦記念論集　日本の社会と宗教』所収）によれば、平安末期頃までに成立した『善光寺縁起』に載せられている太子と善光寺如来の往復書簡に『三夢記』に類似した表現があり、それに基づいて真仏、顕智が『三夢記』をつくったとします。ただし、後でふれますが、真言宗系の図像集である覚禅（１１４３―?）の著書『覚禅鈔』にも「行者宿報の偈」（「女犯偈《にょぼんげ》」）に酷似する偈文がみられます。

「親鸞夢記」が収められている『経釈文聞書《きょうしゃくもんききがき》』は、『教行信証』が完成してから真仏が死亡した正嘉二年（1258）までの間に成立した、と考えられます（日下無倫『前掲書』後編上ノ第三段Ⅳ五）。『教行信証』の「行文類二」（行一念釈）の文がこれに引用されているからです。なお、真仏が『経釈文聞書《きょうしゃくもんききがき》』を撰述する以前に、「夢記」の原本は成立していたはずです。『教行信証』の成立時期には諸説がありますが、草稿本の成立が親鸞五十二歳の時（元仁元年〔1224〕）とすれば、覚如が関東方面で親鸞の行実について情報を集めた正応三年（1290）よりもほぼ六十六年前、とも考えられます。

門弟尊蓮が『教行信証』を書写したのが宝治元年（1247）で、これを『教行信証』の完成時期とすれば、四十三年後に関東方面巡拝が行われたことになります。いずれにせよ、かなり昔の記憶をさぐることになったでしょう。親鸞が「親鸞夢記」を自筆し、門弟に夢の内容を語ったとしても、そのことが覚如の巡拝当時にはほぼ忘れられ、高田派の内部にだけ細々と伝えられていたのかもしれません。とにかく、「伝絵」に「親鸞夢記」が取り入れられたのは、真仏書写の故事から半世紀ちかく経ってからのことになります。

「伝絵」には、「かの『記』にいはく」と書かれ、夢告《むごう》の年月日および時刻が明記されています。そのことからも、覚如は「親鸞夢記」の偈文をなんらかの経路で見て、これを「伝絵」に書いたのでしょう。ただし、真仏が書写した「親鸞夢記」には年月日は記載されていません。覚如がどこからその情報を得たのかは不明です。

さらに、「親鸞夢記」よりも早くから、それに酷似する偈文が成立していたことも考慮しなければなりません。親鸞より三十歳年長の覚禅（1143—?）の著書『覚禅鈔《かくぜんしょう》』に「行者宿報の偈」（「女犯偈《にょぼんげ》」）に酷似する偈文がみられることを発見したのは大谷大学の名畑崇氏でした（昭和三十八年、真宗連合学会大会で発表）。ただし、『覚禅鈔』では「邪見ノ心」「婬欲熾盛《いんよくしじょう》」が原因で女犯に陥るとされますが、「行者宿報の偈」では「宿報」が挙げられています。ここに本質的な違いがあるとする見方も出されています（『本願寺史』増補改訂、第一巻、第一章二）。「宿報」では、凡夫の限界を知ることによって菩薩の慈悲に思い至る因果関係が成立しているという浄土教の解釈も可能でしょう。

なお、『覚禅鈔』にも、「玉女」が現れます。また、『法華経』『楞厳経』などにも、観音菩薩が女身に変化して現れ、衆生を救済したと書かれています。理想的な美女に変じて在俗僧（優婆塞《うばそく》）の性的欲望を充足させた吉祥天女の説話が『日本霊異記』（中巻第十三）にも書かれています。この説話集は九世紀前半に完成したとされます。「行者宿報の偈」の「玉女」はこうした仏典に影響されて案出されたものと思われます。高田門流で成立したらしい『親鸞聖人御因縁』の「玉日姫」伝承も同様の起源をもつでしょう。

とにかく、「親鸞夢記」が「伝絵」に取り入れられる過程について、〔『覚禅鈔』〕↓「親鸞夢記」成立↓『教行信証』成立↓真仏による『経釈文聞書』書写↓真仏没↓覚如の関東巡拝↓「伝絵」成立〕と、想定できるでしょう。

古来、高田派ではこの「親鸞夢記」について「唯受一人の口訣」があるとのことです（山田文昭『真宗史稿』第二編本論一第三章）。代々の宗主に口で直接伝えられ、そうすることで親鸞聖人と一体になると伝えられるのだそうです（『正統伝』巻之三、二十九歳の条）。これを「入親鸞位」と称します。『正統伝』では、親鸞五十八歳のときに真仏に口授、真仏が死亡した後、親鸞八十六歳で顕智に伝え、翌年の正元元年に第四世専空に伝えた、と書かれています。すべて四月五日夜というのは親鸞が六角堂で告命を得た月日に倣ってのことでしょう。

ただし、平松令三氏（『真宗史論攷』第三部第六章）によれば、このような秘事法門的な信仰が高田派の草創期にあったことを明示する史料はないとのことで、『正統伝』（1717年出版）の著者・五天良空が諸学者の研究成果を換骨奪胎して「唯授一人口訣」などの口伝を作りだした、と考えます。その背景として「高田派の権威高揚を意図して書かれたもので、『唯授一人口訣相承』という虚構は、その理論武装のつもりであったと思われる」と、します。良空がおもに参考にしたのは普門（1636―1692）の『絵伝撮要』だそうです。普門が自然発生的に成立していた当時の伝承を自著に取り入れ、それを良空が『正統伝』で利用したのだろうとのことです。

ただし、夢記の「行者宿報の偈」が僧侶の妻帯を認めるものであることから、教団初期から坊守を重視する高田門流にとって特別の意味をもつ偈文といえるでしょう。坊守の起源を伝える談義本『親鸞聖人御因縁』が成立したのも高田門流あたりとされます。「玉日」伝承については、親鸞の妻帯との関係で、後でふれます（上巻第五段「選《せん》択《じゃく》付《ふ》属《ぞく》」）。

なお、建久九年（1198）、親鸞二十六歳、供の者を連れて京都の町から比叡山へ帰る途中、赤山明神で神秘的な女性から玉を授かり、玉日姫との結婚を予言されるという話が『正明伝』（巻一上、1733年刊行）にみられます。『正明伝』以前には書かれなかった逸話とされます（塩谷菊美『語られた親鸞』第六章一）。近世で玉日伝説が肥大化した例です。作者とされる良空は高田派です。

## 比叡山を下りた理由

そもそも、親鸞が比叡山を下りて、六角堂に参籠したのは恵信尼書簡によれば「こせ（後世）をいのらせたまひける」ためでした。「後世」とは「死後の世界」ですが、この場合は「生死出づべき道」すなわち「迷いの世界から脱し、浄土へ往生する道」を求めていたことになります。親鸞は比叡山で堂僧を務めながら、二十年間、自力の修行によって煩悩を断じようとしました。だが、それを果たせず、山を下り、京都市内の六角堂で百日間の参籠に入りました。六角堂の本尊は救世観音菩薩で、聖徳太子として日本に現れたと思われていました。太子は末法の世の日本国に仏教を定着させた「和国の教主」（『正像末和讃』）です。恵信尼書簡では「聖徳太子」、「伝絵」第三段では「救世観音菩薩」が偈文を告げていますが、両者は表裏一体です。

「行者宿報の偈」が性欲処理を正当化するものとの見方があります。親鸞が妻帯した時期にもかかわる問題で、そのことに悩んで比叡山を下りたのかもしれません。しかし、観音菩薩の慈悲による救済力に焦点をあてれば、性欲にかぎらず、迷いの世界から離脱できない罪深い凡夫を救済する偈文とも解せるでしょう。「女犯」は重大な破戒ですが、凡夫が巻き込まれる宿業に際限はありません。女犯は数ある煩悩のひとつです。

親鸞が比叡山を下りた理由のひとつに、延暦寺の腐敗堕落に失望したことがあげられますが、「いくら修行を積み重ねても煩悩の消え去ることがない自分を見た親鸞は、強烈な挫折感から比叡山を下りる決断をした」というのが平松説（『親鸞』52頁）です。妥当な見解でしょう。

## 六角堂へは比叡山から毎晩かよったのか

親鸞が百日間の参籠に入ったことは江戸時代の親鸞伝にも書かれています。参籠とは寺院なり神社に泊まり込んで祈願することです。恵信尼書簡（『注釈版原典』第一通）では「六角堂に百日籠《こも》らせたまひて」と書かれています。しかし、『正統伝』（巻之二、二十九歳の条）では、「同（正）月十日、山門ノ大乗院ニ隠レ、大誓願ヲ発シ、京都六角精舎如意輪観自在尊ニ一百日ノ懇念ヲツクシ其日ヨリ毎日参籠シタマフ。行路ハ西坂赤山越ナリ。如何ナル霜雪風ニモ曾テ怠ナシ」と、書かれ、毎日、山路を歩いて通ったとされます。『正明伝』（巻一下）でも「サシモケハシキ赤山越ヲ、毎日ユキカヘリ、イカナル風雨ニモ怠ナク、雪霜ヲモノトハセタマハズ」と、書かれています。聖人の誓願がいかに切実なものであったかを強調しいています。比叡山大乗院から六角堂まで十八キロほど。毎日その距離を往復するのはかなり苦しいはずです。夜は六角堂に泊まるのですから、誰にも知られずに山を留守にするのは無理でしょう。

これに類する伝承は、「蕎麦喰《そばく》いの木像」についても語られています。毎夜、六角堂へ参籠したとき、実は京の女のもとに通っていると噂されましたが、自刻の木像が身代わりとなり蕎麦を食べたことで、噂が鎮まった、という伝承です。この伝承にはいくつかの変形版がありますが、江戸時代後期には知られていたようです。この木像は比叡山無動寺谷の大乗院だけでなく京都市東山区の法住寺にもあります（菊藤明道『親鸞聖人伝説集』28頁）。『二十四輩順拝図絵』（巻一、享和三年（１８０３））の「比叡山大乗院」の項で「聖人二十六歳御自作の御木像を此寺に安置せり」と書かれています。今日、比叡山を訪れる真宗門徒ならまずは聞かされる言い伝えです。

日下無倫氏（『總説親鸞傳繪』前篇第五章Ⅳ）は、史料では確かめられないものの、聖人の百日間参籠と回峰行がその精神では酷似している、と指摘しました。「六角堂に通はれたものとすれは、その行程百日間の参籠と、回峰千日の大行中の赤山苦行か若しくは大廻りの行事に、いかにもよく相似た感じは否定することはできない」と、します。回峰行の苦しみを百日間の参籠に投影して、出離解脱を希求したと解釈しますが、聖人が比叡山から六角堂に毎晩往復した確かな根拠はありません。

六角堂参籠に入る時点で、親鸞は比叡山の天台宗教団を離脱していたのでしょう。これは、奇矯・過激な行動を起こすことのなかった親鸞が生涯でみせた唯一ともいえる「爆発性」の発現で、既成仏教との不調和に悩み、自我同一性危機を引き起こした結果、比叡山を出奔するに至ったのでしょう。

当時は聖徳太子が六角堂を建立したと信じられ、貴族から庶民にいたるまで多くの人の崇敬を集め、六角堂参拝の記事が公家の日記に少なくないそうです。左大臣藤原頼長の日記に七日間参籠の記事がみられるそうです（山田文昭『前掲書』２０９頁）。参籠では、物忌みと同じく精進潔斎して日常の居住空間から離れ、別屋に籠ります。聖人は信仰の行き詰まりを打開するために、六角堂に籠って霊験を得ようとしました。

聖人が六角堂に参籠した様子は「伝絵・絵伝」に描かれています。堂の外陣の左側に僧侶とか武士が泊まりこんでいるようです。康永本では、三人が堂の左側で寝ていて、その右側で聖人らしい僧侶が観音菩薩を礼拝しています**（口絵11）**。寝ている三人のうちの一人は聖人のようです。堂の右の縁側では聖人が東の群集に説法しています。このように聖人は同じ場面の三箇所に描かれ、左から右に時間の経過が示されています。これを「異時《いじ》同図画法《どうずがほう》」といいます。康永本に準じている四幅絵伝も同様の構図です。また、光照寺本一幅絵伝では、寝ている状態で夢告を受ける聖人が描かれ、その右に立ち上がって東の方へ説法している姿が描かれています。いずれにしても、夢告を受けてから説法するまでの時間の経過が描かれています。

聖人は昼も夜も六角堂の本堂に堂ごもりしたのでしょうか。詞書には夜寅の時（午前四時頃）に夢告を得たとされます。本尊の安置されている本堂には夜だけ居籠ればすむはずです。夢の中で神仏のお告げを得るのであれば、本尊の名島潤慈氏（『夢と浄土教』175頁）は、「（前略―引用者）六角堂のすぐ傍らに行者が籠もるための籠もり堂のような施設があったのではないか（後略―引用者）」と、推測します。平松氏（『前掲書』58頁）によれば、近江の石山寺や大和の長谷寺では本堂の一部に参籠のための部屋があったとされます。六角堂の内部にはそのような部屋は描かれていませんが、「伝絵」では画面の左に別棟が描かれています（「絵伝」では省略されています）。籠り行者が生活する設備だったのでしょうか。それとも、洛内に住居があって聖人はそこから通ったのでしょうか。

なお、『正明伝』『正統伝』（巻之二、二十九歳の条）など、江戸時代の伝記には、偶然に四条橋で安居院聖覚《あぐいせいかく》に出会い、法然のすばらしさを知ったことから吉水の房を訪ねたという話が載せられています。聖覚に出会ったのは親鸞二十九才、三月中旬、六角堂へ通う時だそうです。聖覚については第六段「信行両座」でふれます。親鸞が聖覚と比叡山時代から接触していた可能性を松野純孝氏（『親鸞―その生涯と思想の展開過程』第六章第二節）は指摘します。まんざら根拠のない伝承とはいい切れないようです。

### 東方の群集は何を意味するのか

『御伝鈔』第三段の夢告の結びで、救世観音はこの偈文の趣旨をすべての衆生に説き聞かせよと親鸞に勧めています。親鸞は東の山に群集を見て、この偈文の内容を説き聞かせたところで、夢から覚めました。覚如はこの夢を真宗が繁昌し、念仏が広まる予兆と解説していますが、恵信尼書簡（『注釈版聖典』第一通）では、夢告の偈文を受け、すぐに六角堂を出て、「後世のたすからんずる縁にあひまゐらせん…」（後世のたすかる縁に会おうと探し求め…）と、書かれています。「行者宿報の偈」は法然門下に加わる契機でした。「真宗の繁昌・念仏弘興」を予兆する夢告とは言っていません。

『御伝鈔』第三段のこのような夢告解釈はどのような情報から引き出されたのでしょうか。赤松俊秀氏（『親鸞』56頁）は「親鸞が将来東国で説法する予告であったとしていた従来の言い伝え」を覚如は取り入れたが、恵信尼書簡を目にした時点で、それを訂正すべきであったとします。『御伝鈔』の第二段と第三段の順序が逆になっているのと同じ理由で、恵信尼書簡をまだ目にしていなかったこともあり、「真宗の繁昌・念仏弘興」を予兆する夢告とする伝承に基づいて「伝絵」第三段をつくったと推測します。覚如は十二年後に恵信尼書簡を読んで誤りに気がついたのかもしれませんが、結局、修正はされませんでした。恵信尼書簡は大正十年まで忘れ去られた状態で西本願寺に死蔵されました。

平松令三氏（『前掲書』99頁）は、この真宗繁昌・東方説法について、親鸞が後に東国教化中に夢解釈に及び、実際に門弟に話したことを覚如が聞き込んで、「伝絵」に書いたのであろうとします。覚如は、正応三年から五年まで、東国で親鸞の遺跡を巡拝して、親鸞の行実に関する情報を集めたようです。なお、『御伝鈔』下巻第二段「稲田興法」の詞書によると、親鸞が関東の稲田郷の庵に隠棲していたところ、続々と民衆が集まってきたのですが、それが六角堂の夢告と同じであると述懐したそうです。「むかし六角堂で見た夢だが、今日の真宗繁昌・東国での説法を予兆するものだったのだな」と、言ったのでしょう。つまり、「真宗繁昌・東方説法」は六角堂での夢告のときの解釈ではなく、関東に住むようになってからの回顧解釈だったのでしょうか。

## 初期の「伝絵・絵伝」に鳥居が描かれなかったのはなぜか

「東方説法」の場面について、親鸞が対面している群集の脇に朱色の建物が見えます。これが六角堂に附属する建物であるのか、それとも、恵信尼書簡（『注釈版聖典』第一通）の夢に出てくる堂宇の一部なのか、判断に苦しみます。初稿本系の「伝絵」には見られないのですが、康永本、照願寺本、仏光寺本では東の山裾に集まる人々の前方に鳥居が描かれています。「絵伝」でもこの鳥居は四幅本や八幅本にも見られます。初期の「伝絵・絵伝」には鳥居は描き込まれていないのはなぜでしょうか。「伝絵」では康永本以降、「絵伝」では十五世紀以降、工夫が凝らされ効果的に描かれるようになったからでしょうか。「絵伝」の一幅・二幅・三幅本などでは鳥居はみられず、後代に流布した四幅本に描かれました。四幅絵伝のなかには、神社が比叡山西麓の赤山《せきざん》権現（雲母坂の登り口）であるとするものもありますが、どのような根拠によるのでしょう。

平松令三氏（『聖典セミナー「親鸞聖人絵伝」』68頁）は、仏法がまだ浸透していない東国を象徴させるつもりで神社を描かせた可能性を指摘しますが、鳥居については何も言っていません。

しかし、初稿本系の「伝絵」などに鳥居が描かれていないのは、鳥居について述べている恵信尼書簡（『注釈版聖典』第一通）を覚如が初稿本作成時にまだ読んでいなかったから、と説明できるでしょう。その書簡で、恵信尼は、六角堂夢想について述べた後、鳥居について書いています。東国で東向きに建てられたお堂の落慶式に立ち会っている夢を見たのだそうです。そのお堂の前に鳥居のようなものが建っていました。「六角夢想」段に鳥居が描き込まれたのは書簡の内容にしたがえば不自然ではありません。徳治二年（１３０７）に恵信尼書簡を覚如が目にしたことで、鳥居についての情報を得て、覚如は康永本などに描き込ませたのでしょう（**口絵12**）。

**専修寺本絵伝では立像が座像に直された**

鳥居の問題とならんで、六角堂の本尊・救世観音菩薩の描き方にも「伝絵」によって違いがみられます。『御伝鈔』には「白蓮華に端坐して」と書かれているのですが、高田専修寺本と弘願本では観音菩薩は立像として描かれています（**口絵10**）。平松令三氏（『前掲書』本章第三段【補説】）は、『御伝鈔』の詞書との違いについて、「初稿原本の絵師が詞書をよく理解しないで、うっかり立像で描いてしまい、高田専修寺本の絵師もそのミスに気付かず、立像のままで書いたもの（以下略―引用者）」と、考えます。このような説明は『御伝鈔』第二、第三段の年記の錯誤についてもされました。ほかに合理的な解釈がみられないことから、尊重すべき説明でしょう。弘願本は初稿本から康永本へ向かう過渡期につくられた「伝絵」に基づいて制作されたと考えられています（平松令三「図版解説　親鸞聖人伝絵　5．西念寺」『真宗重宝聚英』第五巻所収、１０６頁）。その底本が立像だったのでしょう。なお、高田専修寺本・康永本・弘願本の三者は、互に六角堂の描写角度・構図が少しずつ違います。弘願本が初稿本系の高田専修寺本に基づいてつくられたとは言い切れないようです。

「伝絵」では、立像が描かれているのは高田専修寺本と弘願本だけで、そのほかの諸本ではすべて座像です。また、「絵伝」ではすべてきちんと座っています。専修寺本四幅絵伝は高田専修寺本伝絵に準拠してつくられているのですが、この場面では座像です。専修寺本絵伝が制作されるときに、高田専修寺本伝絵の立像が明白に詞書に沿っていないことから、詞書にあるように座像に改められたのでしょう。

また、第十四段「洛陽遷化」で、高田専修寺本の聖人の臨終図が仰臥から側臥へ修正されています（平松令三『親鸞』91頁）。この場合、画工が自分のミスに気付いて詞書に書かれているように側臥へ修正したということです。「絵伝」では光照寺の一幅本で仰臥に描かれています。しかも合掌しています（**口絵27**）。その理由については、本書第十四章でふれます。光照寺本には特異な絵相が多くみられ、建武五年（1338）に制作された古絵伝と推定されます。

**もうひとつの詞書…「親鸞夢記」は高田派起源の伝承か**

親鸞が比叡山を下りたのは自力の修行に限界を感じたからでしょう。六角堂で百日間の参籠をこころみたことからも、聖人の内面の行き詰まり感は切実なものでした。また、参籠を実行する時点で、比叡山の天台宗教団を離脱していた可能性があります。自我同一性危機による出奔とも考えられます。江戸時代の親鸞伝には毎日六角堂に通ったと書かれていますが、これは史実とは認めがたいでしょう。十八キロほどの行程を往復したとして、毎日のことであれば、体力的にも耐えられないでしょう。聖人の超常法力を期待する奇瑞譚にちかいといえます。「蕎麦喰いの木像」もその種の伝承ですが、京の女のもとに通っているという噂話は、比叡山でそのような不祥事が決して珍しくなかったことを示すものと思われます。夜は六角堂に泊まり、昼間は別棟の籠り堂で過ごしていたとも考えられます。「伝絵」では画面の左にそのようにもみえる別棟が描かれていますが、「絵伝」では省略されています。「伝絵・絵伝」では、親鸞が睡眠中に、六角堂の救世観音が内陣から外陣にあらわれ出ています。また、康永本や四幅・八幅絵伝では、左から右へ同一画面の三箇所に聖人が配されています。左が睡眠中、中央が端坐して合掌する姿、右には立って説法する姿がみられます。左から右に時間の経過が示されています。建仁元年（辛酉）四月五日の午前四時頃のことで、西本願寺本では境内で松明をかざす童子が描かれています。

六角堂の救世観音が夢にあらわれ、親鸞に告げたのが「行者宿報の偈」です。恵心尼書簡で言及されている聖徳太子（救世観音）の偈文については、「廟窟偈」をあてる見解もありますが、今日では「行者宿報の偈」とされます。比叡山を下り、六角堂に付属する籠り堂で百日間の参籠をこころみたところ、九十五日目の明け方にこの偈が告げられ、すぐに「生死出づべき道」を求めて堂を出たというのが恵信尼書簡の内容です。これにてらせば、六角堂での夢告が動機となり、法然の房を訪ねたことは明白でしょう。なお、江戸時代の伝記に、安居院聖覚に出会い、その導きで吉水の房を訪れるようになったという記事がみられます。聖人と聖覚が京都で接触していたことから、根も葉もない作り話として切り捨てられないでしょう。

このように、法然門下に参ずる第二段「吉水入室」は第三段「六角夢想」の後に置かれるべきでしたが、順序が逆になっているのは、この二つのエピソードが因果関係のない別々の出来事として記憶されていたからで、覚如はそのような伝承に引きずられて「伝絵」をつくったというのが赤松説です。「六角夢想」伝承の源は高田門徒ではないかと推測されます。高田派では「親鸞位」の相伝が「行者宿報の偈」をふくむ「親鸞夢記」を口訣することで成就するとの言い伝えがありました。「行者宿報の偈」が僧侶の妻帯を認めるものであることから、教団初期から坊守を重視する高田門流にとって特別の意味をもつと考えられます。

山田文昭氏（『真宗史稿』）は、鎌倉時代に高田派系統で成立していた夢想記なるものを覚如が引用した、と推察します。「伝絵」の「かの『記』にいはく」以下の表現が「親鸞夢記」と一致することから、覚如がなんらかの経路で「親鸞夢記」を目にして、これを「伝絵」に書き入れたと思われますが、真仏が書写した「親鸞夢記」には夢告の年月日時刻はみられず、覚如がその情報をどこから得たのかは不明です。

なお、「親鸞夢記」の成立について、それ以前から、仏菩薩が女人に変じて凡夫を救済する説話や、「親鸞夢記」に酷似した偈文があって、それらが影響を及ぼした可能性も考慮しなければならないでしょう。ただし、『経釈文聞書』の「親鸞夢記」が親鸞の自筆原本からの転写である確証はありません。

救世観音の夢告を聞いて、聖人が六角堂から東を見ると、山岳に多くの人が集まっていたとのことですが、この場面について、「伝絵・絵伝」の絵相には変異があります。たとえば、「伝絵」のうち、康永本、照願寺本、仏光寺本では東の山裾に集まる人々の前方に鳥居が描かれています。平松令三氏（『聖典セミナー「親鸞聖人絵伝」』）は仏法がまだ浸透していない東国を象徴させるつもりで神社が描かれた可能性は指摘しますが、鳥居についてはふれていません。

初稿本系の「伝絵」などに鳥居が描かれていないのは、鳥居について書いている恵信尼書簡を覚如がまだ読んでいなかったから、と説明できます。徳治二年（1307）に恵信尼書簡を覚如が目にしたことで、鳥居についての情報を得て、覚如は康永本などに描き込ませたのでしょう。「絵伝」の四幅本や八幅本に鳥居が描き込まれているのも同じ理由でしょう。書簡で説明されている夢では、鳥居には勢至菩薩と観音菩薩の像が掛けられ、前者は法然、後者は親鸞でした。そのことからも、鳥居には重要な意味があります。

覚如はこの夢告を真宗が繁昌し、念仏が広まる予兆とみなしていますが、恵信尼書簡では、夢告の偈文を受けてから、すぐに六角堂を出て、「後世のたすからんずる縁にあひまゐらせん…」（大意）後世のたすかる縁に会おうと探し求め…）と、書かれています。「真宗の繁昌・念仏弘興」を予兆する夢告とは言っていません。そんなことからも、中澤見明氏（『史上之親鸞』71頁）は、この「六角夢想」について、「廟窟偈」を感得した事実を覚如が改作して「妻帯の弁明と弘法の予言」としたもの、と考えました。例によって、中澤氏は覚如の改作癖を指摘します。

赤松俊秀氏（『親鸞』）は、「真宗の繁昌・念仏弘興」の予兆とする従来の伝承に基づいて第三段をつくった、と推測します。平松令三氏（『親鸞』）は、この真宗繁昌・東方説法について、親鸞が後に東国遍歴中に夢解釈に及び、実際に門弟に話したことを覚如が聞き込んで、「伝絵」に書いたのであろうとします。

第三段詞書の後半は聖徳太子・法然上人の導きの法恩を述べ、阿弥陀仏の名を念ずること（称名念仏）を勧めています。この部分は真宗の基本教義を覚如の言葉で解説したものです。太子は救世観音の化身、法然は勢至菩薩の化身とされます。太子、上人の二菩薩を機縁に、「後世」救済の方向が示されたことへの報恩謝徳の念で結ばれますが、これら二菩薩に仕えることはせず、阿弥陀仏を直接に仰がねばならないとし、親鸞が聖徳太子を脇に置いて敬った理由を明言します。これは次の第四段「蓮位夢想」の絵相とも関連すると思われます。

# 第四章　上巻第四段「蓮位夢想《れんいむそう》」（口絵13）

建長八年《けんちょうはちねん》　丙辰《ひのえたつ》　二月九日《にがつここぬかのひ》の夜《よ》寅時《とらのとき》、釈蓮位《しゃくのれんい》夢想《むそう》の告《つ》げにいはく、聖徳太子《しょうとくたいし》、親鸞上人《しんらんしょうにん》を礼《らい》したてまつりてのたまはく、「敬礼大慈阿弥陀仏《きょうらいだいじあみだぶつ》　為妙《いみょう》　教流通来生者《きょうるずうらいしょうじゃ》　五濁悪事悪世界中《ごじょくあくじあくせかいちゅう》　決定即得《けつじょうそくとく》無上覚也《むじょうかくや》」。しかれば、祖師上人《そししょうにん》（親鸞）は、弥陀如来《みだにょらい》の化身《けしん》にてましますといふことあきらかなり。

詞書の概要＝建長八年二月九日の夜、午前四時頃、蓮位に夢の告げがあった。夢の中で、聖徳太子が親鸞聖人を礼拝し、「大慈阿弥陀仏を敬礼します。尊い教えを弘めるためにここにあらわれるのは、濁りに満ちているこの世界の人びとに、尊い教えによって必ず最高の悟りを得させよう、とのためなのです」と、仰せられた。したがって、親鸞聖人が阿弥陀仏の化身であることは明らかである。

## 初期の「伝絵・絵伝」に「蓮位夢想」がないのはなぜか

「伝絵」は原則として聖人の誕生から死亡までを年齢順に描いているのですが、この「蓮位夢想」は、それが聖人八十四歳の出来事とされるにもかかわらず、青壮年期のなかに割り込んでいます。伝記の時間の流れを無視しているのが問題です。その理由については、この段がなぜ後から付け加えられたのかという問題ともからんで、諸説が出されているのですが、定説はありません。平松令三氏（『聖典セミナー「親鸞聖人絵伝」』89頁）は、「蓮位夢想」は前段の「六角夢想」の付録にあたり、前段につづく夢想と考えます。ともに聖徳太子を中心にする夢想とします。

しかし、この段で強烈な印象を与えるのは太子が阿弥陀仏の化身である聖人に平伏している場面です。太子信仰を脇に置いて阿弥陀仏を礼拝せよと勧める絵相と思われます。その主旨は前段とも共通する内容といえます。両段とも、阿弥陀一仏への信仰を強調しているわけです。前段では、阿弥陀仏を直接に仰がねばならないとし、親鸞が聖徳太子を脇に置いて敬った理由が示されます。そのような連続性を読み取れば、第三段の後にこの段が追加されるのはきわめて自然のように思われます。

この段は初稿本系伝絵の西本願寺本、高田専修寺本にはありません。また、高田専修寺本と同じ題名「善信聖人親鸞伝絵」が付けられた仏光寺本にも「蓮位夢想」はありません。上巻について、仏光寺本は、初稿本系よりも遅く（十四世紀中頃）つくられたものの、初稿本系伝絵の影響を強く受けています。下巻は、仏光寺本に「一切経校合」の段が加えられている点など、初稿本系伝絵などとの違いが数個所みられます。「一切経校合」については下巻第五段「熊野霊告」で扱います。

なお、古絵伝の一幅・二幅・三幅・六幅本にも「蓮位夢想」は加えられていません。「絵伝」では四幅本の多くに「蓮位夢想」がみられますが、これは康永本伝絵の上巻第四段に対応します。康永本に準じた豪華な八幅本絵伝にも「蓮位夢想」が加えられています。ただし、四幅本絵伝のうち、専修寺本、慈光寺本（仏光寺派）には「蓮位夢想」はありません。そのことは専修寺本伝絵・仏光寺本伝絵と共通します。

**「蓮位夢想」が増補されたのはいつか**

「伝絵」のこの段の内容は覚如の『口伝鈔』（一三）にも書かれています。覚如は元弘元年（1331）に口述筆記させて、『口伝鈔』を完成させています（『慕帰絵』第十巻第一段）。ただし、『口伝鈔』の詞書が「伝絵」よりも長文で詳しいことから、『口伝鈔』は「伝絵」よりも早く成立したと思われます。「蓮位夢想」が加えられている康永本が康永二年（1343）に成立しているので、「蓮位夢想」は1331年から1343年の間に康永本に増補されたのでしょう。

覚如は他力信仰を正しく理解させる目的で、『口伝鈔』完成後、これを広く流通させることに執心し、康永三年（1344）に自ら書写しています。また、元弘二年（1332）に乗専（覚如の門弟）、延元二年（1337）に従覚（覚如の次男）、延元三年（1338）に存覚（長男）などが書写しています。北西弘氏（「親鸞聖人伝絵製作の意図」『真宗重宝聚英』第五巻所収）によれば、覚如は「蓮位夢想」の話を早くから伝え聞き、これを世に伝えたいと願って『口伝鈔』に書き入れ、さらに康永本の制作時にもその話を増補しました。『口伝鈔』を何度も書写し、康永本伝絵を増補したのは、「蓮位夢想を、親鸞の信仰の本質を語る重要な事実と確信し、世に伝えずにはおれなかった」心情に起因している、と考えられるそうです。

詞書だけを集めた現存最古の写本である楢谷寺本《ゆうこくじ》は、その詞書が康永本よりも長文で詳しく、貞和五年（1349）に書写されたものです（宮崎円遵「親鸞聖人傳繪諸本の成立と照願寺本」『本願寺親鸞聖人傳繪』所収）。

暦応二年（１３３９）、康永本の底本とされる暦応本を覚如は書写していますが、楢谷寺本は暦応二年系の暦応本を書写したものと推測できるのだそうです（暦応本は焼失しました）。要するに、『口伝鈔』から暦応本を経て、楢谷寺本のような絵詞形式に改められ、ついで康永本の形になったとされます（小山正文「真宗絵巻・絵詞の成立と展開」『大系真宗史料〔特別巻〕絵巻と絵詞』）。「蓮位夢想」増補の時期をせばめれば、暦応本を転写した後（１３３９年）から、康永本が完成するまで（１３４３年）に、しぼられるでしょう。

**太子の平伏図は何を示すのか**

この時期は法然・親鸞・如信による「三代伝持血脈《けちみゃく》」を覚如が強調し始めたころで、覚如は親鸞の他力信仰を正しく継承し、純化することを意識せざるを得なかったでしょう。この視点から推測すると、太子の平伏礼拝図は太子信仰が他力信仰に屈服している図とも解釈できます。第三段「六角夢想」の詞書が太子を脇にして阿弥陀仏をじかに崇敬せよと言って結ばれるのと符合するでしょう。血脈の正統な継承者として、関東の有力門徒である高田門流の圧力を避け、阿弥陀一仏への信仰を守ろうとしたのでしょうか。

聖人が関東を去ってから百年ほど経ち、東国の門徒が善光寺・太子信仰に逆戻りすることを恐れていたと思われます。嶋口儀秋氏（「聖徳太子信仰と善光寺」『太子信仰』所収）は「原始真宗教団の発祥地である下野高田は、親鸞の留まる以前から如来堂と太子堂を併立した善光寺聖の一大集合地であった」と、高田派に善光寺・太子信仰の伝統が残ることを想定します。高田派の第十代宗主・真慧（１４３４―１５１２）は『顕正流義鈔』（末）（１４７２年）で、東国布教の中心地であった稲田の本尊が太子であったとします。覚如は『改邪鈔』（二〇）で本願寺から独立分離しようとする高田門徒の動きを暗に非難しています。

『三河念仏相承日記』（１３６４年）は、三河の門徒が、京都の本願寺に行かずに、高田の専修寺を本寺として参ることを述べています。当時、三河では、高田門流が繁昌していました。覚如は『改邪鈔』（二〇）で、末の末の門弟が建てた草堂を本所と称して本願寺には参詣すべきでないと言いふらすのはもっての他であると非難しました。関東方面の門徒を結束させる意図もあってか、覚如は二十年ぶりに東国に下り、本願寺第二代宗主・如信の三十三回忌を奥州で修しました。また、覚如は、高田門流の仏光寺派による名帳・絵系図の使用を厳しく非難しています（『改邪鈔』一、二）。

高田門流が親鸞絵伝とともに太子絵伝を蔵していた例として甲斐等々力万福寺があげられます。万福寺所伝の親鸞絵伝は鎌倉時代末期から南北朝時代にかけての作品とされます。万福寺六幅本親鸞絵伝の第四幅には、画面の半分以上にわたり善光寺の伽藍が描かれています。特異な絵相です。善光寺信仰の影響を抜きにして、この絵相は理解できません。また、太子伝の絵解き本である『聖徳太子内因曼荼羅』（1325年）を蔵している岡崎市の満性寺も高田門流荒木門徒系とされます（小山正文「関東門侶の真宗絵伝―甲斐国万福寺旧蔵絵伝を探る―」『親鸞と真宗絵伝』）。さらに、広島県沼隈町中山南《さんな》の光照寺にも最古の親鸞一幅絵伝と法然三幅絵伝がセットで伝えられています。その願主は明尊で（慶願とも称します）、高田門流荒木門徒の系列です。宮崎円遵氏（「親鸞絵伝の成立と荒木門徒」『千葉乗隆博士還暦記念論集　日本の社会と宗教』所収）は、荒木門徒が念仏信仰について親鸞よりも法然に比重を置いていたことが絵伝の一幅と三幅の差にあらわれているとしますが、それに加え、「談義僧乃至談義僧的様相が濃厚で」、光明本尊や絵伝を利用した唱導・絵解きがさかんだったと推定します。

**「蓮位夢想」は「康元二年夢告和讃」に基づいているのか**

この段の主題は、阿弥陀仏の化身として親鸞が聖徳太子に礼拝されていることに加え、如来が無上覚をすべての人に得させることです。無上覚を得るとは、「如来とひとし」つまり「諸仏等同」の位に就くことです。

詞書によると、この段の夢想は建長八年（1256）二月九日に告げられたのですが、親鸞晩年につくられた『正像末和讃』に類似する夢告記事があって、その日付時刻が康元二年（1257）二月九日の夜寅時です。夢想の年が一年ずれているだけです。「康元二年夢告和讃」では、「弥陀の本願信ずべし／本願信ずるひとはみな／摂取不捨の利益にて／無上覚をばさとるなり」という夢告を受け、和讃の後に「コノ和讃ヲユメニオホセヲカフリテウレシサニカキツケマイラセタルナリ（『原典版聖典―校異』254頁）」（この和讃を夢に告げられ、うれしかったので、書きつけさせていただいた）（大意）と、記しました。正嘉元年（1257）三月一日付です（改元の関係で、康元二年は正嘉元年にあたります）。

この二つの夢告は、日付が同じ二月九日であること、また、その内容が似かよっていることから、「蓮位夢想」は「康元二年夢告和讃」を材料にした創作であると考えられたりしました。蓮位が夢告をうけたという話は覚如の作為・創作というわけです。覚如による捏造説を提唱する中澤見明氏（『史上之親鸞』178頁）は、蓮位の夢が親鸞の「康元二年夢告和讃」の一年後のことであれば、蓮位が親鸞の夢告和讃を思い出し、それで一年後の同日に同様の夢をみたことになり、自然であろうと考えます。しかし、反対に、「伝絵」では、蓮位の夢告譚が親鸞の「康元二年夢告和讃」の一年前のこととされているので、「後の康元二年二月九日の聖人の『夢告和讃』を材料とした創作物語であることは疑なきものであろう」とします。

しかし、赤松俊秀氏（『親鸞』323頁）は、中澤氏の捏造説はうがち過ぎとして、蓮位が「伝絵」に書かれているような夢告を感得するのにはそれなりの根拠があるとしました。親鸞が「康元二年夢告和讃」をつくった頃（1255―57年）、親鸞は「如来等同」を強調しています。「如来等同」とは、摂取不捨の阿弥陀仏の本願力によって凡夫が如来に等しい悟りを得て正定聚になることです。この考えをめぐって門弟の間に議論が起こりました。真仏・性信・浄信などとこの問題をめぐり書簡を交換しています。蓮位は体調のすぐれない親鸞に代わって門弟の慶信《きょうしん》に「如来とひとし」について書簡（『注釈版聖典』第一三通）を書いています（正嘉二年十月二十九日付）。このように、蓮位は聖人のそばにいて「如来等同」を門弟に説明しました。

このような背景から、蓮位が「如来等同」と、それを可能とする「摂取不捨の本願力」についての夢告を受けてもおかしくありません。蓮位が実際に感得した夢告譚について伝聞したことを、覚如は「伝絵」に書き加えたのかもしれません。

親鸞が康元二年の夢告をうけた伏線とも解釈できそうなのは法然現行録『西方指南抄』の書写です。親鸞は康元元年十月から二年一月二日までこれを書写・校合しています。『西方指南抄』（中本）に「法然聖人御夢想記善導御事」が収められています（『西方指南抄』中本『定本親鸞聖人全集』第五巻 輯録篇（一）所収、１１９頁）。善導が法然の夢に現れ、「余《われ》不肖なりといゑども、よく専修念仏のことを言《もふす》。はなはだもて貴《たうとし》とす。ためのゆへにもて來《きたれる》也」（大意＝未熟ながら、あなたが専修念仏のことを言うのがとても尊いから来た）と、告げました。ついで、法然が専修念仏の人はすべて往生できるかと問うと、善導はそれに答えず、法然は夢から覚めました。二つの夢想内容に表面的には共通部分はみられないようですが、名島潤慈氏（『夢と浄土教』１９８―２０１頁）は、「康元二年夢告和讃」の結びの「コノ和讃ヲユメニオホセヲカフリテ」に着目し、「オホセ」という表現が法然に向けられる敬語であるところから、「康元二年夢告和讃」での夢告の主体を法然とします。夢の中で法然が善導に答を求める内容の『西方指南抄』を書写した時期に、親鸞は法然による信心の再保証を求めていたので、法然からの夢告をうけとめる心理的な準備が親鸞にあった、とします。『西方指南抄』の書写が親鸞に「康元二年夢告和讃」を誘発させる下地になった、と推測できるわけです。

## 『尊号真像銘文《そんごうしんぞうめいもん》』にも類似表現があった

親鸞は最晩年の八十六歳（正嘉二年〔1258〕）に『尊号真像銘文』（広本）を書きました。平松令三氏（『聖典セミナー「親鸞聖人絵伝」』本章第四段、83—87頁）によれば、これに収められている「皇太子聖徳御銘文」二首が「蓮位夢想」で告げられた皇太子の御文と類似しています。「敬礼」「大慈」「妙教流通」などが共通部分です。「百済国聖明王太子阿佐礼　曰　敬礼救世　大慈観音菩薩　妙教流通　東方日本国　四十九歳　伝灯演説」「新羅国聖人日羅礼曰　敬礼救世　観音大菩薩　伝灯東方　粟散王」が銘文です。「朝鮮の百済や新羅の太子や聖人（日羅）が救世観音の像に礼拝する御文が『敬礼救世（大慈）観音（大）菩薩』で、救世観音である聖徳太子が日本国に仏教を伝え弘めている」というのが大意です。

『三宝絵詞』中巻〈聖徳太子〉（平安時代中期成立）、『上宮太子御記《じょうぐうたいしぎょき》』（1257年に親鸞書写）、『聖徳太子伝暦《りゃく》』（延喜十七年〔917〕成立、十二歳・二十六歳の条）に該当する文があります。親鸞は正嘉二年以前にこれらの御文を知っていたのでしょう。親鸞の『尊号真像銘文』に書かれているそれらの文言が蓮位の意識の底にあって、夢告にあらわれたのだと平松氏（『前掲書』86頁）は推測します。聖徳太子が夢で蓮位に述べた文言が「皇太子聖徳御銘文」や「聖徳太子伝」に出て来る文言に類似していたことに感激して、蓮位がこの文を書き留めたとしてもおかしくないとのことです。

## 親鸞聖人が阿弥陀仏の化身であること

「伝絵・絵伝」の絵相を見ると、康永本系のものでは、右手奥に蓮位が寝ていて、その手前で聖徳太子が僧形の親鸞聖人に向かって平伏する構図になっています。四幅本絵伝の多くは康永本に準拠しているのですが、四幅本の願成寺本では、康永本との違いがみえます。願成寺本は四幅としては最古の制作（１４１９）で、康永本に準拠して四幅本が完全に定型化する前の状態をあらわしているようです。太子・聖人・蓮位の配置が康永本系伝絵のそれと違います。蓮位の頭の向きも逆（右向き）になっています。

八幅本絵伝では、願成寺本と同様に、太子と聖人の位置が康永本とは逆になっています。ただし、蓮位の頭の向きは、康永本と同じく、左向きです。また、蓮位は隣室で寝ています。このように配置されたのは聖人を画面の中央部に置いて崇める意図からでしょうか。とにかく、詞書では、聖徳太子が親鸞聖人を礼拝《らい》して、「敬礼《きょうらい》大慈阿弥陀仏…」（大慈阿弥陀仏を敬礼いたします…）と、述べているのですから、八幅本の絵相はその趣意を十分に生かしたものといえるでしょう。

ところが、親鸞聖人を「阿弥陀仏」として礼拝するのは、「知識帰命」の邪義におちいる危険をはらみます。その点では、奇妙な絵相とみなす見方も成り立つかもしれません。

先にふれたように、「康元二年夢告和讃」が書き留められた頃、親鸞は「如来等同」の考えを強調しました。正確には、建長七年（１２５５）から正嘉元年（１２５７）の二年間に限られます。赤松俊秀氏（『前掲書』３１６頁）によれば、如来等同の教説によって、如来に等しい位（正定聚）につかせてくれる善知識・師主の計らいに恩徳を感じる風潮が門弟にひろがる事態となりました。しかし、無上覚を悟らせるのは、如来の本願であって、善知識ではありません。そのことを親鸞は「康元二年夢告和讃」で明記しています。

覚如は『改邪鈔』（一八）で、「凡夫の身にすぎない知識を如来の仏身そのものとみなすのは祖師（親鸞）の口伝の教えにそむいている」（大意）と、善知識を崇めるあまりに如来になぞらえるのを非難します。覚如（『前掲書』二〇）は、また、本願寺中心主義を打ち出しています。有力門弟・道場主が善知識とみなされることで、本願寺への求心力が弱まるのを覚如は危惧したようです。このように、親鸞だけでなく覚如も知識帰命を邪義としました。

ところが、第四段「蓮位夢想」では僧形の親鸞が阿弥陀仏として聖徳太子に崇められているのですから、覚如の態度は首尾一貫していません。赤松氏（『前掲書』３２３頁）は、親鸞が阿弥陀仏の化身で、それ故に無上覚を悟らせてくれるという夢想をさずけられて、蓮位が心の安らぎを覚えたのだろう、と考えました。つまり、親鸞は、蓮位などの門弟にとって、たんなる同朋ではなくて、先達・救い主でした。「蓮位夢想」に描かれる親鸞像は阿弥陀仏の本願力を具《そな》えた善知識といえるでしょう。蓮位などの門弟はそのような師主を夢にみて安堵するところがあったのかもしれません。門弟の知識帰命への傾斜は、松野純孝氏（『親鸞―その生涯と思想の展開過程』第九章第三節二）によれば、師への従属・偶像化の色彩を帯びる東国門徒に顕著だそうです。

法然は勢至菩薩の化身として敬われたのですが、法然の場合は持戒堅固の清僧だったので、菩薩と信じられたことは問題視されなかったそうです。しかし、肉食妻帯・非僧非俗の親鸞については、阿弥陀仏の化身とするのに「知識帰命」の邪義がつきまとったとしてもおかしくないでしょう。覚如は、この段を描かせた際、「知識帰命」に陥る危惧よりも「三代伝持の本願寺中心主義」を優先させたのでしょう。祖師親鸞を阿弥陀仏の化身である善知識として特別視することには教団経営上の利点もありました。さらに、聖徳太子の平伏図から、太子信仰の中心であった高田門流への対抗心が覚如にうかがえます。親鸞の有力門弟が善知識として崇められることを覚如は警戒しました。そうとすれば、覚如の態度は分裂しているでしょう。

## もうひとつの詞書…太子の平伏図は覚如の作為か

「蓮位夢想」段は初期の「伝絵」や「絵伝」にはありません。康永本に至って初めて追加されました。なぜ上巻のこの部分に付け加えられたのかについては、定説はありません。平松令三氏は、この段を聖人による念仏弘通へ太子が感謝を述べる夢想、とみなしています。ただし、この段では太子が阿弥陀仏の化身である聖人に平伏しています。前段では仏法弘通への報恩を太子に述べるものの、太子信仰を脇に置いて阿弥陀仏を直接に礼拝せよと結ばれていることから、阿弥陀一仏への信仰を強調しているとも解釈できます。その点でも、第三段と第四段には連続性があるともいえます。第三段の後にこの段が増補されるのは不自然ではありません。

この段の夢想は建長八年（1256）二月九日に起きたのですが、親鸞晩年につくられた『正像末和讃』に類似する夢告記事があって、同じ日時であることも注目されます。「蓮位夢想」は『正像末和讃』の「康元二年夢告和讃」を材料にした創作であると考える向きもありますが、赤松俊秀氏は、創作・捏造ではなく、蓮位がこのような夢告を感得するのにはそれなりの根拠があるとします。この「康元二年夢告和讃」がつくられた頃（1255―57年）、親鸞は「如来等同」を強調しています。蓮位は聖人のそばにいて「如来等同」を門弟に説明する書簡を書いたりしました。蓮位には、「如来等同」とか「摂取不捨の本願力」の夢告を受けてもおかしくない背景がうかがわれます。「親鸞が弥陀の化身であって、それゆえに無上覚を悟らせてくれる」というのが蓮位の夢告譚の内容です。しかし、これでは、凡夫を「如来等同」にする本願力の持主が親鸞と解釈されかねないので、知識帰命の邪義につながります。

蓮位の夢告譚について、覚如が創作したものではなく、覚如が伝聞した逸話ともみなされます。覚如はこの夢告譚を『口伝鈔』（一三）に書いただけでなく、康永本にも追加しました。康永本作成は『口伝鈔』の口述筆記から十二年後です。康永本にのせたのは、覚如がこの逸話を印象深く記憶していたからでしょうか。

この段の内容は「知識帰命」の邪義におちいる危険をはらむでしょう。詞書は、聖徳太子が親鸞聖人を「阿弥陀仏」として礼拝する内容です。絵相でも、太子の平伏図が描かれています。肉食妻帯・非僧非俗の親鸞を阿弥陀仏の化身とするのには「知識帰命」の邪義がつきまとったでしょう。覚如は、この段を描かせた際、「知識帰命」に陥る危惧よりも「三代伝持の本願寺中心主義」を優先させたのでしょう。祖師親鸞を如来等同の善知識もしくは如来の化身として特別視することには教団護持上の利点もありました。

また、聖徳太子の平伏図から、太子信仰の中心であった高田門流への対抗心が覚如にうかがえそうです。覚如は有力門弟が善知識として崇められることを警戒し、真宗の信仰を阿弥陀一仏に純化させようとしましたが、祖師親鸞については知識帰命を避けることに不徹底だったといえるでしょう。

# 第五章　上巻第五段「選択付属《せんじゃくふぞく》」（口絵14）

黒谷《くろだに》の先徳《せんどく》　源空《げんくう》　在世《ざいせ》のむかし、矜哀《こうあい》のあまり、ある時《とき》は恩許《おんきょ》を蒙《こうぶ》りて製作《せいさく》を見写《けんしゃ》し、ある時《とき》は真筆《しんぴつ》を下《くだ》して名字《みょうじ》を書《か》きたまはす。すなはち「顕浄土方便化身土文類《けんじょうどほうべんけしんどもんるい》」の六《ろく》にのたまはく、親鸞上人《しんらんしょうにん》撰述《せんじゅつ》「しかるに愚禿《ぐとく》釈鸞《しゃくのらん》、建仁辛酉《けんにんかのとのとり》の暦《れき》、雑行《ぞうぎょう》を棄《す》てて本願《ほんがん》に帰《き》し、元久乙丑《げんきゅうきのとのうし》の歳《とし》、恩恕《おんじょ》を蒙《こうぶ》りて『選択《せんじゃく》』（選択集）を書《か》く。おなじき年初夏中旬第四日《としのしょかちゅうじゅんだいしにち》、〈選択本願念仏集《せんじゃくほんがんねんぶつしゅう》〉の内題《ないだい》の字《じ》、ならびに〈南無阿弥陀仏《なもあみだぶつ》　往生之業《おうじょうしごう》　念仏為本《ねんぶついほん》〉と〈釈綽空《しゃくのしゃくくう》〉と、空《くう》（源空）の真筆《しんぴつ》をもつてこれを書《か》かしめたまひ、おなじき日《ひ》、空《くう》の真影《しんねい》申し預《あず》かり、図画《ずが》したてまつる。おなじき二年閏七月下旬第九日《にねんうるうしちがつげじゅんだいくにち》、真影《しんねい》の銘《めい》は、真筆《しんぴつ》をもつて〈南無阿弥陀仏《なもあみだぶつ》〉と〈若我成仏《にゃくがじょうぶつ》　十方衆生《じっぽうしゅじょう》　称我《しょうが》名号　下至十声《しじっしょう》　若不生者《にゃくふしょうじゃ》　不取正覚《ふしゅしょうがく》　彼仏今現在成仏《ひぶつこんげんざいじょうぶつ》　当知本誓重願不虚《とうちほんぜいじゅうがんふこ》　衆生称念必得往生《しゅじょうしょうねんひっとくおうじょう》〉の真文《しんもん》とを書《か》かしめたまひ、また夢《ゆめ》の告《つ》げによりて、綽空《しゃくくう》の字《じ》を改《あらた》めて、おなじき日《ひ》、御筆《ごひつ》をもつて名《な》の字《じ》を書《か》かしめたまひをはりぬ。本師聖人《ほんししょうにん》（源空）今年七旬三《こんねんしちじゅんさん》の御歳《おんとし》なり。『選択本願念仏集《せんじゃくほんがんねんぶつしゅう》』は、禅定博陸《ぜんじょうはくりく》　月輪殿兼実《つきのわどのかねざね》、法名円照《ほうみょうえんしょう》の教命《こうめい》によりて選集《せんじゅう》せしめたまふところなり。真宗《しんしゅう》の簡要《かんよう》、念仏《ねんぶつ》の奥義《おうぎ》、これに摂在《しょうざい》せり。見《み》るもの諭《さと》りやすし。

まことにこれ稀有最勝《けうさいしょう》の華文《かもん》、無上甚深《むじょうじんじん》の宝典《ほうでん》なり。年《とし》を渉《わた》り日《ひ》を渉《わた》り、その教誨《きょうけ》を蒙《こうぶ》るの人《ひと》、千万《せんまん》なりといへども、親《しん》といひ疎《そ》といひ、この見写《けんしゃ》を獲《う》るの徒《ともがら》、はなはだもつてかたし。しかるにすでに製作《せいさく》を書写《しょしゃ》し、真影《しんねい》を図画《ずが》す。これ専念正業《せんねんしょうごう》の徳《とく》なり、これ決定往生《けつじょうおうじょう》の徴《ちょう》なり。よつて悲喜《ひき》の涙《なみだ》を抑《おさ》へて由来の縁《えん》を註《しる》す」と云々《うんぬん》。

詞書の概略＝むかし比叡山の黒谷に先師法然上人（源空）がおられた頃、親鸞聖人はたいへんに慈しみをいただき、ある時はお許しをいただいて『選択集《せんじゃくしゅう》』を書写させていただき、ある時は御自筆で聖人の名を書いていただいた。このことは、親鸞聖人が著した『顕浄土真実教行証文類《けんじょうどしんじつきょうぎょうしょうもんるい》』の第六巻「方便化身土文類《ほうべんけしんどもんるい》」に、次のように書かれている（原漢文）。

愚禿釈親鸞は建仁元年に自力修行をやめて、阿弥陀仏の本願に帰依し、元久二年に法然上人のお許しをうけて『選択集』を書き写した。その年の四月十四日、内題の字と「南無阿弥陀仏、往生の業には念仏を本とする」という詞、及び「釈綽空」という私の名を上人の真筆で書いていただき、同日、上人の肖像を預からせていただき、それで画像を描き、同年七月二十九日、その画像の賛銘に、やはり上人の真筆で「南無阿弥陀仏」の名号と、「もし成仏せんに、衆生が我が名を下十声に至るまで称せん。もし浄土に生まれずば、正覚を取らず。かの仏、現に、成仏したまえり。仏の誓われた深重の願は真実であり、称名すれば、かならず往生する」という善導大師のお言葉を、書いていただいた。しかも、また、夢の告げによって、綽空という名を改め、同じ日に御自筆で別の名前を書いていただいた。法然上人はこの年には七十三歳だった。『選択本願念仏集』は、関白九条兼実公（月輪殿と呼ばれ、法名は円照）の命によって撰述されたものである。真宗の要点、念仏の奥義がこれに収められている。読んでわかりやすい。本当に世にもまれなすぐれた文である。これ以上のものがないほど奥の深い宝典である。長い年月にわたってその教えにふれたのは千万人にも及ぶが、上人に親しい者でも、この本の見写を許された者ははなはだ少ない。それでも、私はこの本を書き写させてもらい、肖像画まで描かせてもらった。これは念仏を正しい業とする徳である。これは、また、かならず浄土に往生する徴《しるし》でもある。よって、うれし涙を抑えて、これまでの経緯を注記したのである。

## 親鸞は法然の命で結婚したのか

この段の表題は「選択付属」です。「選択」は法然上人の代表作『選択本願念仏集』（以下、『選択集』と略します）のことです。「付属」はこの本を親鸞に書写させ、その教えを後世に伝えさせるために託すということでしょう。この本の見写を許されたのは親鸞をふくめて十一人ほどだったそうですから、法然は親鸞を高く評価していたわけです。

詞書にはありませんが、吉水の法然の室へ入ってからのことです。法然の命令で親鸞が九条兼実の第七子の玉日姫と結婚したという「玉日伝説」なるものが流布しています。多くの弟子のなかから親鸞が姫の婿に選ばれたのは法然が聖人を持戒堅固の清僧と評価していたからとされます。『御因縁』に、この玉日伝説がもっとも早くみられます。鎌倉時代後期の弘安・正安の頃（十三世紀末から十四世紀初頭）に成立したとされます。親鸞没後二、三十年にあたります。

すでに本書序章でふれたように、成立年代などについて、宮崎円遵氏（「『親鸞聖人御因縁』ならびに『秘伝抄』について」『宮崎圓遵著作集』第七巻）が貴重な情報を提供します。宮崎氏は、『御因縁』の成立時期について、「伝絵」が制作された時期に先行する可能性を指摘し、この『御因縁』が展開して成立したのが『親鸞聖人御因縁秘伝抄』（『秘伝抄』と略します）で、『御因縁』が「伝絵」と混じり合う過程で『秘伝抄』が成立した、と推測します。『御因縁』には、妻帯を三十八歳の出来事とするなど、不正確な部分が少なからずみられますが、『秘伝抄』では修正されています。

塩谷菊美氏（『語られた親鸞』第一章十）は、鎌倉時代末につくられた「伝絵」と『御因縁』という「二つの古い親鸞伝が同時に存在し続けたために、親鸞伝の歴史は一直線の発展（あるいは衰退）にはならず、複雑怪奇な軌跡を描いています」と、二系列の親鸞伝が中世から相互に影響を与えてきたとします。高田門流では『御因縁』系統の親鸞伝が重きをなしたことは「坊守縁起」の逸話からもいえるでしょう。

以下、玉日伝説の概略を紹介します。

> 建仁元年、月輪《つきのわ》の法皇が法然のもとを訪ねた。三百余名の弟子のうち俗人はこの月輪殿（法名は円照）だけである。月輪の円照は「出家の念仏と俗人の念仏に違いがあるのか」と尋ねた。法然が「何の違いもない」と答えると、「それについて疑念が晴れないので、お弟子で一生不犯の僧を一人還俗させてみてはどうか」と、言った。法然は「善信房は今から月輪殿の命に服せ」と、命じた。親鸞は三十八歳の今まで戒律を犯していないのに、と狼狽したが、法然は、六角堂の観音の示現にあるように、俗人になればよいと言う。親鸞は誰にも「女犯偈」のことを話していないので怪訝に思ったが、法然が見事に「女犯偈」を紙に書きつけたのを見て、親鸞は承諾するしかなかった（和歌詠唱の逸話については省略）。月輪法皇と一緒に車に乗り、五条西洞院の御殿に行き、その夜すぐに法皇の第七の姫である玉日の宮と結婚した。三日後に、親鸞夫婦は車に同乗し、黒谷の法然のところに参った。法然は玉日姫を「子細なき坊守なり（申し分のない、よき坊守である）」と仰

せになったので、それ以来、一向専修の念仏の一道場のあるじを坊守という。

玉日姫について、実在は否定されています。ひとつには、『法華経』や『日本霊異記』、『覚禅鈔』などの仏典、さらに直接的には、〈女犯偈〉の「我《が》成《じょう》玉《ぎょく》女《にょ》身《しん》被《ぴ》犯《ぼん》（私が玉のような女になって犯されよう）」が土台になって創作されたとされます。また、『御因縁』の「月輪の法皇」とは九条兼実《くじょうかねざね》のことで、月輪殿・後法性寺殿などとも呼ばれていました。兼実は摂政・関白を歴任し、慈円の兄にあたるなど、鎌倉初期の公家の重鎮でしたが、後に失脚し、法然に帰依しました。玉日姫がその兼実の娘という伝承がひろまっていて、本願寺の系図のなかには親鸞が玉日姫、つまり、兼実公の娘と結婚し、子供をもうけたと記しているものがあります。たとえば、『尊卑分脈（内麿公孫）』『日野一流系図（実悟撰）』では、二人のあいだに長男の範意が生まれています。しかし、兼実には二人の娘がいましたが、一人は後鳥羽天皇の中宮となり、他の一人は四歳で死亡したとのことです（平松令三『親鸞の生涯と思想』第一部二）。

平松氏によると、天文五年（１５３６）に九条稙通《たねみち》が制作した本願寺系図では、親鸞の実子七人について、その母をすべて「母月輪殿御女」とします。その理由を平松氏は玉日伝説に引きずられたからとします。九条兼実が出家して法然門下に加わったのが史実としても、幼少で死亡したはずの兼実の娘を玉日姫にしたてるのには無理があります。高貴な身分の娘と結婚したとすることで、親鸞を荘厳する意図があったのでしょうか。

### 親鸞の妻は二人だったのか

また、古田武彦氏（「親鸞思想の秘密をめぐって」『わたしひとりの親鸞』）は江戸時代の明暦本本願寺系図に着目しました。この系図では、後に義絶された善鸞の生母だけが九条兼実の娘と記されていることから、善鸞がほかの六人の同朋とは違う母から生まれた、と結論しました。古田説では、善鸞の生母を九条兼実の娘とする明暦本系図によって、親鸞の義絶状（『注釈版聖典』第九通）に書かれている「ままははにいひまどはされたる（継母に言い惑わされた）」の「ままはは」は善鸞にとって継母である恵信尼を指す、としました。たしかに、善鸞には生母と継母がいて、親鸞には妻が二人いたとはいえそうですが、他の系図を参照すると、恵信尼が善鸞の継母である確証はありません。

　恵信尼については、国司「越後介（次官）」であった三善為教《みよしためのり》（則）の娘とする説がほぼ定着しています。三善為教の娘という注記は、『尊卑分脈（内麿公孫）』『日野一流系図（実悟撰）』『大坂本願寺本系図』など、比較的に古い系図にみられます。これらの系図では、長男の範意の母だけが九条兼実の娘で、ほかの六人の子どもの母は恵心尼、つまり三善為教の娘とされています。覚如が『口伝鈔』（一二）で述べている「恵心御房《えしんのおんぼう》　男女《なんにょ》六人《ろくにん》の君達《きんだち》の御母儀《ごぼぎ》」と一致しますが、恵信尼が親鸞の妻であったとしても、もう一人の妻が九条兼実の娘であることは否定せざるを得ません。前述のように、兼実にはそれに当たる娘がいないからです。上記の系図で「範意」にそのような注記があるのは、門信徒に浸透しつつあった玉日伝説を無視できなかったからでしょうか。

　しかし、平松令三氏（『前掲書』19頁）が紹介した戦国時代制作の証如本系図（仮称）では、長男を除いて六人の子どもが同じ母（三善為教の娘）から生まれたとされ、長男については生母の注記がありません。つまり、証如本によれば、親鸞の二人の妻のうち、一人は恵信尼だったことがわかりますが、長男の生母は不明でした。このことを考慮すると、『尊卑分脈（内麿公孫）』『日野一流系図（実悟撰）』『大坂本願寺本系図』などで、制作者は長男の生母に九条兼実の娘を当てて注記する誘惑に負けたのかもしれません（第二子以下の生母が三善為教の娘と明示されるのは証如本系図と同じです）。鎌倉時代後期から流布した「玉日伝説」の影響を系図作者が無視できなかったからでしょうか。

長男の範意の母が誰であったのかは謎ですが、玉日を範意の母とする伝説は、『御因縁』以後、様々な異説に展開しました。元禄十一年完成の恵空の『叢林集』（巻八第六十）には、伝承に尾ひれがついて、範意とその母とされる玉日は、親鸞が流刑に処せられとき、京都に留まり、母子ともに早世したとする伝承とか、親鸞の七人の子どもはすべて玉日姫が生み、玉日は後に恵心と呼ばれたという伝承が紹介されています。流人の妻が先の関白の息女であることをはばかり、三善為教の娘と名を代え、越後に下ったことから、流罪の前後で名前が変わっただけで、実は七人の子どもの母は同じだったという伝承です。ここでは、九条兼実の息女とされる玉日姫は三善為教の娘である恵信尼と同一視されます。近世ではだいぶ混同がすすんでいます。

ほかに、「聖人が関東の稲田に住んだおり、京都に残っていた玉日の窮状を見かねた有力檀徒（結城七郎朝光）が玉日を結城の東の玉岡に伴い住まわせた。聖人が帰洛しても、玉日は留まって玉岡で大往生した。六十四歳だった」という伝承もあります（『二十四輩巡拝図会』後巻二、〈新居山称名寺〉の項）。玉日を祀った玉日廟は京都・新潟および関東各地にあります。

## 視覚による伝道を重視した高田門流

『御因縁』が「親鸞因縁・真仏因縁・源海因縁」の三部から成るので、これを「親鸞聖人御因縁並真仏源海事」とも題します（「真仏因縁」については、下巻第五段「熊野霊告」でふれます）。「源海因縁」は鎌倉期以降に書かれ、「真仏因縁」の後に付け加えられました。この因縁によれば、源海は武蔵国荒木の武士でした。二人の息子が非業の死をとげたことで、源海は遁世しました。ある夜、夢に死んだ息子たちがあらわれ、「我らは観音・勢至である。悟真寺を建立した利生に、そなたを真の道に入れさせるためにこの世に来た。常陸国の真仏上人の本地は阿弥陀仏である。その弟子になって、ともに衆生済度せよ」と告げたのでした。武蔵荒木出身の源海が真仏の直弟子となる経緯がこれに述べられています。

荒木門徒の特徴については、先に（本書第四章「蓮位夢想」）ふれました。宮崎円遵氏（「親鸞絵伝の成立と荒木門徒」『千葉乗隆博士還暦記念論集　日本の社会と宗教』所収）は、「荒木門徒系には民衆の教化・接触という点では、談義僧乃至談義僧的様相が濃厚であり（中略―引用者）この荒木門徒が多く依用したものに、いわゆる光明本尊がある」と、します。「光明本尊」は、元は荒木門徒、後に仏光寺系門徒が利用したもので、その絵解きは室町時代初期にさかのぼるのだそうです。現存する光明本尊の大部分が荒木門徒系教団（明光・了源）で用いられたそうです（平松令三「総説　十一」『真宗重宝聚英』第二巻所収）。絵解きによる伝道に一般に利用されたのは絵伝ですが、最古のものは広島県沼隈町中山南の光照寺に所蔵される一幅本です。建武五年に制作され、願主は明尊（慶願）です（千葉乗隆『親鸞聖人絵伝』（光照寺本）の成立」『千葉乗隆著作集』第四巻）。宮崎氏（『前掲論文』266頁）によると、明尊は中国地方備後に進出した荒木門徒の流れに属します。

## 初期真宗教団で坊守が重視されたのは高田門流だった

『御因縁』『秘伝抄』の「親鸞因縁」が「子細なき坊守なり」をふくむ坊守縁起で結ばれるのは〈法然―親鸞―真仏―源海〉の法流を伝える高田門流に特徴的といえます。初期真宗教団で坊守（寺／道場の主婦）が表に出ることは珍しいとされますが、「荒木門徒の特異性、すなわちそれは同門徒道場主の妻帯を正統化し、その内方を坊守として格付けする意図の強くはたらいていること」を小山正文氏（「絵伝に画かれた幼少時代の親鸞」『親鸞と真宗絵伝』）は指摘します。

高田門流仏光寺派でさかんに使われた絵系図では、上に坊主、下に坊守の像を描き、上下を縦線でつなぎ、さらに、次の坊主・坊守と横線でむすんで、法脈を示します。この絵系図は、宮崎円遵氏（「『親鸞聖人御因縁』ならびに『秘伝抄』について」『宮崎圓遵著作集』第七巻）によると、源海の荒木門徒あたりに始源するとされます。また、三河如意寺の三幅絵伝の裏書に数組の僧と尼の名が書かれていますが、これは名帳《みょうちょう》と呼ばれるものに類します。如意寺は荒木源海門徒の寺でした。このような名帳・絵系図には坊守の名や肖像が書かれ、妻帯が正統化され、女性が表に出ることにつながりました。仏光寺派（興正派）では、女性の宗主が現れました。

## 甲斐万福寺所伝本の尼僧は玉日姫なのか

高田門流に属す荒木源海門徒であった源誓（１２６４？―１３６０？）が甲斐山梨郡等々力に開創した万福寺に貴重な絵伝が伝えられました。小山正文氏（「関東門侶の真宗絵伝―甲斐国万福寺旧蔵絵伝を探る―」『前掲書』）によれば、源誓は念仏勧化にあたり絵伝の絵解きをさかんに行ったらしく、各種の絵伝が万福寺の法宝として備えられていました。そのなかで注目すべきは六幅本親鸞絵伝です（南北朝期）。六幅というのも特異な型式ですが、絵相に驚くべき独自性がみられます。覚如の「伝絵」とは別系統とも思われる親鸞伝が展開していますが、小山氏は「覚如は、万福寺本に描かれているような親鸞の伝承説話を現行本のごとき『親鸞伝絵』として、うまくまとめ上げたと見たほうが、事実に近いのではないかということも考えられよう」（『前掲論文』３８３頁）と、万福寺絵伝が「伝絵」の拡大版ではないとも主張します。むしろ、万福寺本絵伝にみられる伝承を整理して「伝絵」がつくられた、と推測します。

万福寺本絵伝のうち、「玉日伝説」に関係すると思われる部分をあげます。第二幅中段左に、九条兼実の要請で法然が親鸞に玉日を坊守として迎えるように命じているように見える場面があります（**口絵14**）。中段左で対談する二僧は法然と兼実、縁側でうつむいているのが親鸞のようにも見えます。上段左では、玉日と思われる尼僧が法然の前に座り、首巻（帽子《もうす》）をしているように見える親鸞らしき僧が法然の隣に座っています（**口絵1**）。

尼僧は水瓶と角盥《つのたらい》をもって法然上人に向かっている、と平松令三氏（『図版解説　親鸞聖人絵伝』『真宗重宝聚英』第四巻所収）は説明します。これらの道具は何を意味するのでしょうか。この尼僧が坊守として給仕している場面は第三幅上段右の「越後庵室」**（口絵19）**、第四幅上段右の「稲田御坊」**（口絵23）**（一切経校合と見えます）の場面に現れます。「越後庵室」では親鸞聖人に向かい高杯と水瓶を、「稲田御坊」では校合作業をしている聖人のかたわらで水瓶と角盥《つのたらい》をもっているように見えます。このように尼僧がかいがいしく奉仕する絵相から判断すると、坊守の位置が高田門流で高く評価されていたといえるでしょう。

## 聖光房弁長《しょうこうぼうべんちょう》との出会い

親鸞が法然門下に加わってから間もなく、鎮西（九州）出身の聖光房弁長《しょうこうぼうべんちょう》を親鸞が法然の住まいへ案内した逸話が『口伝鈔』（九）にみられます。ここで、弁長は仏法を心得違いしていると非難されています。ただし、聖光房弁長（１１６２―１２３８）は浄土宗鎮西派の祖で、この逸話は著者の覚如が本願寺の有力なライバルと意識していたことから、作話されたと考えられます。鎮西派は、法然没後、他の門流よりも早く組織が確立したとされます（中澤見明『真宗源流史論』１２６頁）。また、弁長は法然門下の信心ひとつで往生できるとする「一念義」を蛇蝎のように嫌い（松野純孝『親鸞―その生涯と思想の展開過程』１１７頁）、親鸞の信仰とも異質な系列に属します。そのような背景を考慮して『口伝鈔』（九）を読むべきでしょう。

弁長は建久八年（１１９７）に法然の弟子になりました。親鸞が法然門下に参じたのは建仁元年（１２０１）ですから、弁長が兄弟子です。弁長が先に法然門下に加わっていることからみれば、弁長との邂逅の話は史実とはいえません。

また、どの「伝絵・絵伝」にもこの逸話が取り上げられていないのはなぜでしょうか。『口伝鈔』は元弘元年（1331）に書かれているので、この逸話が康永本（完成は1343年）に書き加えられていても不自然ではないのですが、そうはなっていません。『口伝鈔』を書く頃、覚如は〈法然―親鸞―如信〉の三代伝持血脈を強調し始め、本願寺の運営主催者たる自負の念を強めていたようです（重松明久『覚如』七）。他宗派への敵対意識がこのような逸話を書かせたのでしょうか。なお、浄土宗西山派の祖・証空（1177―1247）についても、同じ『口伝鈔』の第十四章に登場しますが、好意的に書かれてはいません。弁長、証空について、『口伝鈔』述作の頃にとくに批判がましく取り上げようとする気持ちが高まっていたのでしょうか。

逸話では、弁長を法然の房に案内したのが親鸞でした。親鸞は自分の乗物の車に同乗するように勧め、供の者に弁長の籠を背負わせています。隠遁の聖が車に乗り、供の者を連れていたというのも信じがたい話です。兄弟子の弁長を法然に引き合わせたという話があまりにも強引な筋立てだったので、「伝絵・絵伝」へ付け加えられなかったのでしょうか。

## いつから「親鸞」と名乗るようになったのか

『御伝鈔』第一段では、親鸞は得度の際に「範宴《はんねん》少納言公」と呼ばれていました。「範宴」は実名《じつみょう》で、「範」は父親の名「有範」から一字とったものとされます。なお、「宴」については、平雅行氏（『歴史のなかに見る親鸞』37頁）は、入室の師の名の一部で、この師は慈円ではなく、慈円入室説は史実に反し、覚如の創作と考えます。実名は正式な名で、ふだんの生活では気楽には使われません。日常生活では仮名《けみょう》が使われます。僧侶が所属する房号を仮名とする場合があり、親鸞の房号は「善信房」でした。この房号を親鸞は一生使ったようです。

次に親鸞が改名したのは、吉水入室の建仁元年二十九歳のときでしょうか、「範宴」を「綽空《しゃくくう》」に改めました。元久元年（1204）の十一月、『七箇条起請文《しちかじょうきしょうもん》』（『七箇条制誡』）に「僧綽空」と連署しています（三十二歳）。

これは法然門下が言動を慎むことを誓うものです。親鸞は門弟百九十人中八十七番目に署名しています。「綽空」の「綽」は中国浄土教の高僧「道綽」、「空」は「源空（法然）」からとったとされます。詞書は『教行信証』（化身土巻）から転写されたものですが、これによると、『選択集』の書写本に「釈綽空」と法然に真筆で書いてもらいました。元久二年（１２０５）、三十三歳の時です。詞書によると、法然の真筆で実名を書いてもらったのと同じ日に、法然の肖像画を預かって模写しています。問題は、それに続く「また夢の告げによりて、綽空の字を改めて、おなじき日、御筆をもつて名の字を書かしめたまひをはりぬ」の部分です。「綽空」をどのような名に改めたのでしょうか。

『最須敬重絵詞』第一巻では、法然は親鸞に「綽空」という名を与え、「後に夢告があって、上人に申し上げて、善信と改め、また実名を親鸞と号された」（大意）とあります。これでは、善信と改める以前の名がわからず、解釈に苦しみます。日下無倫氏（『總説親鸞傳繪』前編第四章Ⅱ、１１３頁）は、綽空を善信に書き改めたと解釈しました。しかし、平松令三氏（『親鸞』１２６頁）は、「善信」が房号であることから、実名の「綽空」を仮名の「善信」に改めるのは道理に合わず、「綽空」を「親鸞」に改名したとします。「綽空」を「善信」に改めたとする『拾遺古徳伝』第六巻第五段の「綽空の字を改め、法然上人の真筆で名の字を書いていただき、それより善信と号す。善信上人のたまう…」（大意）の記事は信頼できないとしました。覚如は、『御伝鈔』『拾遺古徳伝』などで、親鸞の名について混乱し、明晰さに欠けていたのでしょうか。なお、実悟の『日野一流系図』には「善信房綽空を夢告によって親鸞と改める」（大意）という注記がみられます。

夢告《むごう》についても、解釈が分かれます。ひとつは、六角堂の夢告とする説ですが、これは改名の四年前のことで、時間的に隔たりがありすぎます。平松令三氏（『前掲書』１２７頁）の指摘するように、元久二年四月十四日に「釈綽空」と書いてもらってから七月二十九日に模写に新しい実名「親鸞」を書くまでの三箇月余りの間に得た夢告でしょう。夢告の具体的な内容は不明です。

## 絵相の変異――配置が康永本で逆転する

「伝絵・絵伝」の絵相に若干の多様性があります。もっとも目立つのは書写許可の場面と肖像画への書き入れの場面の位置関係でしょう。初稿本系と康永本系とでは、正反対です。

初稿本系の西本願寺本・高田専修寺本および弘願本では、『選択集』の書写許可が左に、肖像画に銘文を書いてもらう場面が右に位置します。初稿本系では、本の受け渡しは両人とも立ち姿で、弘願本では、法然は立ち姿で、親鸞は座っています。

康永本、天満定専坊本、照願寺本では、書写許可が右に変わり、二人は座っています。このように、制作年代が遅くなるにつれて、立ち姿から座像へ変化します。仏光寺本でも、書写許可の場面が右側に位置します。ただし、本に書きつける場面（中央）と肖像画に銘文を書きつける場面（左）が分離しています。

最古の「絵伝」とされる一幅の光照寺本では、第四・第五・第六場面が「選択付属」に当たります。蛇行形に下から上に場面が展開します。第四場面は第二段の中央にあり、座姿の法然が『選択集』を立膝の親鸞に渡しているようにみえます。第五場面の第二段右側では法然が親鸞に向かって『選択集』の内題を書き、第三段右では親鸞らしき僧が肖像画を持ち、それに法然が銘文を書きつけています（第六場面）。三つの場面に分割されているのは仏光寺本伝絵と類似します。

二幅の上宮寺本と三幅の妙源寺本、如意寺本、願照寺本では、書写許可が左、肖像画の場面が右に位置し、初稿本系伝絵に類似した絵相がみられます。六幅の甲斐万福寺本でも、書写許可が左に位置する初稿本系の絵相になります。ところが、多くの四幅本や八幅本では書写許可が右、肖像画場面は左に位置します。このように、「伝絵」

では康永本、「絵伝」では四幅本を境にして、書写許可と肖像画場面の位置が逆転します。近世で下付された四幅本では康永本の影響が強かったからでしょう。四幅の専修寺本（高田派）と慈光寺本（仏光寺派）でも、康永本と同じく、左に肖像画の場面が置かれています。専修寺本絵伝は高田専修寺本伝絵と逆の位置関係となります。慈光寺本は肖像画場面を左に位置させる仏光寺本伝絵に準じます。

　このような配置の逆転が「伝絵」で起きた理由について、肖像画への書き入れが書写許可の右側に描かれると、詞書の順序と合致しないので、康永本以後では書写許可を右に置き、左に肖像画の場面を置いたのではないでしょうか。詞書では、書写許可・内題書き入れ・肖像画への銘文書き入れの順序になっています。仏光寺本で『選択集』への内題書き入れが中間に描かれるのも、詞書の流れに沿った処理でしょう。詞書では、『選択集』の内題を法然に書き入れてもらった元久二年（１２０５）四月十四日に原画を借りうけ、約三箇月後の七月二十九日に模写の終わった肖像画に讃銘を書いてもらいました。

　平松令三氏（『聖典セミナー「親鸞聖人絵伝」』１０７—１０９頁）が指摘するように、「異《い》時《じ》同《どう》図《ず》画《が》法《ほう》」という同一画面に同一人の複数の動作を描いて時間の流れを表す技法がこの段でも使われています。ただし、弘願本および初稿本系の「伝絵」では書写許可と肖像画への書き込み場面が同じ家屋の隣室で見られますが、康永本、天満定専坊本、照願寺本では廊下で隔てられた別部屋です。「絵伝」でも、古い二幅・三幅本では隣接する部屋、四幅・八幅本では廊下で隔てられた別部屋でこれらの動作が行われ、後者ではこの技法の不自然さが軽減されます。なお、『拾遺古徳伝』（第六巻第四、五段）では、『選択集』書写許可（第四段）と肖像画への書き込み場面（第五段）が別の画面で描かれています。第五段では、「異《い》時《じ》同《どう》図《ず》画《が》法《ほう》」によって、肖像画へ銘文を書き入れてから肖像画を掛けて満足するまでの時間の経過が示されます。

## もうひとつの詞書…玉日姫との結婚伝承は万福寺所伝本にあらわれる

「選択付属」の段は法然門下で親鸞が高く評価されていたことを強調します。これに付随するのが『御因縁』の「親鸞因縁」で述べられる親鸞と玉日の結婚伝承です。『御因縁』の成立時期について、「伝絵」が制作された時期に先行する可能性が指摘されます。鎌倉時代末につくられた「伝絵」と『御因縁』『秘伝抄』という二系列の親鸞伝が中世から両立して流布してきました。玉日伝説は近世にいたるまで肥大しましたが、とくに坊守を重視する高田門流で顕著でした。『御因縁』の「親鸞因縁」で、法然は玉日を「子細なき坊守なり」と評し、「一向専修ノ念仏ノ一道場ノアルシヲハ坊守トマウスナリ」で結ばれます。道場の主婦を坊守と呼ぶ理由です。親鸞が玉日姫と結婚したという伝承は様々な異説を生み出し、家系図作成にも影響を与えました。親鸞の妻が二人だったという説は有力ですが、恵心尼だけでなく伝説上の玉日姫も系図の注記にあらわれます。また、玉日が身分をかえて恵心尼になったという伝承もあります。

甲斐山梨郡等々力の万福寺に貴重な絵伝が伝えられました。これは高田門流に属す荒木源海門徒の寺でした。その寺宝に六幅本親鸞絵伝が備えられていました（南北朝期）。六幅というのも特異な型式ですが、玉日が親鸞の内室として給仕しているような場面が数箇所で描かれるなど、絵相に驚くべき独自性がみられます。玉日と思われる尼が描かれたのは万福寺本だけで、ほかの「伝絵・絵伝」にあらわれません。玉日伝説は「伝絵」とは別系統の伝承に属し、覚如がこれを無視したからでしょう。

先の関白九条兼実が出家して法然門下に加わったのが史実としても、幼少で死亡したはずの兼実の娘を玉日姫にしたてるのには無理があります。高貴な身分の娘と結婚したとすることで、親鸞を荘厳する意図があったのでしょうか。「玉日」は女犯偈の「玉女」に基づいて創作されたと思われますが、その伝承は「玉日廟」が各地に建てられるなど、後世に大きな波及効果を及ぼしました。

親鸞が法然門下に加わってから間もなくのことでしょうか。聖光房弁長が仏法を心得違いしている逸話が『口伝鈔』（九）にみられます。ただし、弁長は浄土宗鎮西派の祖で、この逸話は著者の覚如が本願寺の有力なライバルと意識していたことから、作話されたと考えられます。親鸞を卓越した門弟であることを強調する覚如の意図がこの話にもうかがえます。しかし、かなり強引な作話であるからか、「伝絵・絵伝」には付け加えられませんでした。第五段「選択付属」では、もっぱら『選択集』の書写許可、肖像画への讃銘の書付けなど、格調の高い内容で親鸞を持ち上げています。

絵相については、康永本を境に、場面の配置が逆転します。詞書に準じた配置です。

## 第六章　上巻第六段「信行両座《しんぎょうりょうざ》」（口絵15）

おほよそ源空聖人在生《げんくうしょうにんざいしょう》のいにしへ、他力往生《たりきおうじょう》の旨《むね》をひろめたまひしに、世《よ》あまねくこれに挙《こぞ》り、人《ひと》ことごとくこれに帰《き》しき。紫禁《しきん》・青宮《せいきゅう》の政《まつりごと》を重《おも》くする砌《みぎり》にも、まづ黄金樹林《おうごんじゅりん》の萼《はなぶさ》にこころをかけ、三槐《さんかい》・九《きゅう》棘《きょく》の道《みち》をただしくする家《いえ》にも、ただちに四十八願《しじゅうはちがん》の月《つき》をもてあそぶ。しかのみならず戎狄《じゅてき》の輩《ともがら》、黎民《れいみん》の類《たぐい》、これを仰《あお》ぎ、これを貴《とうと》びずといふことなし。貴賤《きせん》、轅《ながえ》をめぐらし、門前《もんぜん》、市《いち》をなす。常随昵近《じょうずいじっきん》の緇徒《しと》その数《かず》あり、すべて三百八十余人《さんびゃくはちじゅうよにん》と云々《うんぬん》。しかりといへども、親《まのあた》りその化《け》をうけ、ねんごろにその誨《おしえ》をまもる族《やから》、はなはだまれなり。（〔高田専修寺本、仏光寺本で欠落〕わづかに五六輩《ごりくはい》にだにもたらず。）善信聖人《ぜんしんしょうにん》（親鸞）、ある時申《ときもう》したまはく、「予《よ》、難行道《なんぎょうどう》を閣《さしお》きて易行道《いぎょうどう》にうつり、聖道門《しょうどうもん》を遁《のが》れて浄土門《じょうどもん》に入《い》りしよりこのかた、芳命《ほうめい》をかうぶるにあらずよりは、あに出離解脱《しゅつりげだつ》の良因《りょういん》を蓄《たくわ》へんや。よろこびのなかのよろこび、なにごとかこれにしかん。しかるに同室《どうしつ》の好《よしみ》を結《むす》びて、ともに一師《いっし》の誨《おしえ》を仰《あお》ぐ輩《ともがら》、これおほしといへども、真実《しんじつ》に報土得生《ほうどとくしょう》の信心《しんじん》を成《じょう》じたらんこと、自他《じた》おなじくしりがたし。かるがゆゑに、かつは当来《とうらい》の親友《しんぬ》たるほどをもしり、かつは浮生《ふしょう》の思出《おもいいで》ともしはんべらんがために、御弟子参集《おんでしさんじゅう》の砌《みぎり》にして、出言《しゅつごん》つかうまつりて、面々《めんめん》の意趣《いしゅ》をも試《こころ》みんとおもふ所望《しょもう》あり」と云々《うんぬん》。大師聖人《だいししょうにん》（源空）のたまはく、「この条《じょう》もつともしかるべし、すなはち明日人々来臨《みょうにちひとびとらいりん》のとき仰《おお》せられ出《いだ》すべし」と。しかるに翌日集会《よくじつしゅうえ》のところに、上人《しょうにん》親鸞《しんらん》 のたまはく、「今日《こんにち》は信不退《しんふたい》・行不退《ぎょうふたい》の御座《みざ》を両方《りょうほう》にわかたるべきなり。いづれの座《ざ》につきたまふべしとも、おのおの示《しめ》したまへ」と。その時三百余人《ときさんびゃくよにん》の門侶《もんりょ》みなその意《こころ》を得《え》ざる気《き》あり。ときに法印大和尚《ほういんだいかしょう》位聖覚《いせいかく》、ならびに釈《しゃくの》信空《しんくう》上人《しょうにん》法蓮《ほうれん》、「信不退《しんふたい》の御座《みざ》に着《つ》くべし」と云々《うんぬん》。つぎに沙弥《しゃみ》法力《ほうりき》 熊谷直実《くまがいなおざね》入道《にゅうどう》 遅参《ちさん》して申《もう》していはく、「善信御房《ぜんしんおんぼう》の御執筆《ごしゅひつ》なにごとぞや」と。善信上人《ぜんしんしょうにん》のたまはく、「信不退《しんふたい》・行不退《ぎょうふたい》の座《ざ》をわけらるるなり」と。法力房《ほうりきぼう》申《もう》していはく、「しからば法力《ほうりき》もるべからず、信不退《しんふたい》の座《ざ》にまゐるべし」と云々《うんぬん》。よつてこれを書《か》き載《の》せたまふ。ここに数百人《すひゃくにん》の門徒群居《もんとぐんこ》すといへども、さらに一言《いちごん》をのぶる人《ひと》なし。これおそらくは自力《じりき》の迷心《めいしん》に拘《かか》はりて、金剛《こんごう》の真信《しんしん》に昏《くら》きがいたすところか。人《ひと》みな無音《ぶいん》のあひだ、執筆上人《しゅひつしょうにん》 親鸞《しんらん》 自名《じみょう》を載《の》せたまふ。ややしばらくありて大師聖人《だいししょうにん》（源空）仰《おお》せられてのたまはく、「源空《げんくう》も信不退《しんふたい》の座《ざ》につらなりはんべるべし」と。そのとき門葉《もんよう》、あるいは屈敬《くつけい》の気《き》をあらはし、あるいは鬱悔《うつけ》の色《いろ》をふくめり。

詞書の概略＝法然上人（源空）が他力の教を弘めたが、あらゆる人がこれに傾倒し、帰依した。朝廷の政治でもまず浄土に心をかけ、朝廷の高官も名月のごとき阿弥陀仏の四十八願に思いを寄せるようになった。さらに、国中の人民もみな他力の教えを仰ぎ、貴ばないものはいなかった。貴賤を問わず上人の門前を訪れ、まるで市場のようだった。法然上人のそばで親しくする僧侶の数は三百八十余人にのぼるが、直接その教えを受け、心からそれを守るものはたいへん少なく、（〔高田専修寺本、仏光寺本で欠落〕わずか五、六人もいない有様だった。）善信聖人（親鸞）があるとき源空上人に、「私は難行道をやめて易行道に移り、聖道門を遁れて浄土門に入ったのですが、師の教えをいただかなければ、どうして迷いの世界から離脱するための良い因をたくわえることができたでしょうか。これ以上の喜びはありません。けれども、同門の仲間が多いとはいえ、誰が本当の報土に往生できる信心を成就しているのか、わかりません。そこで、一つには誰が浄土での親友であるかを知り、一つにはこの世の思い出として、お弟子が集まったときに、私が申し出て、皆の心のうちを試してみたいのです」と、言った。源空は、「そなたの申し出はよい。明日にでも弟子たちが集まったときに申し出てみなさい」と、述べた。そこで、聖人は翌日に「〝信不退〟と〝行不退〟の座に分かれて座っていただきます」と、皆に提案した。訳が分からないという顔をするものがいるなかで、聖覚法印と釈の信空上人法蓮が、「信不退に座りましょう」と、言った。遅れて参上した熊谷直実（沙弥法力）は、「善信房はなぜ名前を書いているのですか」と、訊ねた。「〝信不退〟と〝行不退〟の座に分かれていただいています」と、親鸞は述べた。法力房は、「それでは、わたしも〝信不退〟の座にすわります」と、言った。それで聖人はそのように書きつけた。その場にいた数百人の弟子は誰も何も言わなかった。それは、おそらく自力の迷いにこだわり、他力の金剛信心にくらかったからであろう。皆が押し黙っていたので、聖人は自分の名を〝信不退〟の座に書き記した。しばらくして、法然上人は、「源空も〝信不退〟に加わろう」と、言った。そのとき、門弟たちは敬服の様子をあらわしたり、後悔の色を示したりした。

## 「信行両座」は本当にあった話なのか

この段は覚如が創作・捏造した話だろうというのが一般的な見方です。この話がみられるのは『御伝鈔』だけで、他の史料にはまったくあらわれないとされるのが偽作説のひとつの根拠になっています。赤松俊秀氏（『親鸞』93頁）は、「それを直接に裏書きする確かな史料がなく、事実であったかどうか、すこし疑念が持たれる（後略――

引用者）」と、史実と認めることに躊躇しました。しかし、「信行両座」は、法然門下で激しくなった「一念・多念論議」を反映しているのではないか、と考えました（一念義については後述します）。『古今著聞集』（巻第二の六六）にも天台の高僧であった聖覚に後鳥羽上皇が専修念仏集団での一念多念論争についてたずねる挿話がみられます。つまり、まったくの捏造ではないと推測します。山田文昭氏（『真宗史稿』２２３頁）は当時の文献に「『一念多念の座をわけて彼此混合せず』といふ事蹟があらはれてあるから吉水門下の人々の中で、その思想によつて座をわけることが流行であつたらしい」と指摘し、一念多念の対立から信行両座の伝説がつくられたのではないか、と推測します。池田勇諦氏（「信行両座・信心諍論」『誰も書かなかった親鸞―伝絵の真実』所収）は、覚如の関東巡見の頃、一念多念論議が「信行両座」に転化して伝説化したのを「伝絵」の素材にしたのだろう、とします。

平松令三氏（『親鸞』１３２頁）は真偽について保留しますが、覚如が関東で親鸞の遺跡を巡ったときに知った伝承である可能性を指摘します。「関東教団の中でこれが伝承されていたことだけは認めたいと思う」と、主張します。しかし、断片であっても、そのような伝承はどの史料にもみられないようです。また、平松氏は、そもそも三百人もの弟子を収容できるほど法然の庵室が広かったとは考えにくい、とも言います。この段についても、虚飾・誇張のそしりは避けられないようです。

前段でふれた、聖光房弁長《しょうこうぼうべんちょう》の逸話（『口伝鈔』九）がそうであったように、この段も宗祖・親鸞を持ち上げる意図で覚如が創作した話という部分があると思われます。『口伝鈔』（一）にも、親鸞が法然の多数の弟子のなかで傑出していることを強調する話がみられます。その話の概略を紹介します。

宮中で、聖道門に勝る法門がないことを明らかにして、浄土の教えを論破せよという詔勅が安居院《あぐい》の法印聖《せい》覚《かく》に下された。聖覚は、表向きは勅命に応じたものの、法然の信仰を守る決意でいた。宮中でこのような評定があったことを耳にした法然は、浄土門を守るために聖覚に使いを出そうとした。法然はその使いに親鸞を選び、皆も最もふさわしい人物であるとした。善綽《ぜんしゃく》房が付き添って聖覚に会いに行った。聖覚は親鸞が来たことを知り、「この人が来るとは尋常なことではない」と言った。親鸞は聖覚から聞いた話を法然に報告した。聖覚は浄土門の利益を主張していた。法然は付添いの善綽にその話が正確かどうか訊きただし、納得した。これが法然の弟子時代に聖人が面目をほどこした出来事である。聖人は唱導も巧みであったが、「人師、戒師であることをやめる」と法然に誓い、檀家にへつらうこともしなかった。聖人は衆生済度のために人の姿をとってあらわれた仏である。名誉・利益を求めてする不浄説法の罪が重いことをこれによって示した。

右記の逸話も、真偽の確かめようがありませんが、親鸞が法然門下で傑出した弟子であったことを強調する内容です。覚如のそのような意図が「信行両座」にもうかがえると言っても過言ではないでしょう。なお、親鸞に付き添った善綽房西意《さいい》は承元《じょうげん》の法難で死罪に処せられました。死刑になった理由ははっきりしませんが、「密通事件」に係わったと推測されます（本書第九章「師資遷謫」でふれます）。

## 覚如の作為は人選にも及んでいるのか

安居院聖覚《あぐいいせいかく》は「信行両座」段にも登場して、信不退の座にすわりました。ほかに、法蓮房信空《しんくう》と熊谷直実《くまがいなおざね》が聖覚と共にすわり、法然門下の三百人余りの弟子のうち親鸞をふくめてわずか四人だけが信不退の座にすわったという話ですが、これにも誇張が感じられます。法然門下には幸西《こうさい》や行空《ぎょうくう》など信心だけでも往生できるとする一念義をとなえる有力門弟がいたにもかかわらず、彼らはこの段に登場していません。平松令三氏（『聖典セミナー「親鸞聖人絵伝」』１３０—１３１頁）によれば、聖覚・信空・熊谷直実には共通点があって、「法然上人没後の諸分派の中のどれにも属していない（以下略―引用者）」、つまり、「この三人は『御伝鈔』制作当時、専修念仏《せんじゅねんぶつ》を標榜する諸教団のどこにもまったく関係がなくなっていた人びと」で、「しかも名前が売れて」いた、としています。こんなところにも、覚如の作為を平松氏は感じ取っているようです。信空の門流は「白川門徒と称せられたが、二三代にしてその跡を絶つに至った」（中澤見明『真宗源流史論』133頁）とされます。なお、熊谷直実は奇行で知られた「曲者（変わりもの）」でした（『法然上人行状絵図』第二十七巻）。

親鸞と共に同じ信不退の座にすわったのはわずか三人ですが、この三人は「念」すなわち「信」を重視する一念義系の者ではありません。親鸞だけが「行」よりも「信」に重きを置く法門を継承したとするために、覚如は非一念義系の聖を信の座にすわらせたのでしょうか。聖覚らは、当時、名が知られた聖で、親鸞と同席させても役不足ではありませんでした。ただし、平松氏が指摘するように、覚如の時代には門流としてはのこりませんでした。

法然門下には五分流があり、そのうち親鸞の信仰に近いのが一念義でした。その五分流とは幸西の一念義、聖光の鎮西義、隆寛の多念義、証空の西山義、長西の諸行本願義です。どちらかといえば、幸西の一念義が親鸞の信仰に近いといえるでしょう。松野純孝氏（『親鸞―その生涯と思想の展開過程』153頁）は、「覚如の思想には、一念義の影響が濃い」とし、一念義と親鸞との間に多くの共通点があった、と指摘します。聖道門の自力的「諸行往生」の要素がみられないのは、五分流のうち、一念義だけでしょう。一念義の根拠は「念仏往生」で、在来の修行にはげむことによって、浄土往生を確実にしようという発想からは遠く隔たっています。

なお、聖覚の信仰については、重松明久氏（『日本浄土教成立過程の研究』第三編第三の四）によれば、「信と行とは互に相伴うべきものとして、やや信の強調に傾いている」ものの、念仏を唱えることに「行」としての功徳を認めていることから、一念義の同調者ではなかったとされます。ただし、親鸞が聖覚の『唯信鈔』をたびたび門弟に書写して与え、読むようにに勧めていることなどから、『唯信鈔』を高く評価し、二人は懇意の仲でした。聖覚は嘉禎元年（1235）に六十九歳で死亡、親鸞よりも六歳年長でした。松野純孝氏（『前掲書』310頁）によれば、妻帯し、京都市中で説法して暮らしていました。熊谷直実と同様に一匹狼でしたが、公家上流階級には顔がきいたようです。なお、聖覚には専修念仏弾圧に加担したという不可解な言動が指摘されています。聖覚が『七箇条起請文』（『七箇条制誡』）に署名しなかったのは、上級の天台僧で、法然の門人ではなく、客分の念仏僧だったからでしょう（田村圓澄『法然』五）。親鸞は法然門下として言行を慎むことを誓う『七箇条起請文』に弟子百九十人のうち八十七人目に署名していますが、吉田清氏（『法然浄土教成立史の研究』第三章第五節）は、「聖覚は専修念仏に共鳴しながらも、天台側に身を置き、専修念仏教団が天台秩序を打破していく動きには同調し得なかった」と、考えます。

信空は『七箇条起請文』で弟子百九十人の筆頭に署名した法然門下の古参でしたが、承元の法難で処刑されませんでした。一念義の偏執した聖ではなかったからでしょうか（本書第九章でふれます）。『法然上人行状絵図』（第四十三巻）によれば、博学で智行兼備の申し分のない指導者だったとのことです。おそらく、人格も円満だったのでしょう。

一念義の代表的な提唱者であった幸西や行空を信の座に登場させなかったのはなぜでしょうか。その理由として、幸西、行空が承元の法難で親鸞と同罪の流刑に処せられたことがあげられるのかもしれません。同じ座にすわった仲間が同罪に処せられたとすれば、法然の信仰の後継者として、親鸞の卓越性がかすんでしまうでしょう。「信の座」にすわった同門の弟子のうち、法難の通過儀礼をくぐりぬけた親鸞だけが法然の信仰を継承できたという意味をもたせたかったので、幸西、行空など遠流に処せられた仲間を除外したと考えられないでしょうか。

## 一念義と多念義の対立

重松明久氏（『前掲書』３６８頁）によれば、幸西は在世中に「一念宗」という教団を組織しましたが、南北朝期にはほぼ消滅したらしいとのことです。また、過激な信仰のゆえに、行空が幸西と共に法然に破門されたという鎮西派の史料（『法然上人行状絵図』第二十九巻第一段、第四十八巻第八段）が残されています。破門説を松野純孝氏（『前掲書』88頁）は否定しますが、多念義の鎮西派によってこのような説がたてられたこと自体、一念義と他念義の対立が根深かったことを示します。

なお、一念義と多念義は「信」と「行」のどちらを重視するかによっても区別されます。「念仏」を唱えることを「称名の行」として、この「行」にはげむことによって往生が決定されるという立場が多念義です。念仏を多く唱えれば往生が確実になるという「行」を重視する立場です。これに対して、一念義は信心本位で、信心決定後の称名念仏を重視しません。

親鸞の「信心正因」の立場は一念義に近いのですが、念仏の回数についてはとくに執着しませんでした。『一念多念文意』に、「一念多念のあらそひあるまじきことは、おしはからせたまふべし。浄土真宗のならひには、念仏往生と申すなり、まつたく一念往生・多念往生と申すことなし」（大意）一念多念の争いなどというものはあってはならないと思うべきです。浄土真宗の教えは念仏往生であり、一念往生・多念往生ではまったくありません）と、親鸞は一念・多念に偏執すべきではないと言います。念仏往生に一念・多念の区別を設けていません。

次の書簡（『注釈版聖典』第一八通）でも、一念義と多念義の言い争いを無益と考える立場を表しています（一月三日付）。

「一念多念のあらそひなんどのやうに、詮なきこと、論じごとをのみ申しあはれて候ふぞかし。よくよくつつしむべきことなり」（〔大意〕一念多念の言い争いなどのように、意味のないこと、論争のための論争だけをするのは、よくよく慎むべきです）。

親鸞は一念多念のどちらにも偏しない態度をとりました（十二月二十六日付消息）

「まづ一念にて往生の業因はたれりと申し候ふは、まことにさるべきことにて候ふべし。さればとて、一念のほかに念仏を申すまじきことには候はず（『注釈版聖典』第四一通）」（〔大意〕まず、一度の念仏で往生の業因が十分であると言われるのは、本当に当然です。しかし、だからと言って、一度以上の念仏をとなえるべきではないと言うのではありません）

「信行両座」は吉水時代の親鸞青年期の出来事とされるので、年齢にかなりの差があることを考慮しなければなりませんが、晩年の書簡で、親鸞は信・行が不可分であると考えます。本願力を信じ、念仏が口から出るとき、念仏を信だけのものとも、行だけのものとも区別できない、と考えます。したがって、本来は、親鸞にとって、「信の座」と「行の座」を分けることは無意味でした。これは建長八年五月二十八日付の書簡（『注釈版聖典』第七通）でも明言されています。

「信と行とふたつときけども、行をひとこゑするときききて疑はねば、行をはなれたる信はなしとききて候ふ。また、信はなれたる行なしとおぼしめすべし（『注釈版聖典』第七通）」（〔大意〕信と行の二つを教わっても、一度でも念仏すれば往生すると教わり、それを疑わなければ、行と分離した信はないと師・法然から聞いています。ま

た、信から分離した行もないと思うべきです）

一念義と多念義の対立はやがて法然教団が弱体化する一因となったようです。承元の法難では、主として一念義の偏執的な信仰へ旧仏教側の糾弾が向いたという背景があるとされます。ここで重要なのは、親鸞の信仰にとって「信行両座」がなじみにくいにもかかわらず、覚如が「一念多念論議」ではなく、「信行両座」と名付けたことです。

覚如は一念多念論議を「信」と「行」の対立論争に変容させて取り上げた、と考えられます。聖人が一念多念論議を意味のないものとして明確に否定しているので、覚如としてもそのような段を設けることに躊躇せざるを得なかったからでしょう。親鸞が信・行を不可分と考えていたことは事実ですが、これについて論争を禁ずるとは言ってはいないので、「一念多念論議」よりも「信行両座」の場面が採り上げやすかったのでしょう。覺如の時代には、「信・行」の対比のほうが一般門信徒にわかりやすいということもあったのかもしれません。重松明久氏（『覚如』一）によれば、南北朝期をさかいに、一念義は「急激に凋落《ちょうらく》していったらしい」とされます。覚如は、『口伝鈔』（二二）で、一念・多念論議にふれていますが、親鸞の信仰の肝要としてあげられるべきなのは、むしろ、自力・他力論と考えています。また、「行の座」に多数の僧がひしめく場面を描くことで、諸行往生をとなえる浄土門流を揶揄する意識が覚如に働いていたのかもしれません。

**初稿本は詞書に忠実、康永本は両座が明確に分かれる**

初稿本系伝絵の高田専修寺本には画面に注記が書き込まれています。その注記をみれば、法然上人の左に奥から聖覚、信空、親鸞がすわり、親鸞にむかって熊谷直実こと法力房蓮生《れんせい》が遅れて来たことをわびていることがはっきりわかります。いかにも急いで来たかのように法力房が脱ぎ捨てた草履と笠が描かれています。親鸞はというと、出席者の名前を記録しています。右側は「行の座」に当たり、狭い空間に僧がひしめいています。縁側にいる僧も多く、どちらの座にすわるべきか迷っている僧もふくまれるでしょう。西本願寺本には注記はありませんが、高田専修寺本と絵相はほぼ同じです。詞書を忠実に描いています。

絵相が変わるのは康永本からです。「信行両座」の前に「両座言上」の場面が付け加えられます。親鸞が「信行両座」の試みを法然に直言し、その右側にすこし離れて、三人の僧がすわっています。照願寺本、天満《てんま》定専坊《じょうせんぼう》本にも同様の場面が付け加えられています。さらに、「信行両座」の場面で目立つのは、二つの集団が明確に区別されてすわっていることです。照願寺本、天満定専坊本でもそうです。つまり、康永本以降では、絵相がわかりやすい劇的な展開を示すといえます。ただし、弘願本、仏光寺本では両集団の区別がやや不鮮明で、縁側にいる門弟も少なくありません。初稿本の影響があるのでしょうか。なお、天満定専坊本と仏光寺本では、右の縁側に黒い笠が描かれていますが、これについては三幅本絵伝に関連してふれます。

「絵伝」についても同様の変化がみられます。康永本に準拠してつくられた四幅本では「信の座」と「行の座」が、板張の床をはさんで、明確に区別されています。八幅本では、親鸞聖人と法然聖人を同じ座敷にすわらせ、聖人を目立たせる構図にはなっています。多数の僧が廊下に集結しています。画面右側の集団はどこに座るべきか迷っているのでしょう。詞書に忠実です。ところが、一幅・二幅・三幅本では、初稿本伝絵と同様に、両集団はやや混然として描かれています。また、「両座言上」の場面は、四幅本、八幅本で付け加えられています。

なお、万福寺所伝六幅本で、両集団が明確に区別されていますが、万福寺本は初稿本系の古絵伝とみなされることもあって、こうした絵相が康永本の影響とは断じかねます。独自の絵相が随所にみられる絵伝で、この場面では縁側に僧が、その外には見物の民衆が多く描かれています。

三河三幅本の如意寺本と願照寺本にも、黒い笠が縁側に描かれています**（口絵15）**。この笠が誰のものかについて、平松令三氏（『図版解説　親鸞聖人絵伝』『真宗重宝聚英』第四巻所収、１１２頁）は、願照寺本絵伝の「箱根霊告」段で聖人の付人が黒笠を持っていることから、吉水時代および関東時代からの古い門弟の持物ではないかと推測します。伝承では横曽根門徒の中心人物であった性信が最古参の門弟で箱根まで随行したとされるのですが、史実としてはそのような行動は確認されないので、「この絵伝製作当時そのような伝承があったので、ここにそれを表現しようとしたのではあるまいか」と、伝承を背景に絵相が展開した可能性を指摘します（性信については、本書第十二章の「箱根霊告」段でふれます）。願照寺本は如意寺本に準拠してつくられたとされるので、黒の笠が両絵伝に現れるのに何の不思議もありませんが、天満定専坊本伝絵と仏光寺本伝絵に黒い笠が描かれる理由は不明です。

## もうひとつの詞書…一念義の僧は「信の座」に座らなかった

そもそも、「信行両座」は史実ではなく、覚如が創作した段ではないかという見方は、中澤見明氏（『史上之親鸞』85頁）をはじめ、諸学者が採っているものです。「伝絵・絵伝」を除き、どの史料にもそのような逸話がみられないとされます。また、親鸞の「信行不可分」という信仰にてらせば、信の座と行の座を分けるという発想は出てこないでしょう。さらに、法然門下でさかんだった「一念多念論議」が「信行両座」に変質し、その伝承を覚如が「伝絵」に取り入れたらしいのです。覚如が関東で親鸞の遺跡を巡ったときに知った伝承という見方も出されました。

親鸞の信仰は幸西らの一念義に近い「念仏往生」ですが、その一念義を代表する幸西や行空らが信の座にすわらず、聖覚、信空、熊谷入道がすわったのも不可解です。これについて、覚如には法然の信仰の唯一の正当な後継者として親鸞を飾りたてる意図があったから、とも考えられます。

幸西、行空は承元の法難で親鸞と同罪の流刑に処せられました。かれらが「信の座」に登場しなかったのは、同じ座にすわった仲間が同罪に処せられたとすれば、法然の信仰の後継者として、親鸞の卓越性がかすんでしまうからでしょう。「信の座」にすわった同門の弟子のうち、法難の通過儀礼をくぐりぬけた親鸞だけが法然の信仰を継承できたという意味をもたせたかったからでしょうか。聖覚、信空、熊谷入道が「信不退の座」にすわりましたが、かれらは一念義ではありませんでした。法然門下には五分流があり、そのうち親鸞の信仰に近いのが一念義でしたが、「信の座」にすわったのが一念義の代表的な門弟ではないところに覚如の計算があったように思われます。聖覚らは名の知られた聖でしたが、覚如の時代には門流をのこしていません。

「信行両座」が親鸞の発想とはなじみにくいにもかかわらず、「一念多念論議」ではなく、「信行両座」と名付けられたのは、聖人が一念多念の論争を明確に非難していることや、信と行の対比が一般門信徒にわかりやすく、「行の座」に多数の聖がひしめくという場面を描くことで、諸行往生をとなえる浄土門流を揶揄する意識が働いたからでしょうか。

絵相については、詞書を効果的に描き出すのは康永本伝絵や四幅本絵伝からです。「信行両座」の前に「両座言上」の場面が付け加えられたり、二つの集団が明確に分離して描かれたりするのが注目されます。また、「伝絵」では天満定専坊本と仏光寺本、「絵伝」では三河三幅本の如意寺本と願照寺本に、黒い笠が縁側に描かれています。宗祖に付き添った古い門弟が所持した笠で、そのような門弟がいたというような伝承が伝えられていたのであろう、と平松氏は推測します。比叡山・吉水時代から聖人に付き従ったと伝えられる門弟（西仏《さいぶつ》や性信）について、とくに「西仏伝」で知られる行実の多くは、近世に成立したもので、史実としては認められていません（「西仏伝」については、本書第九章で紹介します）。

## 第七章　上巻第七段「信心《しんじん》諍論《じょうろん》」（口絵16）

上人《しょうにん》　親鸞《しんらん》　のたまはく、いにしへわが大師《だいし》聖人《しょうにん》　源空《げんくう》　の御前《おんまえ》に、正信房《しょうしんぼう》・勢観房《せいかんぼう》・念仏房《ねんぶつぼう》以下《いげ》のひとびとおほかりしとき、はかりなき諍論《じょううろん》をしはんべることありき。そのゆゑは、「聖人《しょうにん》の御信心《ごしんじん》と善信《ぜんしん》（親鸞）が信心《しんじん》と、いささかもかはるところあるべからず、ただひとつなり」と申《もう》したりしに、このひとびととがめていはく、「善信房《ぜんしんぼう》の、聖人《しょうにん》の御信心《ごしんじん》とわが信心《しんじん》とひとしと申《もう》さるることいはれなし。いかでかひとしかるべき」と。善信《ぜんしん》申《もう》していはく、「などかひとしと申《もう》さざるべきや。そのゆゑは深智博覧《じんちはくらん》にひとしからんとも申《もう》さばこそ、まことにおほけなくもあらめ、往生《おうじょう》の信心《しんじん》にいたりては、ひとたび他力信心《たりきしんじん》のことわりをうけたまはりしよりこのかた、まつたくわたくしなし。しかれば、聖人《しょうにん》の御信心《ごしんじん》も他力《たりき》よりたまはらせたまふ、善信《ぜんしん》が信心《しんじん》も他力《たりき》なり。かるがゆゑにひとしくしてかはるところなしと申《もう》すなり」と申《もう》しはんべりしところに、大師《だいし》聖人《しょうにん》まさしく仰《おお》せられてのたまはく、「信心《しんじん》のかはると申《もう》すは、自力《じりき》の信《しん》にとりてのことなり。すなはち智慧《ちえ》各別《かくべつ》なるゆゑに信《しん》また各別《かくべつ》なり。他力《たりき》の信心《しんじん》は、善悪《ぜんあく》の凡夫《ぼんぶ》ともに仏《ぶつ》のかたよりたまはる信心《しんじん》なれば、源空《げんくう》が信心《しんじん》も善信房《ぜんしんぼう》の信心《しんじん》も、さらにかはるべからず、ただひとつなり。わがかしこくて信《しん》ずるにあらず。信心《しんじん》のかはりあうておはしまさんひとびとは、わがまゐらん浄土《じょうど》へはよもまゐりたまはじ。よくよくこころえらるべきことなり」と云々《うんぬん》。ここに面々舌《めんめんした》をまき、口《くち》を閉《と》ぢてやみにけり。

詞書の概略＝親鸞聖人は次のように述べられた。むかし、師の法然上人（源空）の前に正信房、勢観房、念仏房など多くの人が集まって思いもよらない論争をしたことがあった。その訳を言うと、私が「法然上人の信心とこの善信（親鸞）の信心とは少しも違うところがない。まったく同じである」と、言ったのだが、これらの人々がそれを聞きとがめ、「善信房が、上人の信心と自分の信心が等しいというのはまちがっている。どうして等しいはずがあろう」と反論した。善信は、「どうしても等しいと言わざるを得ない。その理由は、自分の知恵・知識が上人に等しいといえば、身のほどをわきまえないということであるが、往生の信心ということでは、ひとたび上人から他力信心の教えをいただいてから、その信心はまったく自己自身にかかわるものと考えていない。それゆえ、上人の信心も私の信心も阿弥陀様からいただいたもので、まったく等しく、違うわけがない」と、言った。すると、法然上人は「信心が違うというのは、自力の信の場合である。人により智慧に相違があるので、信心にも違いが生じる。他力の信の場合は、善人であろうと悪人であろうと、すべて阿弥陀様からいただいた信心であるから、源空の信心も善信房の信心も少しも違うところがない。信心はみな一つである。自分が賢いから信じるのではない。信心に違いのある人は私の参る浄土に往くことはまさかあるまい。よくよく心得ておくべきである」と、言った。そこで、その場の人々は感嘆して口を閉じ、論争が決着した。

## 「信心諍論」は『歎異抄』にも書かれている

前段の「信行両座」と同じく、この「信心諍論」段も、親鸞が法然の信仰を正当に受け継いだ唯一の門弟であることを強調する意図でつくられたと言えるでしょう。ただし、「信行両座」は、「伝絵・絵伝」を除き、それを裏付ける史料がどこにもみられないことなどから、一念多念論議に基づいて覚如が創作したものと言われますが、「信心諍論」のほうは、『歎異抄《たんにしょう》』（後序）にもほぼ同じ内容のものがのせられていることからも、覚如が創作した物語とはみなされません。内容だけでなく表現までもがほぼ同じである理由として、覚如が『歎異抄』の著者からこの挿話を聞いたときに筆記して控えたから、と考えられています。

『歎異抄』の著者と推定されるのは常陸国河和田の唯円《ゆいえん》です。唯円は親鸞から直接に教えを受けた門弟でした。『慕帰絵詞』第三巻第三段には、正応元年（1288）の冬、上洛した唯円に、日頃、不審に思っている信仰上の問題を覚如が何度も聞きただした、と書かれています（絵はありません）。覚如が十九歳のときです。覚如は二十一歳で父・覚恵とともに東国を旅し、親鸞の遺跡を巡っています。親鸞の行実を知ることに熱心だった覚如が唯円から「信心諍論」の逸話を聞き、これを『御伝鈔』に書き入れたとしても不自然ではありません。覚如は、唯円と面談してから七年後に、『御伝鈔』を書き上げています。

『歎異抄』は親鸞が真実の信仰について唯円に話したことを書きつけたもので、門弟が異なる信心をもたないように筆を執った、と唯円はその後序で述べています。真面目な内容であることから、唯円がまったくの作り話をしたとは思われません。

『歎異抄』の著者については、如信、覚如、唯円などがあげられますが、覚如説をとる中澤見明氏（『史上之親鸞』96頁）は、覚如による偽証偽作説を唱えました。中澤氏は、「『歎異鈔』の「信心諍論」の物語が、又『親鸞傳繪』の証拠とするために記載されたのではあるまいか」とさえ推測します。日下無倫氏（『總説親鸞傳繪』後編上ノ第七段Ⅲ三）は、たとえ覚如による多少の脚色をみとめるとしても、覚如が根も葉もない話をつくるほど小賢しい人物ではないとします。赤松俊秀氏（『親鸞』92頁）も偽作偽証説を行き過ぎたものとして否定しました。なお、赤松俊秀氏（『前掲書』92頁）、日下無倫氏（『前掲書』３７１頁）、『本願寺史』（増補改訂、第一巻、49頁）などによれば、当時の浄土門で、智者の念仏と愚者の念仏について、類似の論争がありました。『法然上人行状絵図』（第十九巻第二段）に、愚鈍の阿波介《あわのすけ》という陰陽師の念仏と上人の念仏に差別がないとの論議がみられます。なお、『歎異抄』の著者を覚如とする説は今日ではほとんど顧みられません。

以上のことを総合すると、「信心諍論」が根も葉もない捏造とはいえないでしょう。法然没後、法然門流が分裂し、各派主の信仰が師・法然の信仰と異なるに至ったにもかかわらず、親鸞だけが法然の信仰の継承者であることを示すための作話とする説もありますが、「信行両座」とくらべると、「信心諍論」は史実である可能性が高いといえるでしょう。ただし、類似の伝承が少なからずあり、それらの伝承に支えられて「信心諍論」段が「伝絵・絵伝」に取り込まれたとはいえそうです。

## 他力信仰を理解した門弟は親鸞だけだったのか

「信心諍論」では、師の法然と弟子の信仰が同じかどうかという論争が門弟のあいだに起きたのですが、その場には法然上人もいました。門弟の多くが集まっているなかで、親鸞だけが「自力の信仰とは違い、阿弥陀仏からいただいた他力の信仰であるからには、師と私の信仰は同じです」と、主張しました。これには皆が聞きとがめましたが、法然上人が親鸞の考えを支持したことで、論争が決着したとのことです。

この話には『御伝鈔』と『歎異抄』のあいだに微妙な違いがあります。たとえば、『御伝鈔』には「正信房《しょうしんぼう》・

勢観房《せいかんぼう》・念仏房《ねんぶつぼう》以下《いげ》のひとびとおほかりしとき」、これらの人々と論争が起きた、と書かれています。『歎異抄』には、「御弟子そのかずおはしけるなかに、おなじく御信心のひともすくなくおはしけるにこそ、親鸞、御同朋の御中にして御相論のこと候ひけり」（〔大意〕法然上人の弟子が多数おりましたが、同じ信心の人は少ししかいませんでした。ある時、信心について、親鸞聖人と門弟のあいだに論争がおきました）、と書かれていて、「他力信心」を理解した門弟が少ないとはしますが、親鸞だけとは言っていません。ところが、『御伝鈔』では、数ある門弟のうち親鸞だけが他力信心を理解しているように読み取れます。また、『歎異抄』では親鸞に反論した門弟として勢観房、念仏房の名だけがあげられていますが、『御伝鈔』では正信房湛空《たんくう》の名が付け加えられています。論敵を多く設定する意図があったのでしょうか。

おおむね、『歎異抄』は『御伝鈔』よりも表現がやや控えめのようです。『御伝鈔』の「信心諍論」は聖人が法然の後継者であることを強調しようとする覚如の脚色がほどこされている、と考えられるでしょう。『歎異抄』では論争に決着がつかないので、結局は法然のもとに解答をもとめに行きますが、『御伝鈔』では論争が法然の前でおこなわれ、法然の言葉で決着しました。つまり、『御伝鈔』の場面では、法然、親鸞、正信房などが同じ場所で論争に関与しています。これは法然と親鸞の間柄が近いこと、ひいては、親鸞が法然の信仰の後継者候補であることを暗示しているのではないでしょうか。法然の視線が概して親鸞に向いている絵相からも、同様のことが言えそうです。

## 「体失・不体失往生」の論争

『正統伝』巻之三（三十四歳の条）に、同様の挿話が書かれていますが、こちらは念仏房がまず議論の主題を提示したことから「信心諍論」が始まります。場所は吉水。聖信房（正信房）、勢観房、念仏房などが集まり、念仏房の「凡人の信心は浅いので、いつか上人のような信心を得て、往生したいものだ」という発言に人々が賛同するなかで、親鸞だけが自力の信心と他力の信心をわきまえていたという筋です。『御伝鈔』とは念仏房の発言の部分だけが違いますが、『正統伝』がどのような史料からこの部分を引き出したのかは不明です。念仏房については、建長三年（１２５１）、九十五歳で没し、親鸞よりも十六歳年長とされます（『法然上人行状絵図』第四十八巻第五段）。比叡山の学僧でしたが法然に帰依し、念阿弥陀仏と称しました。親鸞にとっては浄土門の大先輩だったので、議論の音頭をとったのでしょうか。

勢観房の法名は源智《げんち》（１１８３―１２３８）。十三歳で法然に託され、十八年間、側近の弟子として法然につかえました。暦仁元年（１２３８）に五十六歳で死去。親鸞よりも五年ほど早く法然門下に加わり、親鸞の先輩です。法然最愛の門弟でした（重松明久『日本浄土教成立過程の研究』４６９頁）。上人の仏具・本尊・房舎などを相続しています（『法然上人行状絵図』第四十五巻）。文暦《ぶんりゃく》元年（１２３４）に大谷旧坊を再興、知恩院の基礎を築きました。『御伝鈔』で筆頭にあげられた正信房（「聖信」とも書かれます）は、法名が湛空《たんくう》（１１７６―１２５３）。平松令三氏（『聖典セミナー「親鸞聖人絵伝」』１４５頁）によれば、早くから法然門下に加わり、親鸞の兄弟子にあたります。法然の流罪の配所までお供したと伝えられています。法然が草庵として建てた京都嵯峨の二尊院を相続し、法然没後も活躍したとのことです。嵯峨門徒の指導者です。

上記の三人について、平松令三氏（『親鸞』１３４頁）は、「法然教団の最高幹部クラスだった。それなのに信心という肝心の問題でこの程度の理解しかできなかったとすれば、これは意外としか言いようがないが、どうなのだろうか」と、評しています。たしかに、阿弥陀仏より与えられた信心という理解は他力信仰の基本です。しかし、この「真実信心」の捉え方が当時の法然門下に行き届いていたとは断言できないでしょう。天台宗などの聖道門的自力的発想が抜け出ていなかった門弟が多かったのではないかと思われます。たとえば、一念義の幸西や『唯信鈔』の著者・聖覚にしても、松野純孝氏（『親鸞—その生涯と思想の展開過程』第三章第三節）は「順次生往生」の考えが残っていたとします。往生しても直ちに成仏するのではなく、そこで修行したうえで成仏するという自力的立場です。これは自力的努力を廻向して成仏が可能になるという発想で、廻向の主体を阿弥陀仏とする他力廻向の立場とは異なります。教団の幹部であっても他力廻向の考えが十分には身についていなかった可能性があるように思えます。親鸞ですら建保二年（1214）に上野《こうずけ》佐貫《さぬき》で浄土三部経の千部読誦を発願していますだが、自力廻向の行いであることに気付き、四、五日で中止しました。

江戸時代中期に出版された談義本『親鸞聖人行状記』（二巻上）では、上記の三人のほかに、善恵房《ぜんねぼう》（証空《しょうくう》）と聖覚が「信心諍論」に加わります。善恵房証空が「体失往生」を説くことから論争がおきました。身体を失う時に往生するのか、身体を失わずに往生するのかの議論は『口伝鈔』（一四）にみられます。多くの門弟がどちらに賛同すべきか迷い、法然に裁定を仰いだのですが、法然は親鸞の「不体失往生」を念仏往生、証空の「体失往生」を諸行往生の立場であると判断しました。証空は西山派の派祖となった浄土宗の重鎮でした。「信心諍論」と同じく、ここでも多くの門弟をさしおいて、他力法門の後継者として親鸞が優れていることを述べています。

このように、法然門下の高弟が「信心諍論」に加わりましたが、どの親鸞伝でも、親鸞だけが他力信心を理解していたことになっています。初期の法然教団では他力信心がまだ徹底されていなかったのか、それとも覚如の脚色で親鸞の卓越性が強調されたのか、はたまた、その両方だったのか、判断に苦しみます。

## 康永本では諍論より評定へ重点が移った

平松令三氏（『聖典セミナー「親鸞聖人絵伝」』149—152頁）は、初稿本系の伝絵では法然を中心にして左に親鸞、右に論敵の僧が数人すわっていて、『御伝鈔』の詞書に忠実な構図になっていますが、康永本では論争の構図としてはわかりにくくなっている、と指摘します。その理由は不明ですが、「あまりに過激な論争の雰囲気を避けようとせられたためかもしれません」と、します。たしかに、初稿本系の西本願寺本などでは論争の雰囲気が十分に伝わり、どの僧が親鸞であるかは明瞭です。高田専修寺本では、名前を画面に書き記し、襟巻(帽子《もうす》)を描くことで親鸞であることをさらにはっきりと示しています。

ところが、康永本では、中央奥に法然を配し、手前左に僧が七人、やや間をあけて右側に二人の僧が室内にすわっています。どの僧が親鸞であるのかわかりません。論争の雰囲気は希薄で、法然の裁定に門弟が聞き入っているようにみえます。康永本では法然が構図の中心に位置しているようです。照願寺本も同様です。弘願本では、初稿本系とは逆の構図がみられます。法然を中心に右が親鸞、左が論敵の門弟が配されているようですが、論争の雰囲気はやや希薄です。

天満定専坊本と仏光寺本では、法然が左奥に、門弟が手前右に配されています。左手前は聖人です。仏光寺本では襟巻を描くことで聖人であることを示そうとしますが、僧集団が二分されず、一塊に描かれていることからも、論争よりも法然の裁定に重点が置かれているとも思われます。

なお、ほとんどの「伝絵」で、法然の視線は親鸞の方を向き、法然が親鸞の主張に賛同しているようにみえます。「絵伝」については、四幅本の多くが康永本の構図に準じています。ただし、専修寺本は初稿本に近く、慈光寺本(仏光寺系)は右手に親鸞らしい僧、左手に門弟が三人、中央奥に法然を配し、初稿本とは逆の配置になっています。一幅本(光照寺本)は初稿本系伝絵および康永本とも構図が違います。法然と親鸞が隣接し、襟巻(帽子《もうす》)をしている僧が親鸞と思われます。二人の左右に僧の集団が描かれます。二幅の上宮寺本は保存状態がわるく、不鮮明のきらいがあります。

三河三幅本は初稿本系伝絵に準じています。ただし、願照寺本では縁側に黒笠が描かれているのが注目されます（天満定専坊本伝絵、仏光寺本伝絵および三河三幅本の如意寺本と願照寺本の「信行両座」でも、縁側に黒笠が配されています）。この黒笠の意味は不明です。六幅本も初稿本系に近い構図ですが、尼僧が法然に向かい水瓶《すいびょう》と盥《たらい》を持って縁側にすわっています**（口絵1）**。親鸞に嫁したとされる玉日姫伝承の影響があるのでしょうか。

八幅本絵伝では、やや左手奥に法然、やや手前右手に三人の僧、縁側中央にも一人が配置されています。親鸞、正信房、勢観房、念仏房のつもりでしょうが、どれが親鸞にあたるのかはわかりません。左の縁側にいる四人の僧は正信房などに加担した連中でしょうか。全体に、法然を巻き込んで諸僧が論義している雰囲気が感じられます。僧が二手に分かれて論義していないことから、初稿本系と康永本系の折衷のようにみえます。

## もうひとつの詞書…親鸞に対する評価の違い

「信行両座」と同じく、「信心諍論」についても、史実ではなく、覚如が創作した話ではないかという見方がありますが、『歎異抄』にも同じ挿話がみられるので「信心諍論」は史実の可能性が高いとされます。覚如が『歎異抄』の著者と推定される唯円に、日頃、不審に思っている信仰上の問題を聞きただした、と『慕帰絵』第三巻（正応元年（1288））に書かれています。覚如は二年後に父・覚恵とともに東国を旅し、親鸞の遺跡を巡っています。親鸞の行実を知ることに熱心だった覚如が唯円から「信心諍論」の逸話を聞き、これを『御伝鈔』に書き入れたとしても不自然ではありません。ただし、その内容については、覚如の脚色が加わっていると思われます。おおむね、『御伝鈔』の「信心諍論」は『歎異抄』のそれよりも親鸞の卓越性を強調し、聖人が法然の後継者であることを鮮明にしようとする意図があるように読み取れます。

他力信仰の理解者が親鸞を除いて法然門下にいないとするのは『口伝鈔』（一四）の「体失・不体失の往生」論議にもみられます。どの親鸞伝でも、親鸞だけが他力信心を理解していたことになっています。初期の法然教団では他力信心がまだ徹底されていなかったのか、それとも覚如の脚色で親鸞の卓越性が強調されたのか、はたまた、その両方だったのか、判断に苦しみます。ただし、親鸞にしても、四十二歳の時、上野国佐貫で自力的な功徳廻向の発想で読誦を始めたこともあって、自力聖道門の影響が完全には抜け切れていなかったと考えられます（本書第十章の「**三願転入はいつ起きたことなのか**」でふれます）。

絵相については、康永本およびその影響下にあった四幅本絵伝で大きな変化がみられます。初稿本系の伝絵は『御伝鈔』の詞書に忠実な構図になっていますが、康永本では論争の構図としてはわかりにくくなっています。むしろ、法然の裁定に重点が置かれているようにみえます。平松令三氏（『聖典セミナー「親鸞聖人絵伝」』）は、過激な論争の雰囲気を避けるためではないかと、推測しますが、定説はありません。論争場面よりも、むしろ法然の裁定が親鸞の側に下ったとする総括場面がふさわしいと思ったのでしょうか。

# 第八章　上巻第八段「入西鑑察《にゅうさいかんざつ》」（口絵17）

御弟子《おんでし》入西房《にゅうさいぼう》、上人《しょうにん》親鸞《しんらん》の真影《しんねい》を写《うつ》したてまつらんとおもふこころざしありて、日《ひ》ごろをふるところに、上人《しょうにん》そのこころざしあることをかがみて仰《おお》せられてのたまはく、「定禅法橋《じょうぜんほっきょう》七条辺《しちじょうへん》に居住《きょじゅう》に写《うつ》さしむべし」と。入西房《にゅうさいぼう》、鑑察《かんさつ》の旨《むね》を随喜《ずいき》して、すなはちかの法橋《ほっきょう》を召請《ちょうしょう》す。定禅《じょうぜん》左右《さう》なくまゐりぬ。すなはち尊顔《そんげん》に向《む》かひたてまつりて申《もう》していはく、「去夜《きょや》、奇特《きどく》の霊夢《れいむ》をなん感《かん》ずるところなり。その夢《ゆめ》のうちに拝《はい》したてまつるところの聖僧《しょうそう》の面像《めんぞう》、いま向《む》かひたてまつる容貌《ようぼう》に、すこしもたがふところなし」といひて、たちまちに随喜感歎《ずいきかんたん》の色《いろ》ふかくして、みずからその夢《ゆめ》を語《かた》る。貴僧二人来入《きそうにんらいじゅう》す。一人《いちにん》の僧《そう》のたまはく、「この化僧《けそう》の真影《しんねい》を写《うつ》さしめんとおもふこころざしあり。ねがはくは禅下筆《ぜんかふで》をくだすべし」と。定禅問《じょうぜんと》ひていわく、「かの化僧《けそう》たれびとぞや」。件《くだん》の僧《そう》のいはく、「善光寺《ぜんこうじ》の本願《ほんがん》の御房《おんぼう》これなり」と。ここに定禅《じょうぜん》掌《たなごころ》を合《あわ》せ跪《ひざまず》きて、夢《ゆめ》のうちにおもふやう、さては生身《しょうじん》の弥陀如来《みだにょらい》にこそと、身《み》の毛《け》よだちて恭敬尊重《くぎょうそんじゅう》をいたす。また、「御《み》ぐしばかりを写《うつ》されんに足《た》りぬべし」と云々《うんぬん》（〔西本願寺本〕また定禅問云、如何可レ奉レ写、本願御房答云、顔はかりを可レ写、ことく〱は予可レ染二筆一也と云〻）。かくのごとく問答《もんどう》往復《おうふく》して夢《ゆめ》さめをはりぬ。しかるにいまこの貴坊《きぼう》にまゐりてみたてまつる尊容《そんよう》、夢《ゆめ》のうちの聖僧《しょうそう》にすこしもたがはずとて、随喜《ずいき》のあまり涙《なみだ》を流《なが》す。しかれば、「夢《ゆめ》にまかすべし」とて、いまも御《み》ぐしばかりを写《うつ》したてまつりけり。 夢想《むそう》は仁治三年九月二十日《にんじさんねんくがつはつか》の夜《よ》なり。つらつらこの奇瑞《きずい》をおもふに、聖人《しょうにん》（親鸞）弥陀如来《みだにょらい》の来現《らいげん》といふこと炳焉《へいえん》なり。しかればすなはち、弘通《ぐずう》したまふ教行《きょうぎょう》、おそらくは弥陀《みだ》の直説《じきせつ》といひつべし。あきらかに無漏《むろ》の慧灯《えとう》をかかげて、とほく濁世《じょくせ》の迷闇《めいあん》を晴《は》らし、あまねく甘露《かんろ》の法雨《ほうう》をそそぎて、はるかに枯渇《こかつ》の凡惑《ぼんわく》を潤《うるお》さんがためなりと。仰《あお》ぐべし、信《しん》ずべし。

〔康永本〕康永二歳癸未十月中旬比、依発願終画図之功畢　而間頽齢覃八旬算、両眼朦朧、雖然愍厥詞、如形染紫毫之処、如向闇夜不弁筆点、仍散〻無極、後見招恥辱者也而已

大和尚位宗昭七十四

画工康楽寺沙弥円寂〕

詞書の概略＝日頃、親鸞聖人の弟子である入西房は聖人の肖像を描きたいという気持ちをいだいていた。聖人はその意思を察し、「七条あたりに住んでいる定禅法橋に描かせよ」と、言われた。入西房は聖人が察知してくれたことを喜び、すぐに定禅法橋を招いた。参上した定禅は聖人の尊顔に向かい、「昨夜、まことに不思議な夢をみました。その夢のなかで拝んだ聖僧のお顔が、今お会いしているお方のお顔とそっくりです」と、言って、たちまち随喜感歎の表情をうかべ、その夢の中身を語り出した。

その夢では、尊い二人の僧侶が定禅宅を訪れ、一人の僧が「仏の化身であられる僧の肖像を描いてもらいたいが、できれば、あなたに筆をとっていただきたい」と、言った。定禅が「こちらの並なみならぬ僧はどなたでしょうか」

とたずねると、「善光寺の本願の御房です」と答えた。定禅は夢のなかで両手を合わせ、ひざまずき、「それではその僧は『生身の阿弥陀如来』とされる善光寺の阿弥陀仏の化身ではないのか」と思い、身の毛のよだつ思いで、心から礼拝した。すると、その僧は「お顔だけ描いてもらえばよい」と、言った（〈西本願寺本〉また、定禅が「どのように描けばよいのですか」と、訊いた。本願御房は「顔だけを描けばよい。あとは自分が筆をとって描く」と言った〕）。そんな言葉をかわしたところで、夢からさめた。

「ところが、今、お伺いして、お目にかかった御姿は、夢に見た聖僧とそっくりです」と、定禅は語り、涙を流して随喜した。そこで「夢のとおりにしよう」ということになり、聖人のお顔だけを描かせることになった。この夢は仁治三年九月二十日夜のことである。つくづくこの奇瑞を考えると、親鸞聖人が阿弥陀如来の化身であることは明らかである。だから、聖人が説き弘めた教えと行は阿弥陀如来が直接に説かれたものと言うべきであろう。濁りや汚れのない智慧の灯火を明らかにかかげ、濁世の迷闇をはるかに照らし、すべての人々に甘露の法雨を降りそそぎ、枯渇する惑える凡夫をうるおすためである。聖人の教えを仰ぎ、信じるべきである。

（〈康永本〉康永二年十月中旬、願いを起こして図画を成し終えた。その間、老齢ははなはだしく八十年を数え、両眼は朦朧としている。しかしながら、詞にあわせて絵筆を染めたのは、闇夜に向かうような有様で、筆の置きどころもわきまえず、限りなくひどい状態であること、後世に恥をまねくばかりである。

大和尚位　宗昭　七十四

画工康楽寺沙弥　円寂）

**「入西鑑察」は後で追加された**

この段は、同じ初稿本系であるにもかかわらず、西本願寺本にはありますが、高田専修寺本にはみられません。

初稿本完成後しばらくしてこの段が増補され、その後、西本願寺本にも付け加えられたものの、その時には専修寺本はすでに下野高田に送られて手元になかったことから、増補できなかった、というのが定説です。康永本以降の「伝絵」に増補されているのは、時間的に付け加える余裕が十分にあったからと思われます。ただし、仏光寺本には増補はされていません。仏光寺本は、上巻については、初稿本系の高田専修寺本と同じ構成で、題名も同じく『善信聖人親鸞伝絵』です。

後から追加増補された根拠を二つあげます。まず、「入西鑑察」の段は前段「信心諍論」が終わりきらないところから始まっています。「入西鑑察」の詞書部分が前段の末端余白部分から始まり、「入西鑑察」の絵の部分にも窮屈そうに入り込んでいることから、詞書が後から付け加えられたようにみえます。詞書は新しい紙で始まるのが原則です（赤松俊秀「西本願寺本親鸞傳繪について」『鎌倉仏教の研究』）。

増補の第二の理由として、詞書によれば、仁治三年、親鸞七十歳のときの出来事ですが、その年齢に当たる部分に「入西鑑察」が置かれていないことがあげられます。「伝絵」は原則として年代順に各段が配列されているので、「入西鑑察」はやや晩年にあたる下巻第六段目あたりに置かれるべきですが、そうはなっていません。ただし、内容的に先行する段との連続性を認める見方もあって、日下無倫氏（『總説親鸞伝絵』３８８―３８９頁）は、信心によって往生が決定されるという「信不退の信仰」から「他力廻向の信仰」を経て、聖人が阿弥陀如来の化身であることを示すことで聖人の教えを賛嘆するのがこの段の趣旨であるとします。しかし、年代の順序を破って上巻末尾に置かれたことを十分に説明しているとはいえません。この点について、納得できる定説はみられないようです。

なお、すでにふれた「蓮位夢想」（第四段）も追加増補段ですが、これについても年代順序を破って置かれている理由を説明する定説はありません。さらに、「蓮位夢想」はすべての初稿本系に欠けていますが、「入西鑑察」

が欠けているのは初稿本系では高田専修寺本だけで、西本願寺本には増補されています。「蓮位夢想」が、初稿本系にはみられず、後代でつくられた康永本系だけにあらわれることからも、「蓮位夢想」は「入西鑑察」よりも遅れて増補されたといえます。

### 「入西鑑察」の肖像画は鏡御影《かがみのごえい》なのか

「入西鑑察」の増補と鏡御影の制作とのあいだに密接な関係があるとする説が出されています。赤松俊秀氏（『親鸞』２７５―２８０頁）などによれば、延慶《えんきょう》二年（１３０９）に親鸞の木像の中から親鸞の肖像画の素描が発見されたらしく、覚如はその画が専阿弥陀仏によるものと認め、専阿弥陀仏の真筆と巻留に注記しました。それが国宝「鏡御影」です**（図イ）**。「入西鑑察」の詞書の内容と類似した絵相であることから、定禅が描いたとされる肖像画は鏡御影のことではないかという見方が唱えられました。「入西鑑察」を「伝絵」に加えた時期は覚如が鏡御影を修理した延慶三年（１３１０）あたりが有力となりますが、後述するように、鏡御影との関係には重大な疑念が付随します。なお、定禅には「法橋」という称号がつけられています。法橋は律師に相当する僧位ですが、中世以後、絵師などにも与えられた称号ということです。

鏡御影は頭部が繊細な線で、着衣は太い線で描かれています。まさしく、西本願寺本だけにみられる追加詞書――「また、定禅が『どのように描けばよいのですか』と、訊いた。本願御房は『顔だけを描けばよい。あとは自分が筆をとって描く』と言った」（大意）――と合致するように思えます。本願御房は親鸞のことですから、絵師の定禅が顔だけを描き、残りは素人の親鸞が描くことになり、出来上がりは鏡御影と酷似します。赤松氏（『前掲書』２７９頁）は、「ことによると鏡御影の顔以外の部分は親鸞筆という言い伝えが古くあったのかもしれない」としています。また、鏡御影の巻留への注記は「専阿弥陀佛信実朝臣息也号袴殿奉拝聖人御存生之尊像　泣奉図書之」

（〔大意〕専阿弥陀仏、藤原信実の子なり、袴殿と号し、聖人の生前の尊像を拝し、泣いて図画する）とあって、詞書の「定禅が涙を流して随喜した」（大意）と、相通じます。

ただし、鏡御影が発見されたのを契機に覚如がつくらせたのが「入西鑑察」とする説には大きな問題があります。覚如は鏡御影の絵師を専阿弥陀仏と明記しているのですから、専阿弥陀仏と「入西鑑察」の定禅が同一人物であることが証明されなければ、その説は成り立ちません。

日下無倫氏（『前掲書』３９０―３９２頁）は、以下に紹介するように、実在した絵師定禅によって宗祖七十歳の寿像の図写が行われたことを覚如が知っていたのではないかとします。覚如が鏡御影を修理して「専阿弥陀佛」と明記したことは史実です。しかし、専阿弥陀仏と定禅が同一人物である証拠はみられず、鏡御影の修復を契機に「入西鑑察」をつくらせたとする説を日下氏は否定します。

覚如の遺骨が東本願寺の朱雀《すざく》御坊に分骨されたことを示す石塔婆が明治十五年に発掘されました。その石塔婆に刻まれた文言「観應二年辛卯正月十九日　覺如上人御骨　朱雀定禅小菴　定和納之」から、朱雀定禅が「入西鑑察」の定禅と同一人であろう、と日下氏は推定します。そこで、定和の肩書が「朱雀《すざく》

図イ　「鏡御影」（西本願寺蔵）

定禅《じょうぜん》小菴《しょうあん》」であることから、定和は絵師定禅の家系と密接な関係をもつ人物で、覚如と昵懇の間柄であったので、分骨を願ったのであろうとします（覚如の没年は観応二年〔１３５１〕）。北西弘氏（「親鸞聖人伝絵製作の意図」『真宗重宝聚英』第五巻所収）は、詞書に「定禅法橋《じょうぜんほっきょう》　七条辺《しちじょうへん》に居住　に写さしむべし」とあって、定禅が七条あたりに住んでいたことから、定和の住んでいた「朱雀定禅小菴」の地がそれに該当する、と推測します。覚如は定和から定禅による御影書写の逸話を聞き、その話を「伝絵」に取り入れたのではないかということです。

なお、赤松俊秀氏（「親鸞像について」『鎌倉仏教の研究』）は、鏡御影の修復の翌年（応長元年〔１３１１〕）に、覚如が藤原信実《のぶざね》の曾孫で似絵《にせえ》師の八條為信《ためのぶ》の娘と結婚していることから、信実の子である専阿弥陀仏について、覚如は知識を深くしたのではないか、と推測しました。そして、それを契機に西本願寺本に増補段を加えるに至ったとします。

これまでのことを総合すると、専阿弥陀仏と定禅が実在した人物であるとの認識を覚如がもっていた可能性はあります。専阿弥陀仏のことは妻（または、高弟の顕智）から、定禅については定和から聞いたらしいのです。ただし、あくまでも可能性にすぎません。なお、覚如が、老境の顕智（１２２６―１３１０）から、鏡御影の作者である専阿弥陀仏について聞いたのではないかとの説は赤松氏（『前掲論文』１４２頁）によるものです。

専阿弥陀仏と定禅が同一人物であることが証明されれば、増補の契機の問題は氷解するのですが、二人が別人である可能性が否定できないので、諸説が錯綜することになります。

## 覚如がこの段を増補したのはいつか

北西弘氏（『前掲論文』２３４頁）は、「入西鑑察」が「伝絵」に追加された時期について、覚如が定和から定禅夢想の逸話を聞いた時期に連動するとしましたが、その時期を特定するのにはかなりの困難がともないます。

「入西鑑察」は初稿本系の西本願寺本には増補されましたが、初稿本系の高田専修寺本にはみられません。「入西鑑察」が康永本系では例外なくあらわれることから、「入西鑑察」が西本願寺本に追加増補された下限は康永本成立以前（康永二年〔１３４３〕）ということになります。「絵伝」でも、室町初期以前の古絵伝には見られず、康永本「伝絵」に準拠してつくられた四幅本の多くに「入西鑑察」が含まれます。

「伝絵」には、「入西鑑察」と「蓮位夢想」の増補追加段がありますが、「蓮位夢想」は初稿本系「伝絵」には全く増補されず、康永本系「伝絵」にはすべてみられることから、「入西鑑察」の増補時期が「蓮位夢想」に先行するというのが定説です。なお、さきにふれたように、仏光寺本の上巻は高田専修寺本に準じ、「蓮位夢想」はありません。

増補時期の上限については、漠然とした推測になりますが、東国門徒が覚如をしぶしぶ留守職と認めた延慶《えんきょう》三年（１３１０）頃にさかのぼるでしょうか。この頃に、覚如は門徒の掌握を願い、意思疎通のために関東方面に何度も下向しています。延慶三年（１３１０）、応長元年（１３１１）、正和元年（１３１２）に下向しました。「入西鑑察」の内容が「阿弥陀如来・本願の御坊・親鸞聖人」という三位一体観で、それを前面に出すことによって東国門徒の掌握を促進しようとした、と推測できるでしょう。当時の関東門侶の信仰の実態を踏まえると、覚如が他力信仰の行く末について危惧を抱いていたとしても、無理はないでしょう。善光寺信仰と妥協し、関東での他力信仰を守る意図があったと思われます。善光寺信仰は有力門侶である高田門流に根付いていました。

さらに、西本願寺本の詞書追加部分――「定禅が『どのように描けばよいのですか』と、訊いた。本願御房は『顔だけを描けばよい。あとは自分が筆をとって描く』と言った」（大意）――を「鏡御影」と関連させて解釈することが可能です。覚如は「鏡御影」を発見・修復したときに、「入西鑑察」と「鏡御影」が類似した背景をもつことに気付いたでしょう。しかし、「鏡御影」では顔と体躯の描き方が違います。そこで、その違いを説明する詞書を西本願寺本に付け加えたとも考えられます。そうとすれば、「鏡御影」が修理された翌年の応長元年（１３１１）あたりが増補時期の上限となるでしょう。

その場合、覚如は、「鏡御影」の絵師（専阿弥陀仏）と「入西鑑察」の定禅が別人であることを承知していたうえで、追加増補をしたことになります。本来は別の由来の話ですが、肖像画を描くという共通点を媒介に、両者が一つの話としてまとめられ、「伝絵」に増補されたと考えられますが、どうでしょうか。定和から聞いた定禅による模写譚に、鏡御影の絵相を反映する詞書などを追加して、「入西鑑察」段をつくったと思われます。そうとすれば、鏡御影の発見・修復は「入西鑑察」の制作動機の一部だったといえるでしょう。

## 親鸞は善光寺聖だったのか

「入西鑑察」段でもっとも重要な問題は親鸞と善光寺信仰との関係で、親鸞が流罪を赦免されて越後から東国へ向かった頃、東国では善光寺信仰がさかんだったようです。しかも、親鸞自身が善光寺聖だったという見方が出されています。この見方を代表するのが五来重氏です。平松令三氏などもそのような立場で親鸞論を展開しました。「絵伝」にも、「親鸞善光寺聖」説を支持するかのような絵相が見られます。甲斐万福寺六幅絵伝では、第四幅下半分に「善光寺」が大きく描かれています。この段に先行するのが第三幅最上段ですが、これには「御庵室」「国分寺」（越後）の札銘があります。また、第四幅の後続段に付けられている札銘は「牟漏八嶋《むろのやしま》」「笠間坊」です（「牟漏八嶋」は栃木市総社町にある名所「室の八島」で、茨城県笠間市へ行く途中にあります）。「善光寺」の段がこれらの場面にはさまれていることから、親鸞が流刑地の越後から関東方面へ向かう途中に立ち寄った場所が善光寺であったことを示しています。しかも、襟巻（帽子《もうす》）を着けた親鸞らしき僧が四箇所ほどここに描かれています。

親鸞は流刑地の越後で恵信尼とのあいだに、承元五年（１２１１）、栗沢信蓮房明信《くりさわしんれんぼうみょうしん》をもうけています。赦免の八箇月ほど前です。嬰児をつれて移動するのは困難だったので、しばらくは越後に留まったようです。その後、親鸞の動向が知られるのは、建保二年（1214）、宗祖四十二歳のことで、恵信尼の書簡によれば、上野国佐貫の地で浄土三部経の千部読誦を試みました。したがって、赦免後、三年ほどは越後・信濃方面に留まったようです。信蓮房について、文永五年の恵信尼書簡（『注釈版聖典』第八通）に「栗沢（信蓮房）は、どうしてかはわかりませんが、のづみという山寺で不断念仏を始めるとか申していますが…」（大意）とあって、五来重氏（『善光寺まいり』『著作集』第二巻所収、425頁）は、信蓮房が親鸞とおなじように「不断念仏の堂僧的役割をつとめていた」と、考えます。

五来氏は、さらに、親鸞が、越後では、妙高山の修験道的念仏と善光寺浄土教信仰の圏内に住み、善光寺常行堂の不断念仏衆の一人として生活を支えていた、と推測します（『前掲書』428頁）。「熊笹の名号」を戸隠山で書き、それを善光寺の堂照坊に預けた（『正統伝』四十歳の条）という伝承も、山岳信仰の影響とします。上野国佐貫で浄土三部経読誦に「げにげにしく（たいそうにも）」取り組んだことも、善光寺不断念仏衆であったとすれば、違和感をもたなかったであろうと、理解できるのだそうです。これらの推論には確証はまったくありませんが、宮崎円遵氏（「伝親鸞作聖徳太子講式について―初期真宗における太子尊崇の一意義―」『宮崎圓遵著作集』第七巻）が指摘するように、帰洛後の親鸞が勧進聖の頭目として生活費を得ていたらしいことを勘案すると、蓋然性は否定できないでしょう（帰洛後の生活や念仏勧進聖としての性格をあらわす「安城御影」については、下巻第五段「熊野霊告」でふれます）。

平松令三氏（『親鸞の生涯と思想』第二部三）は、勧進聖が鎌倉時代にはほとんど集団を成して行動していたことから、佐貫での浄土三部経読誦も集団で行なわれ、当時は、親鸞は並の一員であったかもしれないのですが、やがて善光寺から「勧進上人」に補任されたのではないか、と考えます。善光寺の焼失（治承三年〔1179〕）

の後、再興勧進が鎌倉幕府の権威を借りて行われたそうです（中ノ堂一信『中世勧進の研究―その形成と展開―』157頁）。

『吾妻鏡』によれば、鎌倉幕府が勧進上人へ再建協力するように国役人に命じたのが文治三年（1187）七月二十七日で、嘉禎三年（1237）十月十六日に善光寺五重塔が建立され、大勧進の浄定上人や勧進の僧も供養式に参加しています。親鸞が赦免されたのが建暦元年（1211）、上野佐貫で三部経を読誦したのが建保二年（1214）ですから、親鸞が善光寺勧進聖であったとすれば、幕府の与力（協力）令が生きていた時期に関東に赴いたと考えられます。集団で移動したと推測されるゆえんです。

寺の維持・復興のための募金、信仰への誘引を担ったのが善光寺聖ですが、諸国を巡歴し、縁起絵巻を利用して唱導・絵解きをしたようです。親鸞聖人絵伝がこれに使われたのは覚如以降のことですが、親鸞在世のころでは聖徳太子伝の絵解きによって民衆を勧進したとされます（宮崎円遵「聖徳太子伝の絵解―『正法論蔵』を中心として―」『宮崎圓遵著作集』第七巻）。

なお、太子信仰は四天王寺の阿弥陀仏信仰と結びつき、五来説（『前掲書』341頁）によれば、半僧半俗の四天王寺聖だったと思われる本田善光によって、信濃の地に運ばれた阿弥陀三尊像を本尊とする善光寺信仰に発展したようです。善光寺如来と太子像を並べて礼拝するのが善光寺信仰の特色で、鎌倉時代初期には成立していました。親鸞が関東に来る以前から、下野高田が善光寺信仰の拠点だったとされます（嶋口儀秋「善光寺信仰と真宗高田派の関係」『印度學仏教學研究』第二〇巻第二号）。

**「三位一体」説**

親鸞の尊顔を拝した絵師定禅は前夜の夢を回想し、このお方こそ「生身《しょうじん》の弥陀如来」で、善光寺の「本願の御房」そっくりである、と言いました。この発言を五来重氏（『前掲書』３９９頁）は〈親鸞―阿弥陀仏―本願御房〉の三位一体観とみなしました。つまり、善光寺の「阿弥陀如来」と「本願の御房」と「親鸞」が同一であるという考えです。この場合、阿弥陀仏を「生身《しょうじん》の阿弥陀如来」と言うのは、「ふつうの人間が信仰と修行の結果、阿弥陀如来と一体化（即身成仏）すれば、それが『生身《しょうじん》の阿弥陀如来』なのである」と、五来氏は説明します。「本願の御房」の「本願」とは、『無量寿経』の四十八願のことではなく、勧進聖を指すようです（『注釈版聖典』１０５２頁、〔注〕）。なお、「本願」は、『日本国語大辞典』（第九巻）によれば、「社会救済の活動を修行の一環とした半僧半俗の行者や聖のこと」と、されます。要約すると、五来氏の〈三位一体観〉とは、「善光寺如来と本願御房（善光）とが同一実在であるということであり、それはまた親鸞と同一である（以下略―引用者）」（前掲書）ということです。

「本願の御房」は善光寺の開祖・本田善光を指し、善光寺聖すなわち勧進聖の元締でした。なぜ親鸞を「本願の御房」と同一視したのかという問題は、覚如が「入西鑑察」を増補した理由と関連すると思われます。先にふれたように、覚如には、延慶三年頃、善光寺信仰との妥協を企て、関東の門侶を本願寺に惹きつけておく必要があったからでしょう。親鸞聖人と「本願の御房」を同一視することで、とくに関東方面の有力門侶だった高田門流の離反を防ぐ意味があったと思われます。『三河念仏相承日記』（１３６４年）に高田派の隆盛ぶりが書かれています。

他力信仰を純化させ、その中心に本願寺を置こうとする覚如の努力は実を結ばず、本願寺第八代宗祖の蓮如の時代まで、本願寺は高田門流に圧倒され、経済的にも困窮しました。

なお、入西房は常陸国枕石寺《ちんせきじ》の開基住職とされます。『親鸞聖人門弟交名牒《きょうみょうちょう》』（三河妙源寺本）で直接に教えを受けた弟子の二番手に挙げられ、聖人の書簡にもその名が記載された人物ですが、入西房が枕石寺伝承の古信仰や善光寺信仰の三位一体観に巻き込まれた門侶であることは、拙論（「枕石寺の伝承を読み解く」『親鸞と葬送民俗』）でふれました。

## 古風な一場面の西本願寺本

「入西鑑察」は、「伝絵」では高田専修寺本と仏光寺本、「絵伝」では一幅・二幅・三幅本および四幅の専修寺本、慈光寺本、六幅本にみられません。その理由は、「伝絵」に関しては、この段は後からの追加増補なのですが、高田専修寺本が初稿本成立後わずか二ヶ月で覚如の手を離れたために、増補の機会が高田専修寺本になかったからとされます。仏光寺本にもこの段がみられないのは、上巻について、仏光寺本の構成が高田専修寺本に基づいてつくられたからでしょう。また、古絵伝にみられないのは、四幅本が制作される十五世紀以降に「絵伝」に取り入れられたからです。四幅本の大部分は康永本に準拠してつくられたので、四幅本の絵相は定型化されています。
「伝絵」では、西本願寺本と弘願本が一場面、康永本・照願寺本・天満定専坊《てんまじょうせんぼう》本の三本が二場面から成り立っています。一場面の方が古風といえるでしょう。西本願寺本では、聖人・絵師・僧二人が一室に描かれています。弘願本では僧は三人で、初稿本系と康永本の中間の絵相です。なお、両本とも親鸞は帽子《もうす》をしています。先にふれた事情のもとに、まず、西本願寺本に増補されたのですが、その絵相は一場面の素朴なもので、康永本に至り第二次の追加が行われ、西本願寺本よりも詞書の内容を詳しくあらわす二場面に発展したと思われます。

詞書を忠実に描いている二場面の「伝絵」では、右側の場面で聖人が入西房に肖像画制作の許可を与えています（もう一人の僧を蓮位房とする説があります）。また、左側の場面では、絵師の定禅が親鸞の姿を模写しているかたわらで僧が三人それをながめています。康永本では、肖像画は首より上が描かれているようです。康永本、照願寺本では聖人の帽子は描かれていません。天満定専坊本は構図が康永本とは逆ですが、帽子を付けていないことなどから、初稿本と康永本の特徴をまじえた作風といえます。

「絵伝」では、四幅本と八幅本に二場面が描かれています。四幅本の多くは康永本の構図に準じています。帽子も描かれていません。御影の素描は胸から上が描かれています。四幅本の専修寺本、慈光寺本にこの段が欠けているのは、準拠する高田専修寺本や仏光寺本にないからでしょう。

## もうひとつの詞書…覚如は善光寺信仰と妥協したのか

この段には二つの大きな問題があります。

まず、この段が西本願寺本に追加された経緯が問題です。鏡御影の絵相が詞書の「顔だけを描けばよい」(大意)に符号し、なおかつ、西本願寺本詞書の「顔のほかの体躯は自分が描く」(大意)に合致することから、覚如が鏡御影を発見・修復したのをきっかけに「入西鑑察」を覚如が創作したとする説は、かつては有力でした。しかし、今日では旗色がわるいようです。鏡御影の裏書に「専阿弥陀仏」と書かれているので、覚如がこの増補段で絵師を「定禅法橋」としていることが説明できないからです。日下無倫氏が唱える、定禅の子孫にあたる定和が覚如に肖像模写について語り、覚如がその話を西本願寺本に取り入れた、という説が無理がなさそうです。赤松俊秀氏(『親鸞』)の「鏡御影の顔以外の部分は親鸞筆という言い伝えが古くあったのかもしれない」という指摘は延慶三年(1310)に死亡した長老・顕智の話したことだったのでしょうか。顕智は鏡御影が収められていたと思われる木像の再興に携わりました(本書第十五章でふれます)。

以上の二つの説を総合すると、覚如は「鏡御影」を発見・修復したときに、「入西鑑察」の逸話と「鏡御影」が類似した背景をもつことに気付き、鏡御影では、顔と体躯の描き方が違うことから、その違いを説明する詞書を西本願寺本に付け加えた、と考えられます。覚如は、「鏡御影」の絵師と「入西鑑察」の定禅が別人であることを承知していたうえで、追加増補したことになります。本来は別の由来の話ですが、肖像画を描くという共通点を媒介に、両者が一つの話としてまとめられ、「伝絵」に増補された、と考えられます。

次に、定禅の夢によれば、聖人を「本願の御房」として崇めるという親鸞勧進上人説が浮上します。これに関連して、五来説の「三位一体観」が注目されます。聖人を生ける阿弥陀仏である「本願の御房」と同一視する内容の段を覚如が付け加えたのには、高田門流に卓越していた「善光寺信仰」との妥協を図る意志がこめられていたからと思われます。確証には全く欠けますが、親鸞聖人が善光寺聖であったと考えられる状況証拠はあります。また、帰洛後の生活を支えたのは「念仏のすすめもの」などの念仏勧進の収入だったとも言われます（宮崎円遵「聖徳太子略絵伝について」『太子信仰』所収）。関東門侶が聖徳太子伝の唱導や絵解きで得た収益の一部を京都に送ったものでしょう。

聖人八十三歳の「安城御影」は勧進上人であったことを強く示唆します。「安城御影」は座像で、座敷に猫皮の杖・草履が荘厳の道具として置かれていました。しかし、「伝絵」の「入西鑑察」で描かれた七十歳の寿影については、上半身の不鮮明な姿が描かれていることから、聖を荘厳する道具類はみられないようです。「鏡御影」も立ち姿の素描でした。

覚如が西本願寺本にこの段を増補した時期は延慶三年頃と思われます。この頃、善光寺信仰との妥協を企て、関東の門侶を本願寺に惹きつけておく必要に迫られていたからでしょう。

絵相については、西本願寺本と康永本とのあいだに一場面と二場面の違いがみられます。「絵伝」でも、康永本に準拠する四幅本は二場面です。康永本系では詞書の内容を具体的に示す絵相がみられます。

一幅・二幅・三幅・六幅本の古絵伝には「入西鑑察」はありません。古絵伝に「入西鑑察」が加えられていないのは、これが加えられていない初稿本伝絵に準拠してつくられたからでしょう。

## 第九章　下巻第一段「師資遷謫《ししせんちゃく》」（口絵18）

浄土宗興行《じょうどしゅうこうぎょう》によりて、聖道門廃退《しょうどうもんはいたい》す。これ空師《くうし》（源空）の所為《しょい》なりとて、たちまちに罪科《ざいか》せらるべきよし、南北《なんぼく》の碩才《せきさい》憤《いきどお》りまうしけり。「顕化身土文類《けんけしんどもんるい》」の六《ろく》にいはく、「ひそかにおもんみれば、聖道《しょうどう》の諸教《しょきょう》は行証《ぎょうしょう》ひさしく廃《すた》れ、浄土《じょうど》の真宗《しんしゅう》は証道《しょうどう》いま盛《さか》んなり。しかるに諸寺《しょじ》の釈門《しゃくもん》、教《きょう》に昏《くら》くして真仮《しんけ》の門戸《もんこ》を知《し》らず、洛都《らくと》の儒林《じゅりん》、行《ぎょう》に迷《まど》ひて邪正《じゃしょう》の道路《どうろ》を弁《わきま》ふることなし。ここをもつて、興福寺《こうぶくじ》の学徒《がくと》、太上天皇《だじょうてんのう》　諱尊成《いみなたかひら》、後鳥羽院《ごとばいん》と号《ごう》す　今上《きんじょう》　諱為仁《いみなためひと》、土御門院《つちみかどのいん》と号《ごう》す　聖暦《せいれき》、承元丁卯《じょうげんひのとのう》の歳《とし》、仲春《ちゅうしゅん》上旬《じょうじゅん》の候《こう》に奏達《そうたつ》す。主上臣下《しゅじょうしんか》、法《ほう》に背《そむ》き義《ぎ》に違《い》し、忿《いか》りをなし怨《あだ》を結《むす》ぶ。これによりて、真宗興隆《しんしゅうこうりゅう》の大祖源空法師《たいそげんくうほっし》ならびに門徒数輩《もんとすはい》、罪科《ざいか》を考《かんが》へず、みだりがはしく死罪《しざい》に坐《つみ》す。あるいは僧《そう》の儀《ぎ》を改《あらた》め姓名《しょうみょう》を賜《たま》ひて遠流《おんる》に処《しょ》す。予《よ》はその一《ひと》つなり。しかれば、すでに僧《そう》にあらず俗《ぞく》にあらず。このゆゑに禿《とく》の字《じ》をもつて姓《しょう》とす。空師《くうし》（源空）ならびに弟子等《でしとう》、諸方《しょほう》の辺州《へんしゅう》に坐《つみ》して五年《ごねん》の居諸《きょしょ》を経《へ》たり」と云々《うんぬん》。空聖人《くうしょうにん》　罪名《ざいみょう》藤井元彦《ふじいのもとひこ》、配所土佐国《はいしょとさのくに》　幡多《はた》　鸞聖人《らんしょうにん》（親鸞）罪名藤井善信《ざいみょうふじいのよしざね》、配所越後国《はいしょえちごのこく》　国府《こくぶ》　このほか門徒《もんと》、死罪流罪《しざいるざい》みなこれを略《りゃく》す。皇帝《こうてい》　諱守成《いみなもりなり》、佐渡院《さどのいん》と号《ごう》す　聖代《せいだい》、建暦辛未《けんりゃくかのとのひつじ》の歳《とし》、子月中旬第七日《しげつちゅうじゅんだいしちにち》、岡崎中納言範光卿《おかざきのちゅうなごんのりみつのきょう》をもつて勅免《ちょくめん》。このとき聖人右《しょうにんみぎ》のごとく禿《とく》の字《じ》を書《か》きて奏聞《そうもん》したまふに、陛下《へいか》叡感《えいかん》をくだし、侍臣《じしん》おほきに褒美《ほうび》す。勅免《ちょくめん》ありといへども、かしこに仮《け》を施《ほどこ》さんがために、なほしばらく在国《ざいこく》したまひけり。

詞書の概略＝浄土門がさかんになったことで、聖道門が衰退した。この事態を引き起こしたのは源空（法然）上人のせいであるとして、すぐに処罰すべきと南都北嶺の学僧たちが怒った。『教行信証』の「化身土巻」に、聖人は次のように述べている。「ひそかに思うに、聖道門の教えではどの宗でも修行をして悟りを得ることがなくなり、浄土の真宗によって今や悟りを得る道がさかんである。ところが、諸寺の僧たちは教えにくらく、真と仮の法門の区別を知らない。京都の儒学者たちも行に迷い、正邪の道をわきまえていない。それで興福寺の学僧たちは、太上天皇（諱は尊成、号は後鳥羽院）と今上天皇（諱は為仁、号は土御門院）に、承元元年陰暦二月上旬、上奏文を提出した。主上も臣下も仏法にそむき正義にたがい、腹をたて、危害を加えた。これにより真宗を興隆させた大祖源空法師ならびにその門徒数人は、罪の内容をかえりみられず、みだりに死罪に処せられ、また僧の身分を奪われて俗人の姓名をつけられ、遠流に処せられたりした。私もその一人である。したがって、もはや僧でもなく、俗人でもない。それ故、私は禿の一字をもって姓とした。源空師ならびに弟子たちは諸方の辺地に流されて、五年を過ごしたのである」と、書かれている。源空上人の罪名は藤井元彦、配所は土佐国の幡多である。親鸞聖人の罪名は藤井善信、配所は越後国の国府である。このほかの死罪や流罪に処せられた門徒は省略する。この時、皇帝（諱は守成、号は佐渡院）の建暦元年の十一月十七日に、岡崎中納言範光よりご赦免の勅命が下った。この時、親鸞聖人が右のように禿の字を姓として天皇に上奏したところ、天皇は感歎し、侍臣も大いに賞賛した。聖人は勅免を得たとはいえ、越後の人々を教化するために、なおしばらく越後にとどまった。

## 承元《じょうげん》の法難で「禿《とく》」の姓になる

この段は「師資《しし》遷謫《せんちゃく》」と名付けられます。「師資」は「師弟」、「遷謫」は「官位を下げて辺地へ移す」の意味です。法然と親鸞が僧籍を剥奪され、地方に流される内容です。

親鸞の吉水での求道生活はそう長くは続きませんでした。念仏を唱えるだけで浄土に往生し、成仏できるという法然の「専修念仏」の教えがひろがると、比叡山などの旧仏教側の攻撃が激しくなってきました。法然は延暦寺の反感を和らげるように努め、元久元年（１２０４）十一月に師弟とも言行を慎むことを誓約する『七箇条起《しちかじょうき》請文《しょうもん》』（『七箇条制誡』）を提出しました。これには法然門侶百九十人が署名し、親鸞聖人の名（「僧綽空」）もみられます。

翌、元久二年十月に興福寺が法然教団の過失を九箇条あげて非難し、朝廷に上奏しました。この上奏文を『興福寺奏状』といいます。朝廷は教団の一部の過激派による乱行が原因であるとして、弾圧にはのりだしませんでした。専修念仏を標榜し、諸行往生を否定して、破戒の罪を行っている輩を「偏執」として禁圧すべきとしますが、人を念仏に導く者に刑罰を加えてはならないという立場でした（『法然上人行状絵図』第三十一巻）。

建永元年（１２０６）十二月、世にいう「密通事件」が勃発しました。後鳥羽上皇が熊野山に参詣しているあいだに留守番の女房が法然の弟子である住蓮、安楽などがはじめた別時念仏に感動して出家したことで、そのことを良からぬように告げ口するものがいたのか、上皇が激怒（『法然上人行状絵図』第三十三巻）。法然教団への大弾圧が行われ、建永二年二月下旬には四人が死罪、法然以下八人の流罪が決定されました。専修念仏停止の宣旨も下されました。死刑は安楽、住蓮、性願、善綽の四人。流刑は法然、親鸞、行空、浄聞房、禅光房澄西、好覚房の六人、幸西と証空は流罪を免れて、慈円に預けられたそうです。法然は僧籍を剥奪され「藤井元彦《ふじいのもとひこ》」という俗名で土佐（実際には、讃岐）へ配流されました。親鸞は俗名を「藤井善信《ふじいのよしざね》」とされ、越後の国府《こくぶ》に流されました。なお、「建永二年」は十月に「承元《じょうげん》」に改元されています。二月に起きた「承元の法難」は「建永の法難」が正確です。

詞書にあるように、親鸞は処刑後「禿」を姓として「愚禿釈の親鸞」と名のりました。「釈」は釈尊の一族、ひいては仏教徒、釈尊の弟子を意味します。

「愚禿」については、『浄土真宗辞典』（本願寺出版社）によれば、「愚《ぐ》」は「無智愚悪」、「禿《とく》」は「剃髪もせず結髪もしないさま」とされます。『日本国語大辞典』（第七巻）では、「とく〔禿〕」は「剃った頭の毛が伸びすぎているもの。また、破戒無慚の人をいう」と説明されます。「禿」とは「ハゲ頭」のことではありません。五来重氏（『善光寺まいり』『著作集』第二巻所収）によれば、禿《かぶろ》が長髪を意味するので、親鸞は還俗してからしばらくは長髪だった、とします。『教行信証』（「化身土巻」後序）で、「禿」の左注に「カフロナリ」と記されています。禿《かぶろ》は子どものオカッパ髪で、「これを髻《もとどり》に結えば俗人になり、短く剃れば僧侶になる。禿はその中間だから半僧半俗をあらわす（以下略—引用者）」（434頁）、また、「童髪《わらわがみ》のような総髪《そうはつ》である。髻を切り落としただけのざんばら髪で、俗にもあらず僧にもあらずの髪をあらわしたものとおもう」（358頁）と、禿髪《かぶろがみ》を山伏、堂衆、得度剃髪前の童子の髪型とします。要するに、「禿」とは非僧非俗を象徴する髪型といえます。なお、天台宗開祖の最澄が入山願文《にっさんがんもん》に、みずからを「愚中極愚《ぐちゅうごくぐ》、狂中極狂《おうちゅうごくおう》、塵禿有情《じんとくのうじょう》、底下《ていげ》最澄」と述べました。「塵禿有情《じんとくのうじょう》」はざんばら頭の「破戒無慚《むざん》の人」の意味でしょう。一説には、「愚禿」はこの願文《がんもん》に由来するとも言われます。非僧非俗のざんばら髪が僧籍を剥奪された者にふさわしい髪型という意識が親鸞にあって、「禿」と称したのでしょうが、山田文昭氏（『真宗史稿』第二編本論一第七章）によれば、「愚禿」は当時の浄土教信奉者のあいだで用いられた呼称だそうです。親鸞が考えついた呼称ではないように思われます。

## 覚如は自説を取りつくろったのか

この段の詞書末尾に、「岡崎中納言範光《のりみつ》よりご赦免の勅命が下った。この時、親鸞聖人が右のように禿の字を姓として天皇に上奏したところ、天皇は感歎し、侍臣も大いに賞賛した」(大意)とあり、上奏文に「禿」の姓を書いて提出したように書かれています。この部分は『教行信証』(「化身土巻」)にはみられません。覚如が『御伝鈔』に付け加えた部分です。『親鸞聖人血脈文集』四(『真宗史料集成』第一巻所収)にも、同様の文面がみられます。『教行信証』からの引用が後に続きます。『歎異抄』の「流罪記録」にその奏状が外記庁《げきのちょう》に現存すると書かれています。ただし、中納言範光が奏上を仲介したことについては疑義が出されています。建永二年(1207)(十月に改元され、承元元年)三月に出家入道し、これより五年後の建暦元年には勅免官ではなかったからです(中澤見明『史上之親鸞』第六章)。

朝廷に「禿」を冠して奏上したという部分も、何を奏上したかという問題があります。ひとつには、赦免を感謝する奏状と読めそうです。江戸時代の談義本的伝記『絵伝撮要』(十七世紀末成立)には、「配所で禿を姓とし、勅免後でも禿の字を書いて奏上したのは、終わりを慎むこと始めの如し。しかも、身をへりくだり、法を守るは、聖賢の心にかなう、と感嘆した」(大意)と、書かれています。

また、親鸞が赦免を望む奏状を出したという見方もあります(渡辺信和「聖徳太子と善光寺」『誰も書かなかった親鸞―伝絵の真実』所収)。『歎異抄』と『親鸞聖人血脈文集』の文言は勅免を要請したという意味にとれます。どちらにしても、『教行信証』の「化身土巻」にみるように、激しく朝廷を非難している部分との整合性が問題です。『教行信証』が書かれたのは赦免後のことなので、激しく非難しても赦免には影響しないと思ったのでしょうか。詞書の作者である覚如には、朝廷側が親鸞の謙虚さを賛嘆したという部分を書き加えることで、聖人を持ち上げる意図があったのでしょうか。

藤原光親《みつちか》が同時期に法然の赦免院宣を奉じたとされます（中澤見明『前掲書』130―131頁、日下無倫『總説親鸞傳繪』164頁）。ただし、『拾遺古徳伝』（第八巻第四段）に、法然の赦免について、「院宣ハ権中納言藤原ノ光親ノ卿アルヒハ岡崎ノ中納言範光ノ卿ト云々カキクタサレケリ」とあって、藤原光親が奏上の仲介をしたと覚如は書いているのですが、中納言範光卿かもしれないという異説を覚如は割注にいれています。中澤見明氏（『前掲書』133頁）は、覚如が「伝絵」に「岡崎中納言範光卿」と誤って書いたことに後で気付き、その失態を取りつくろうために『拾遺古徳伝』に異説をわざわざ注記したのではないか、と推察しました。中澤氏は、「元来覺如上人は、自説の證明として、故人の文書を改作することが、一の性癖であつたと思ふ」（『前掲書』第五章）と、伝絵作者の覚如に対しては厳しい態度を示しています。

ところが、岡崎中納言範光の仲介を史実と認める説もあります。平雅行氏（『歴史のなかに見る親鸞』102―104頁）によると、藤原範光は後鳥羽院の信任が篤く（死亡時点で越後・丹後の知行国司）、越後国の知行国主だったのは承元元年（1207）十二月までさかのぼり、出家後も知行国主に任じられ、越後の流罪人を監督する最高責任者だったそうです。親鸞の奏状を取り次いでも不自然ではなく、法然の信者でもあったので、親鸞に好意的に接したと考えられるわけです。

平説では、法然の赦免については藤原光親が、親鸞については藤原範光が、同時期に院宣を取り次いだことになります。しかし、後鳥羽上皇の大赦によって、建暦元年（1211）十一月のほぼ同じ頃に法然、親鸞らが赦免されているらしいことから、別人が院宣を奉じたとは考えにくいわけです。

## 親鸞はなぜ処刑されたのか

承久の法難には不可解な点があります。それは、親鸞をふくめて処刑された門侶に幹部が少ないことです。教団の弾圧を目的にするならば、高級幹部を集中的に取り締まった方が効果的です。死罪は四人、流罪は法然をふくめて八人ですが、重要門弟の信空、源智は処刑されていませんでした。平松令三氏（『聖典セミナー「親鸞聖人絵伝」』本章第九段【補説】）によれば、『七箇条起請文』（『真宗史料集成』第一巻所収）に署名した門侶（法然を除けば百八十九人）のうち、流罪の証空が四人目であるのが目立つぐらいで、幹部は少なく、親鸞は八十七人目にすぎません。処刑を免れた信空は筆頭、源智は五番目に署名しています。要するに、重要門弟から処刑されたとはいえないわけです。信空、源智は上級門弟であっても、名門出身の目立たない存在だったようです。

それでは何か処罰に一貫した原則があったのでしょうか。

今日、有力な説として、法然教団の内部に信仰上の違いがあって、教団内の地位にかかわらず、過激な思想傾向の目立つ者が処刑対象になったことがあげられます。旧仏教側が忌み嫌う「一念義」の過激派が標的とされたという説です。なお、四番目の証空、十五番目の幸西は流罪とされたものの、慈円預かりとなって、京都にとどまりました。証空は「信」に基づく念仏を重視する点で一念義に近いのですが、行空らの過激な一念義とは隔たりがあるとされます（重松明久『日本浄土教成立過程の研究』第三編第三の四）。貴族上流階級の帰依を得ていたことから、処罰を免れるのに有利な立場にありました。また、法然没後、専修念仏の立場を後退させて天台宗の立場に接近した、と田村圓澄氏（『法然』十、人物叢書新装版）が指摘します。

幸西は一念義ではあっても、極めて穏健であったとされます（山田文昭『前掲書』第二編本論一第六章）。しかし、再度にわたり（建永二年、嘉禄三年）流罪処分をうけたのは一念義をつらぬいたからでしょう（建永二年では慈円が預かりました）。南北朝期には幸西の門流はほとんど消滅したそうです。

親鸞はどちらかといえば一念義系の聖として目立っていたのでしょうか。妻帯していたとすれば、「偏執」の破戒僧とみなされていたのでしょうか。しかし、そうと断定できる根拠はとくにありません。

流罪処分について法然教団そのものをつぶす目的の弾圧ではなく、「諸行往生」を否定し、悪事を犯しても往生できるという「造悪無礙《ぞうあくむげ》」をふりかざす一念義系の門弟がとくに旧仏教側ににらまれたのではないかとする見方があります。とくに、増悪無礙の傾向を帯びている行空系統の一念義がにらまれたと指摘されます（山田文昭『前掲書』243頁）。弾圧の具体的な動きは、元久二年、興福寺が中心になって『興福寺奏状』と呼ばれる専修念仏を禁止する訴状を朝廷に出すことによって、始まりました。朝廷は処分に慎重でしたが、「密通事件」が事態を急展開させました。後鳥羽上皇は死罪・流罪の断を下し、親鸞も連座しました。

死罪については、四人のうち住蓮、安楽は「密通事件」の当事者とされます。安楽については、一念義の過激派としても旧仏教側に早くからにらまれていました。残りの二人は善綽房西意《さいい》と性願房《しょうがんぼう》です。彼らがなぜ死罪に処せられたのかは不明ですが、「密通事件」に係わった可能性はあるでしょう。この死罪決定は後鳥羽上皇の私憤によるものと考えられています。平松氏（『前掲書』187頁）は、流刑の八人についても「密通事件」となんらかの係わりがあって、上皇の怒りを買って流罪に処せられた、と推測します。親鸞も住蓮らが六時礼讃の法会をひらいたときに列席したことがあったのでしょうか。親鸞は比叡山時代には不断念仏を修する堂僧でしたが、不断念仏は貴族の追善供養のために山外の寺院の阿弥陀堂で三日または七日間行われる場合もありました。吉水時代にも、本場仕込みの美声を買われて、上流階級の法会に列席する機会をもったとしてもおかしくないでしょう。

『拾遺古徳伝』（第七巻第四段）に、親鸞も死罪にされるはずとの風聞が流れたものの、先の中納言親経《ちかつね》が同族のよしみで除名を申し出たので、減一等されて流罪になった、と書かれています。しかし、この記事について、作者の覚如が聖人を持ち上げる意図で書いたとも考えられます。聖人の知徳並外れた人物であるとの高い評判を減刑の理由に挙げ、聖人を褒めたたえているからです。話が出来過ぎているきらいがあります。十八世紀末葉に本願寺派碩学の玄智が書いた『非正統伝』（『真宗史料集成』第七巻、396―397頁）では、住蓮らは別罪（スキャンダル）があって死刑になったのだが、聖人は師の法然に連座して流罪に処せられたのだから、流刑の師よりも重い死刑を聖人だけが猶予されたという『拾遺古徳伝』の記述は疑わしいとします。

平松氏（『前掲書』190頁）は、旧仏教側の宗教攻撃を後鳥羽上皇が利用して、私憤による死刑を「旧仏教側の要求を受け入れた、という形にすり替えた」と、します。承元の法難は朝廷側の私憤と旧仏教側の宗教弾圧の二つがからみあっているようです。親鸞聖人にしてみれば身に覚えのない罪科で流刑に処せられたという意識があって、「罪の内容をかえりみられず、みだりに死罪に処せられ、また僧の身分を奪われて俗人の姓名をつけられ、遠流に処せられたりした。私もその一人である」（大意）と憤慨するのも無理からぬことです。死刑は云うに及ばず、流罪にしても当時は重罪で、親鸞には納得のできる処分とは思えなかったはずです。平松氏（『前掲書』186頁）は、ふつうは僧籍剥奪程度ですみそうな事案だったとします。

なお、妻帯が理由で親鸞が処刑されたとする説は中澤見明氏などが唱えています――「聖人が或る婦人を妻としてその子まであつたと云ふ事が罪科となつた」（『前掲書』105頁）。しかし、今日では妻帯説ほとんど取り上げられません。当時は、聖（私度僧）は言うに及ばず、官僧の妻帯もめずらしくなかったからです。

### 越後国府《えちごこくぶ》の生活

流罪に処せられた親鸞は越後のどこに居を定めたのでしょうか。『拾遺古徳伝』（第七巻第一段）に流罪八人の配所が書かれています。善信房親鸞の配所は「越後国國府《エチコノクニコクフ》」で、上越市あたりではないかといわれています。江戸時代中期の『正統伝』（巻之四、三十五歳の条）には「配所、北陸道越後国頸城《クヒキノ》郡国府《コフ》、御年三十五歳」とあり、頸城郡国分寺の配所に住み、翌年に国分寺の東南、平岡というところに居住し、あわせて五年を過ごしたとされます。しかし、居住地については伝承にとどまります。

親鸞が越後でどのような生活を送っていたかについても、直接的な史料は皆無です。わずかな間接的な史料を利用して、越後時代の親鸞像を構築しなければなりません。江戸時代の巡拝案内本『遺徳法輪集』（宝永八年〔1711〕刊）巻二には、比叡山時代から聖人に随行したとされる西仏《さいぶつ》が聖人の行実をつぶさに記録したのを覚如が手に入れた、という伝承がみられます（信濃国埴科郡鹽崎白鳥康樂寺の項）。しかし、こうした記録収集についても、史実であるかどうか不明で、伝承の域を出ません。

まず、恵信尼書簡（弘長三年二月十日付、『注釈版聖典』第三通）によれば、親鸞と恵信尼のあいだに栗沢信蓮房明信が承元五年（1211）三月三日に生まれていることから、栗沢は親鸞の越後時代に生まれ、おそくてもその前年には二人は結婚していたことになります。また、系図にのせられている親鸞の子女七人のうち、栗沢、益方、小黒女房、高野禅尼は住所に由来する名前と推測できます。国府の東南に山寺薬師（中頸城郡板倉町）があり、その近くに「栗沢」「ますかた」「高野」という地名がみられるそうです（松野純孝『親鸞―その生涯と思想の展開過程』第八章第二節）。小黒女房も地名に由来する名前です。そのことからも、親鸞およびその家族が住んでいた地域の見当がつきそうです。

栗沢信蓮房が「のづみと申す山寺に不断念仏はじめ候はんずるに（以下略―引用者）」（大意＝のづみ〔野積？〕というやまてら〔山寺〕で不断念仏を始めたのですが…）という恵心尼書簡（三月十二日付、『注釈版聖典』第八通）から、信蓮房が不断念仏を行った場所については、三島郡寺泊町大字野積の西生寺《さいしょうじ》もしくは頸城《くびきの》郡国府に近い山寺薬師が候補地ですが、どちらもかつては天台宗に属していたそうです。松野純孝氏（『前掲書』第四章第二節、第三節）

は、親鸞が越後に流される前から越中を中心とする北陸道方面にも専修念仏の教えがひろがり、また天台系の「不断念仏」が当時これらの寺で行われていた、と推定します。さらに、寺泊の西生寺には親鸞が立ち寄った伝承があって、親鸞が不断念仏の伝道活動を一箇所に限定されずに行っていたらしい、とも推測します。

『親鸞聖人門侶交名牒《きょうみょうちょう》』(三河妙源寺本)には、越後国の門侶として覚禅一人があげられていますが、松野氏(『前掲書』187頁)は、交名牒にのっている門弟は代表者で、その周囲に相当数の門弟がいたとし、山寺薬師を中心とする地帯が「初期真宗教団発祥の地」であった、と考えます。なお、流罪が決まる直前に親鸞の伯父・日野宗業が越後権介に任じられています。平松令三氏(『親鸞』155頁)によれば、満四年近く在任しています。どの程度の便宜がはかられたのかは知られていませんが、一定範囲内で伝道活動が許されていたのでしょうか。流罪中、親鸞がそれほど厳しい管理下に置かれていなかったのではないかと指摘されています(平雅行『前掲書』99頁)。

五来重氏(『前掲書』第四章)は、越後に流されてからは、念仏の詠唱に長けていたことで、まだ信者をもたなかった親鸞が生きる道を得たとも考えます。「親鸞の越後での生活は、比叡山で常行堂不断念仏の堂僧(念仏合唱僧)をつとめた能力を生かしながら、唱導や勧進で村々を巡ったり、山伏とともに妙高山に登って頂上の阿弥陀如来(善光寺三尊)に参詣したりしたであろう」(425頁)と、妙高山の修験道的念仏と善光寺信仰を背景に生活していたと五来氏は推測します。やがて、善光寺不断念仏衆の先達として招かれたらしいことから、これが「親鸞一家の職業もしくは特技であったろう」(428頁)と、主張します。信蓮房の「やまてら」での不断念仏がこれで説明できることになるのだそうです。

なお、『絵伝撮要』には、越後の国府で念仏を勧化したことで、信濃の戸隠権現や箱根権現なども聖人に恭順した、と書かれています。山岳宗教との習合については、下巻第四段「箱根霊告」と第五段「熊野霊告」で扱いますが、下巻第三段「弁円済度」でも山岳修験道と念仏の関係が問題となります。

## 康永本で「法然の出立」が描かれるのはなぜか

覚如は「師資遷謫」を「伝絵」の核心部分と考えたのでしょう。この段は、「出家学道」段以上に、かなり多くの場面から成ります。全体の流れをとらえるには、札銘があると便利ですが、「伝絵」にはありません。ただし、高田専修寺本には註記が書かれているので、それを見ると各部分の内容がわかりやすくなります。「禁裏のありさま也」「聖人流罪のために、公卿僉議緈訖《コトオハリ》て、貫首検非違使に召仰ところ也」「御送の武士等也」「鸞聖人配所にをもむきたまふところ也」「越後国府に御下著の御庵室也」の順序になっています。

高田専修寺本では、「師資遷謫」段に後続するのは、「国分寺也」「下野国むろのやしまのありさまなり」「国府の社也」「笠間の御房のありさまなり」の場面です。「国分寺」は下野国分寺とされます。これらは下巻第二段「稲田興法」に属しますが、先行すべき第二段の詞書がこれらの場面の後に置かれています。この配置は変則的です。赤松俊秀氏（「西本願寺本親鸞傳繪について」『鎌倉仏教の研究』、『親鸞』１５２頁）は、覚如が初稿本を完成させた後で、第二段の詞書の脱落に気付いて追加したが、その際に誤って第二段の絵の後に配置した、とします。西本願寺本にも追加の痕跡がみられます。しかし、西本願寺本の第二段「稲田興法」の詞書は「聖人御送」と「国分寺・室の八嶋」に挟まれていて、配置は正常です。

同じ初稿本系の「伝絵」であっても、高田専修寺本と西本願寺本にはこの段に関して大きな違いがひとつみられます。高田専修寺本の「越後国府庵室」場面では、「聖人」と注記され、帽子《もうす》をしている僧が描かれているのですが、西本願寺本では「聖人御送」場面の左端に無人の庵が目立たずに描かれています。無人ということは、主となるべき聖人が移送される際中で、まだ到着していないことを示す絵相でしょう。西本願寺本では、狭い空間に無人の庵が描かれています。しかも、庵の後部は省かれています。これに対して、高田専修寺本は聖人の越後帰着に重点を置いているようです。庵も裏庭をふくめて全体が描かれています。

康永本では、庵はまったく描かれず、無視された形になっています。ところが、康永本独自の場面が二つ加えられています。ひとつは「法然の出立」場面、もうひとつは「聖人の出立」の前半場面です。「聖人の出立」については、輿が屋敷から出ようとする前半場面と、輿が門を出て配所に向かう後半場面から成り、「聖人の出立」場面が「法然の出立」場面よりも広い画面を占めます。

乗る輿は同じランクのもののようにみえます。流罪人が乗る輿としては立派すぎますが、聖人を飾りたてる常套手段で、「伝絵」の第一段にも華美な御所車がみられます。聖人の輿に随行するかのような旅装の僧の一行も描かれています。三人のうち、中央の僧が頭陀袋らしきものを背負っていると指摘されます（澁澤敬三・神奈川大学日本常民文化研究所〔編〕「親鸞聖人絵伝」『新版　絵巻物による日本常民生活絵引』第四巻、24頁）。托鉢をしながら旅をしたことを想わせるのだそうです。近世に本願寺などから下付された四幅絵伝では、聖人の愛弟であった蓮位や西仏のつもりで描いたものもあります（沙加戸弘『親鸞聖人 御絵伝を読み解く』14頁）。

『二十四輩次第記』（延宝九年〔1681〕以前の成立）や『遺徳法輪集』（巻五之上）などには、聖人の常随門弟として性信が越後国府までお供したと書かれています。性信の生涯は、法然門下時代に親鸞の弟子になり、越後から関東に随行、親鸞帰洛の際に関東の布教を命じられているなど、その前半生が西仏とかなり似ています。史実とは確認できません。

近世末に成立した『白鳥伝鎌倉記』（第四巻）によると、屈強の西仏（大夫坊覚明と称す）が護衛役として聖人に随行し、京都粟田口から越後に向かったそうです。性信も付添い、やっとの思いで越後国府についたものの、ひどい田舎であることに聖人は落胆しました。両人はなんとか聖人を勇気づけようとして、西仏は托鉢をして糧を求め、性信は山に登って薪を集め、里に下りて芹を摘んだとのことですが、これも、近世の創作でしょう。

なお、すでにふれたように、西仏の生涯については、『遺徳法輪集』（巻第二）の信濃国埴科郡鹽崎白鳥康樂寺の項にみられます。信州上田の名家の出身で、出家して興福寺に住み、それから比叡山にのぼって慈円の門下に入り、浄寛と呼ばれました。比叡では親鸞に感服し、吉水に親鸞とともに投じ、西仏と改名し、流罪のときにも、帰洛のときにも、片時も聖人から離れず仕えましたが、専修念仏の教えを弘めるために本国に帰れと命じられ、文暦元年に京都を去って信州に康樂寺を建てました。師恩に報じるつもりで、師の生涯のことどもをこまかく記録し、後継の浄賀に譲り、八十五歳で死亡。淨賀はそれを覚如に渡し、喜んだ覚如は淨賀を召し連れて北陸関東方面の御旧跡を巡見し、浄賀の絵と自身の詞書で「御伝絵」を制作した、とのことです。

「伝絵」の初稿本が、康永本の根本奥書にあるように、「画工　法眼浄賀　号康樂寺」の手で画かれたのは異論がないようですが、長野県の康樂寺ではなく、京都東山の康樂寺であろうとの説が有力とのことです。そうとすれば、上記の西仏、浄賀の記事はますますあてにならないことになります。

話は横道にそれましたが、「師資遷謫」の絵相に戻すと、法然が出立する門構は親鸞よりもはるかに格が高いようです。なお、『拾遺古徳伝』（第七巻第二段）の法然出立場面の右側部分は「伝絵」と酷似します。平松令三氏（『聖典セミナー「親鸞聖人絵伝」』182―183頁）によれば、『拾遺古徳伝』が好評であったことから、この場面が康永本に加えられたらしいとのことです。しかし、別の理由も考えられます。それについては、この節の末尾で述べます。

弘願本では、越後の庵で武士らしい人物と聖人が対話している場面が描かれています。「法然の出立」がないことからも、高田専修寺本と類似します。照願寺本、仏光寺本にはこの庵は描かれていません。照願寺本は康永本と同じく「法然の出立」と「聖人の出立」場面をふくみます。天満定専坊本には下巻が欠けています。

初稿本系伝絵と康永本系伝絵の違いが「絵伝」の三幅本にも反映しています。三河三幅本の妙源寺本、如意寺本、願照寺本は有力門徒であった高田門侶の寺が所蔵した絵伝で、高田専修寺本伝絵に準拠する初稿本系絵伝です。三本とも、第二幅第一段から第五段に「師資遷謫」が配当され、「聖人配所」が最後に描かれています。「法然の出立」はありません。

一幅本は光照寺本だけです。第四段に「罪科議定所」と「配流越後国所」の札銘がみられます。ほかの絵伝よりも簡略化されています。聖人の出立に門弟が泣いている絵相が独特とされます（口絵18）。二幅本の上宮寺本は損傷が著しく、この段については判読困難です。

四幅本の多くは康永本に準拠します。高田派の専修寺本絵伝は高田派の「伝絵」と同じく、「師資遷謫」は第三幅第一段の「越後国府」で終わります。庵内にすわっている聖人に外から一人の俗人が挨拶しているようです。高田専修寺本伝絵と絵相が酷似します。ただし、「伝絵」にはない「法然の出立」場面が加えられています。康永本の影響でしょうか。

仏光寺派の慈光寺本絵伝では「法然の出立」はありません。「聖人の出立」は二場面です。仏光寺本伝絵では、丘陵地帯を輿に乗って移動する聖人と随行する一行が描かれています。三人の門弟とみなされる僧侶が先行し、輿のうしろには黒傘を持つ従者もみえます。この黒傘は「稲田興法」段の「室の八島」の場面にもみられます。仏光寺本伝絵は全体に華美です。

六幅の万福寺本絵伝は初稿本系ですが、特異な場面が描かれています。第三幅の第二段に「越後府」の札銘があって、聖人が武士などと対面する場面はほかの絵伝にはみられないものです。対面所は国府の庁舎とされます。また、第三段右の「御庵室」には、縁側で尼僧が帽子《もうす》をした聖人らしき人物に給仕している場面が描かれています。聖人が配所の越後庵室に落ち着き、高弟数人が付き添っているようにみえます（口絵19）。尼僧は玉日姫のつもりで描かれたのでしょうか。

八幅の西本願寺本では、第五幅から第六幅第一段までが「師資遷謫」に当たります。康永本に準じ、法然と親鸞の出立場面にそれぞれ各一段が当てられ、法然は輿に乗り込むところで、聖人は輿の中でしょう。「越後庵室」はありません。

「越後庵室」があるのは初稿本系です。ただし、西本願寺本伝絵では無人の庵が描かれています。また、「法然の出立」があるのが康永本系といえるでしょう。両方が描かれる「伝絵・絵伝」は、専修寺本絵伝（十七世紀後半）を除き、ありません。おそらく、覚如は真宗の信仰が法然に発する三代伝持のものであることを強調したかったので、「法然の出立」場面を康永本に加えたのでしょう。

三代伝持を覚如が主張し始めたのは、「伝絵」の初稿本（永仁3年〔1295〕）および『拾遺古徳伝』（正安三年〔1301〕）がつくられてから約三〇年後です。『口伝鈔』（元弘元年〔1331〕）や『改邪鈔』（延元二年〔1337〕）を覚如が口授したころです。康永本はこれよりさらに十年後につくられたので、時間的には、三代伝持の血脈《けちみゃく》を象徴する「法然の出立」を康永本に追加しても、不自然ではありません。

**もうひとつの詞書…越後では不断念仏にはげんだのか**

法然師弟が処刑されたことには、二つの原因があげられます。一念義の過激な信仰を旧仏教側が危険視したことと、いわゆる「密通事件」への後鳥羽上皇の怒りです。死罪は後者が原因です。親鸞の流罪については、一念義系の聖とみなされたからとも考えられます。ただし、親鸞が「密通事件」に間接的にかかわった可能性も否定できないでしょう。住蓮房・安楽房は別時念仏の法要で後鳥羽上皇の女房の出家を促したことで、上皇の怒りを買ったのですが、たとえ末席であったとしても、親鸞もこうした法要に加わったかもしれません。親鸞は比叡山時代には不断念仏を修する堂僧でした。不断念仏は貴族の追善供養のために山外の寺院の阿弥陀堂で三日または七日間行われる場合もありました。吉水時代にも、本場仕込みの美声を買われて、上流階級の法会に列席する機会をもったとしてもおかしくないでしょう。なお、妻帯がとがめられて流罪に処せられたという説は今日では旗色がきわめて悪いようです。

流罪に処せられてからは、「愚禿」と称したということですが、「禿《かむろ》」とは髻《もとどり》を切り落しただけの「ざんばら髪」で、僧籍が剥奪されて、「俗にもあらず僧にもあらず」の髪をあらわしたものとされます。「愚禿」は、親鸞が考えついた呼称ではなく、当時の浄土教信奉者にみられる呼称だったそうです。朝廷に「禿」を冠して奏上したという部分について、赦免を感謝する奏状であるのか、勅免を要請する奏上であるのか、見方が分かれています。どちらにしても、『教行信証』の「化身土巻」で激しく朝廷を非難していることとの整合性が問題です。「愚禿」は謙譲の意味がそれほど込められていない「添え名」かもしれませんが、詞書の作者である覚如には、「愚禿」を強調することで、聖人の謙虚さを賞賛する意図があったように思われます。

なお、覚如は「伝絵」で「岡崎中納言範光卿」と書いたのが誤りであることに後で気付き、その失態を取りつくろうために、『拾遺古徳伝』では「院宣ハ権中納言藤原ノ光親ノ卿」に続き「アルヒハ岡崎ノ中納言範光ノ卿」という異説をわざわざ注記したのではないか、と中澤見明氏は指摘します。中澤氏は伝記作者としての覚如を信用していません。

親鸞の越後での生活については直接の史料はありません。推測するしかありません。比叡山で常行堂不断念仏の堂僧をつとめた経歴を生かしながら、「唱導や勧進で村々を巡ったり、山伏とともに妙高山に登って頂上の阿弥陀如来（善光寺三尊）に参詣したりしたであろう」（『善光寺まいり』『著作集』第二巻所収）と、妙高山の修験道的念仏と善光寺信仰を背景に生活していたと五来重氏は推測します。

ただし、小柳義男氏（「妙高山の山岳信仰」『山岳信仰と考古学』山の考古学研究会〔編〕所収）によれば、三尊阿弥陀如来は養和三年（1181）に木曽義仲により妙高山頂に安置されたという伝説があるそうですが、現在、関山神社境内の妙高堂に置かれている中尊の阿弥陀如来像は鎌倉時代後期の作らしいとのこと。親鸞が妙高山頂に参詣したというのは疑問です。

それはさておき、五来重氏（前掲書）によれば、赦免後、建暦二年と建保元年の二年間（1212―3）、親鸞は信濃にとどまり、善光寺の不断念仏衆に加わったと推測されます。常行堂または金堂の不断念仏衆に、鎌倉初期（『吾妻鏡』弘長三年〔1263〕三月十七日の条）、北条時頼が水田を寄進したという記録があり、延応元年（1239）では不断念仏衆の定員は十二人だったそうです。親鸞は本場仕込みの美声を買われ、不断念仏衆を勤めただけでなく、仏前立花の仕事もしたらしいことから、「親鸞松」の由来を五来氏は説明します（本書第十章でふれます）。都合がよいことに、善光寺では妻帯を許される半僧半俗の生活ができる身分（堂衆）だったとも推測します。親鸞が不断念仏をしていた影響から、栗沢信蓮房も不断念仏にはげんだと思われます。流罪中であっても、親鸞にはある程度の教化の自由が認められていたとも思われます。『親鸞聖人門侶交名牒《きょうみょうちょう》』（三河妙源寺本）には、越後国の門侶として覚禅一人があげられているだけですが、門弟が他にもいたはずという説もみられます。

絵相について目立つのは、「越後庵室」と「法然の出立場面」です。同じ初稿本系の「伝絵」であっても、高田専修寺本の「越後国府庵室」場面では、「聖人」と注記され、帽子《もうす》をしている僧が描かれているのですが、西本願寺本では「聖人御送」場面の左端に無人の庵が目立たずに描かれています

康永本では、庵はまったく描かれていませんが、康永本独自の場面が二つ加えられています。一つは「法然の出立」場面、もう一つは「聖人の出立」の前半場面です。「聖人の出立」については、輿が屋敷から出ようとする前半場面と、輿が門を出て配所に向かう後半場面から成ります。覚如が「法然の出立」を康永本に追加したのは真宗の信仰が法然に発する三代伝持のものであることを強調したかったからでしょう。「越後庵室」の場面を

省略しても、法然と親鸞の師弟関係が、強制的に切り裂かれるまで、強固に結びついていたことは示したかったのでしょう。

三代伝持を覚如が主張し始めたのは、『口伝鈔』（元弘元年（1331））や『改邪鈔』（延元二年（1337））を口授したころです。康永本はこれよりさらに十年後につくられたので、時間的には、三代伝持の血脈《けちみゃく》を象徴する「法然の出立」を康永本に追加しても、不自然ではありません。

「絵伝」では、高田系の三河三幅本に「越後庵室」が描かれ、「法然の出立」がみられません。高田専修寺本伝絵に準拠してつくられた「絵伝」ということがわかります。

# 第十章　下巻第二段「稲田興法《いなだこうぼう》」（表紙・カバー）

（仏光寺本）聖人、越後国の国府に五年の居諸をへたまひてのち、建暦弐年正月廿一日勅免のあひた、おなしき八月廿一日、京都へかへりのほりたまひてのち、おなしき十月、華洛をいてゝ東関におもむきたまひけり、そのときまつ伊勢大神宮に参詣したまふ、しかうして常陸国に下着したまひて、下間の小島に十年居住したまふ、其後おなしき国笠間郡稲田郷といふところに隠居したまふ）聖人《しょうにん》（親鸞）越後国《えちごのこく》より常陸国《ひたちのこく》に越《こ》えて、笠間郡稲田郷《かさまのこおりいなだのごう》といふところに隠居《いんきょ》したまふ。幽棲《ゆうせい》を占《し》むといへども道俗《どうぞく》あとをたずね、蓬戸《ほうこ》を閉《と》づといへども貴賤《きせん》ちまたにあふる。仏法弘通《ぶっぽうぐずう》の本懐《ほんがい》ここに成就《じょうじゅ》し、衆生利益《しゅじょうりやく》の宿念《しゅくでん》たちまちに満足《まんぞく》す。この時《とき》聖人《しょうにん》仰《おお》せられてのたまはく、「救世菩薩《くせぼさつ》の告命《ごうみょう》を受《う》けしいにしへの夢《ゆめ》、すでにいま符号《ふごう》せり」と。

詞書の概略＝（仏光寺本）親鸞聖人は越後国の国府に五年間住んでから、建暦弐年正月二十一日罪を許されたので、同年八月二十一日、京都に帰り、それから、同年十月、京都を出て関東におもむいた。そのとき、まず伊勢神宮に参詣してから、常陸国に到着し、下妻の小島に十年住んだ。かくして、同国の笠間郡稲田郷というところに隠居した）親鸞聖人は越後国から常陸国を越えて笠間郡の稲田というところにひっそりと居を定めた。隠れ住んだといっても、僧俗を問わずあらゆる人が跡を追い、草屋根の家の戸を閉ざしても、貴人も誰もかれもが里にあふれた。仏法弘通の本懐はここに達成され、衆生を救済しようとする多年の思いはたちまちに充たされた。このとき聖人は、「救世観音菩薩の告命を受けたいにしえの夢がすでに今の有様と符合している」と、仰せられた。

## 勧進聖として越後から関東へ向かったのか

流罪赦免後、親鸞は越後中頸城郡新井から富倉峠を越えて信濃に入り、飯山、善光寺を経て関東方面に向かったといわれます。富倉峠を下った飯山市旭藤ノ木に、宗祖の遺跡「藤ノ木御旧跡」があります。室町時代、この旧跡に蓮如を迎え、ここを中心に信濃の教勢が伸張したとされます（千葉乗隆『中部山村社会の真宗』第五章二）。『正統伝』（巻之四、四十歳の条）によれば、法然の帰洛を知り、上洛をめざすも、雪深く、歩行に難渋するということで、信濃路を選んで四辻という所にさしかかったのが正月下旬。そこで法然入滅の報に接し、やむなく越後に帰るさいに、上州と信州の間に四月中旬まで留まり、教化に励んだとされます。四月下旬、戸隠山に参り、「熊笹の名号」を書き、善光寺の塔頭堂照坊に七日間止宿し、十字名号と「熊笹の名号」を与えた、とあります。

また、『親鸞聖人御旧跡並二十四輩記』巻二（『真宗全書』第六十五巻所収）にも、「聖人が堂照坊に七日逗留し、如来に一夜を通して祈ったおり、松を一本携えて、如来に捧げた。この事例にしたがい、今も前卓の上に松を一本ずつ立て、これを親鸞松と称する」（大意）と、あります。親鸞の善光寺参詣が親鸞松の縁起となった伝承です**（図ロ）**。善光寺信仰との縁が深い高田派は、いまでも、「高田の一本松」を栃木県高田の本寺および三重県一身田の本山で供えています。親鸞の収骨に立ち会った高田派の顕智は遺骨の一部を持ち帰ったのですが、これが収めら

図ロ　長野・善光寺の親鸞松

れている高田専修寺の御廟にも松枝が供えられています（図ハ）。ただし、北信濃での上記の逸話はいずれも史実とは断定できず、伝承の域を出ません。

なお、『正統伝』には、建暦二年八月七日に北陸道を経て上洛し、十月に東海道を帰路にえらび、伊勢神宮に参拝して常陸国に向かった、とあります。仏光寺本伝絵の下巻第二段の冒頭にも、同じ内容の詞書がみられます。伊勢神宮に参拝したというのはどのような意味をもつのでしょうか。

『正統伝』や『絵伝撮要』では、伊勢神宮は天照大神ゆかりの地で、神恩も深く、和光結縁（仏が衆生救済のため威光を和らげて別の姿をして現れた神と縁を結ぶこと）の為に参詣した、と書かれています。さらに、宿の主人が聖人の絶倫の貴相に感じ入り、「昔から名僧高徳が参宮するときには、必ず雨が降る。蓑笠を着て、中に入りたまえ」（大意）と言いました。なお、五来重氏（『著作集』第十一巻、Ⅱ三）によれば、蓑笠は荒魂の浄化と鎮魂のために着せる道具だそうです。その蓑笠を着けるのは異人ということになります。聖人がただの人ではないことを意味します。神官は夢告で聖人の参拝を知っていました。聖人は玉垣を開き、正殿の石坪に入り二時《ふたとき》ほど祈念し、「往生の化導神慮に叶う」（大意）浄土往生の教えは神のおぼしめしでもある）と喜んで、退出した、ということです。

この逸話は正装の翁が権現の霊告を受けたという下巻第四段「箱根霊告」と類似します。『正統伝』が引用している『顕智伝』『下野記』にこの逸話がみられるということです。しかし、これらの伝記は現在の高田専修寺には伝わっていません（山田文昭『前掲書』第二編序説三甲六）。偽作説が有力です。伊勢神宮参拝の逸話は高田派の潤色が濃く、史実とは言い難いでしょう。

蒲池勢至氏（『真宗民俗史論』第五章第四節一）は、蓮如の絵伝に神祇が何度も重要場面で現れることについて、神祇不拝という真宗教義とは別次元で、蓮如が「聖なる人」として捉えられ、法然・親鸞の教えの相承者であることが示されている、と指摘します。このことはそっくり「伝絵」の親鸞にも当てはまります。

図八　栃木・高田専修寺の親鸞墓の松

なお、高田派の近世の伝記本『正統伝』では、親鸞が建暦二年（1212）に帰洛したと述べています。これについて、中澤見明氏

(『史上之親鸞』134—135頁)は、高田派の本山が伊勢に移転したことから、聖人の関与をほのめかすために、伊勢神宮参拝を案出したのではないか、と考えます。ただし、三重県一身田に専修寺が建立されたのは高田派の真慧(1434—1512)の時代です。また、この段の冒頭にあるように、仏光寺本詞書が建暦二年(1212)の親鸞帰洛を取りあげているのが注目されます。本書序章で、津田徹英氏(佛光寺本『善信聖人親鸞伝絵』の制作時期をめぐって」『美術研究』第四百八号)の提唱する、仏光寺本の伊勢参宮伝説と阿佐布門徒に伝えられた伝承との関連性については、すでにふれました。

建暦二年の帰洛説は捏造ですが、了源の建立した京都山科の仏光寺と結び付く可能性があります。仏光寺本詞書が成立したのが延文五年(1360)をややさかのぼる南北朝期の十四世紀中葉であるとの研究成果が報告されています(津田徹英「前掲論文」)。京都山科に興正寺(後に「仏光寺」と改称)を建立する勧進は元応二年(1320)に了源によって行われています。仏光寺本伝絵が成立する以前に仏光寺がすでに建立されていたようです。親鸞が帰洛したという詞書は、親鸞との関係をほのめかすことで、すでに建立されていた仏光寺を飾りたてる意図で書かれたのでしょうか。なお、仏光寺本伝絵には「仏光寺建立」の場面は描かれていませんが、十八世紀初頭に下付された仏光寺系の慈光寺本絵伝の第三幅では「仏光寺建立」が描かれています。

『正統伝』には、建暦二年(1212)九月に聖人が山科に一寺を草創したとあります。興正寺の由来です。高田門流荒木門徒の源海が聖人に懇請して建立してもらった、と書かれています。源海は、聖人が二十五歳で比叡山西塔の聖光院門跡に就いた時から、門下に加わった古参ということで、落慶の際には源海に任せて、聖人は関東に下向したとのことです。数年後、源海が寺号を聖人に願い、聖人は真仏を京都に遣わして、興正寺という勅号がさずけられたそうです。これによって、興正寺の開基は親鸞で、〈真仏—源海〉が法灯を継承したと主張します。以上は『顕智伝』によるとのことで、顕智が聖人在世中にじかに見聞したことなので、間違いはない、と強弁します。

ところが、空性房了源が元応二年（１３２０）に覚如の門下に入ってから、覚如の長男・存覚の指導をうけ、山科に興正寺を建立したことは『存覚一期記』の元応二年の三十一歳の条および元亨三年（１３２３）の三十四歳の条に、興正寺から仏光寺へ改名されたことは元徳二年（１３３０）の四十一歳の条に、明示されています。

高田派の基礎を築いた真仏および高田門徒の流れをくむ源海らを真宗の本流に位置づけようとする意図が「親鸞建立伝承」には濃厚です。真仏・源海が親鸞と特別に懇意であることをことさら印象づけるために作話されたと思われます。親鸞が帰洛して興正寺建立に関与したというのは、史実に反しますが、親鸞の教えを正当に継承しているのは高田派であるという立場から、『正統伝』が「親鸞建立伝承」を主張したと思われます。

## 最初から目的地を定めて関東に向かったのか

親鸞がなぜ京都に帰らず関東に向かったのかについて、諸説がみられます。赤松俊秀氏（「越後・関東時代の親鸞について」『続鎌倉仏教の研究』）は、『教行信証』を執筆する資料に宋版大蔵経を用いる必要があったから、と考えます。常陸国笠間の領主・笠間《かさま》時朝《ときとも》（１２０４―１２６５）は建長七年（１２５５）に一切経を鹿島社に奉納しています。それは親鸞が帰洛して以後のことですが、それ以前に稲田の姫社あたりに一切経を寄進していたこともありうるとします。赤松氏は論文追記（昭和四十年十月十九日）に「親鸞が稲田に滞在した当時、宇都宮では一切経会が盛大に行なわれていたことが知られる。親鸞が一切経を求めて稲田に移住したことはますます有力になった」と、記しました。しかし、平松令三氏（『親鸞』１８８頁）によれば、宇都宮家の一切経会を載せている「宇都宮家式条」が弘安六年（１２８３）のものであることから、親鸞が鎌倉で一切経校合を行ったとされる文暦二年（１２３５）と五十年近くの差があるという難点が赤松説にはみられます。よって、関東に来た建保二年（1214）の七十年ほども後のことになり、一切経の閲覧を期待して親鸞が関東に向かったという説は成立し難いことになります。以上のように、笠間時朝、鹿島社、宇都宮氏が一切経を所持していたとしても、年代的に親鸞がこれを利用して『教行信証』の執筆に取り掛かった可能性はかなり低いことになるでしょう。ただし、帰洛が近づいた時期に、『教行信証』を完成させるために、鎌倉に滞在した可能性はあるのかもしれません。

なお、今井雅晴氏（「鹿島門徒の研究」『親鸞と東国門徒』）は、親鸞が鹿島社へ一切経閲覧に出かけたことは史実としては確かめられず、さらに、親鸞の鹿島神宮参詣を説く多くの話はすべて伝承の域を出ない、とします。ただし、仏光寺本伝絵では、本書次章で扱う「弁円済度」段の末尾に、鹿島大神宮に参詣したという詞書がみられますが、絵には描かれていません。のちに、慈光寺本絵伝（仏光寺系）に鹿島神宮の光景が採り入れられました。また、上宮寺二幅本の第二幅中段の左にも、鹿島神宮と霞ヶ浦らしき絵が描かれています。上宮寺本の製作は室町時代初期にまでさかのぼります。

法然滅後の教団が顕密色を強めたことに親鸞が失望したことも帰洛しなかった理由の一つとしてあげられますが、平松氏（『親鸞の生涯と思想』第二部三2）が重視するのはむしろ五来重氏の説く「善光寺勧進聖説」で、これを最有力とします。「善光寺勧進聖に加わった親鸞が関東へ向かったのは、親鸞が自分の意志で関東を選びそちらを目指したのではなく、たまたま善光寺信仰が関東地方に流布しており、勧進聖たちが関東を目指したからそれにつられて関東へ入ったということだろう」と、します。また、「流罪の赦免を得て関東へ入るとき、善光寺へ参詣したはずだし、そのときから善光寺の勧進聖となったはずである」とも主張します。流罪の五年間ですでに善光寺信仰になじみ、勧進聖として活動していたとする五来氏の説とはすこし差異がみられますが、善光寺聖の集団に加わって関東に向かったとするのは同じです。勧進聖説については本書第八章でもふれました。

勧進聖の集団とともに移動したとしても、妻子を連れた身でやみくもに流浪するわけにはいかないでしょう。

恵信尼書簡（『注釈版聖典』第一通）には、「常陸の下妻という所で、さかい（坂井？）の郷という所にいたとき…」（大意）と、常陸国の下妻あたりに居を定めたと書かれていますが、それにはそれなりの理由があったはずで、偶然通りがかったのではないと思われます。中澤見明氏（『前掲書』139頁）は、「越後出立の最初から常陸に到着すべき目的地があつたのではあるまいか」と、します。越後を出て、途中、最短距離で五箇国を通過して常陸に向かったのは、諸国巡化が目的の旅ではなかったからと考えます。五箇国というのは信濃北部、上野吾妻郡、武蔵北端、下総猿島《さしま》・結城《ゆうき》、常陸笠間稲田地方です。

中澤見明氏（『真宗源流史論』第一章）は、妻と何人かの子どもを連れて常陸に向かったのは、「念佛弘通教化のためではなく、家族の生活卽ち家庭の經濟問題のために移住することになつたと思われる」と、します。恵信尼が越後の国府ちかくに所領をもっていたことは、晩年のものですが、書簡から判明しています。恵信尼の父親が治承元年（1177）頃に越後介に任じられた三善為則《みよしためのり》であるらしいことは『日野一流系図』（実悟撰）にも記されています（平雅行氏『前掲書』〔116頁〕によれば、為則は翌年に解任されたとのことです）。

その系図によれば恵信尼は六人の子どもの母で、栗沢信蓮房は下から四人目です。栗沢の姉として小黒女房、兄に善鸞があげられています（長男の範意については異母兄弟であることなどから無視します）。親鸞は三人の幼児と妻を旅先で養わなければならなかったのでしょうか。たとえわずかであったとしても、下人を使役する所領を管理していたはずです。縁者がいたはずの越後を出て、はるばると常陸下妻方面に向かったのはなぜでしょうか。謎というほかはありません。何か切羽詰まった事情に駆り立てられたのでしょう。『教行信証』を書く資料を求めて稲田を訪れたとする説もあります（赤松俊秀『親鸞』154頁）。しかし、赤松説にも不具合があり、説得力に欠けます。なお、親鸞が恵信尼と結婚したのは京都か、それとも流罪地の越後か、諸説が入り乱れ、定説はありません。

たしかに、関東方面で善光寺信仰がさかんに説かれていたことも縁になるでしょうが、誰か縁者が常陸国下妻あたりにいて、それを当てにして向かったとも考えられます。平松令三氏（『親鸞』１７３―１７４頁）は、常陸国南部を支配した守護の八田氏に注目します。初代の八田知家《ともいえ》は法号を新善光寺殿といい、善光寺信仰に篤く、その支配地には善光寺系の寺院がいまでも数ヶ寺あるそうです。その知家の庇護によって定住した可能性を平松氏は指摘します。それを直接に証拠立てる史料はありませんが、善光寺信仰に篤い在地領主の援助を当てにして、関東方面に移動した可能性は排除できないでしょう。

聖人の一行が善光寺を出てからたどった経路は、碓氷峠を越え、上野国（群馬県）の吾妻郡に出て、高崎あたりを経て板倉町佐貫に至ったのか、あるいは善光寺に参拝してから笛吹峠を越えて松井田に至る経路をとったように推測できます。前者は中澤見明氏（『史上之親鸞』１３９頁）、後者は『親鸞聖人御旧跡並二十四輩記』（巻三、智明房旧跡の項）によります。建保二年（１２１４）、佐貫でしばらく滞在したようです。上野国佐貫で浄土三部経を衆生済度のために読誦したものの、数日で止めたことは、すでに本書第八章（「**親鸞は善光寺聖だったのか**」）でふれました。

聖人が三部経読誦に取り組んだ「佐貫」の地には真言宗宝福寺があります（群馬県邑楽郡板倉町）。ここで鎌倉末期制作の性信の座像が発見されています。性信は下総を中心に展開する横曽根門徒の代表人物で、親鸞の信頼が篤い初期真宗の重鎮でした。赤松俊秀氏（『前掲書』１５１頁）は、早くから佐貫庄の板倉に横曽根門徒の道場がつくられ、この道場が宝福寺の前身だったとします。小山正文氏（「初期真宗門侶の一考察」『親鸞と真宗絵伝』）は、性信は真宗門侶に加わる以前には真言宗の僧侶であった可能性を指摘します。性信と横曽根門徒が真言密教の影響をうけていたらしいことは今井雅晴氏によっても指摘されています（「親鸞とその子孫」『親鸞と浄土真宗』、「横曾根門徒の研究」『親鸞と東国門徒』）。

宮崎円遵氏（「親鸞聖人と関東の門弟―聖人の在関時代を中心として―」『宮崎圓遵著作集』第二巻）は、「聖人夫妻を佐貫に御案内したのが性信か、佐貫への行路のお供をしたのが性信か、ともかく聖人に佐貫と因縁をつけたものこそ性信であろうと思います」と、推測します。性信宛の親鸞書簡（『親鸞聖人血脈文集《けちみゃくもんじゅう》』富山県専琳寺所蔵、『注釈版聖典』第二九通に対応）の末尾（『原典版聖典―校異』３０５頁）に、法然から親鸞に相伝された本尊（法然の真影）が性信に譲られたとする内容が、加えられています。ただし、この追加部分を性信門下による捏造とする見方もあります（中澤見明『真宗源流史論』第十章）。なお、宮崎氏は、文永九年（１２７２）に宝福寺には阿弥陀仏と太子像が安置されていたという記録がある、とも指摘します。宗祖没後十年のことです。寺には太子堂が現存するそうです。

佐貫あたりで勧進聖の集団から離れて下野国（栃木県）へ向かったのでしょうか。性信がこのあたりを案内したのでしょうか。『正統伝』『正明伝』には、親鸞を常陸国下妻へ案内するために性信が越後まで迎えに来た、と書かれています。下妻へ向かう途中で、下野国の都賀郡総社村の「室八島《むろのやしま》」（万福寺本絵伝では「無漏八嶋《むろのやしま》」）を通過したものと考えられます。常陸国は下妻に居を構えました。

高田専修寺本伝絵では、右場面には「国分寺也」、左場面には「下野国むろのやしまのありさまなり」と、注記されています。「国分寺」は下野国分寺とされます。親鸞と従者と思われる者が四人ほど景勝地「室八島」を行く様子が描かれています。一人は笈《おい》を背負っています。性信とする「絵伝」もあります。一光三尊像が収められていたのでしょうか。「伝絵・絵伝」には妻子はみえません。なお、親鸞の末娘・覚信尼は元仁元年（１２２４）に生まれています。多分、常陸国稲田の地だったでしょう。親鸞五十二歳、佐貫の出来事の十年後です。承元五年（１２１１）に越後で生まれた栗沢信蓮房明信と覚信尼のあいだに益方と高野禅尼の二人が誕生していますが、この二人も常陸国で誕生したのでしょう。

「室八島《むろのやしま》」は、江戸時代の巡拝案内記（たとえば、『大谷遺跡録』巻三「華見箇岡親鸞池」の項）などで、大蛇と化した神官の嫉妬深い妻を親鸞が済度したとされる池の近く（『大谷遺跡録』によれば、半里）にあります。ただし、かつてはこうした奇瑞霊威譚はまだ形成されず、親鸞がこのあたりにしばらく住居をかまえ、そばの池の水を用いたという故事が古くから伝えられていたようです（『遺徳法輪集』巻三）。室八島のほとりに思川があって、それを東に越えた大高寺村領内の華見岡にしばらく住んだとのことですが、伝承の域を出ません。「室八島」の場面に描かれている鳥居は八島大明神の社の一部でしょう。高田専修寺本の下巻第一段には「国府《コフ》の社也」と注記される神社が描かれています。下野国惣社大神《おおみわ》神社とされ、別名「室の八嶋大明神」「六所明神」とも呼ばれます。現在、神社境内の小規模な池が「室の八島」だそうです。

## 聖人は一光三尊を感得したのか

顕誓（1499―1570）の『反古裏書《ほごのうらがき》』によれば、常陸国下妻の小島《おじま》に三年、笠間市稲田に十年ばかり住んだとされます。仏光寺本詞書では小島に十年滞在したことになっていますが、根拠が不明です。また、「太祖聖人面授口決交名記」（成立年代不詳）によれば、関東滞在の後半には、常陸国奥郡の那珂川西岸に接する大山にも移住したとも伝えられます（今井雅晴「大山門徒の研究」『親鸞と東国門徒』）。

弘長三年二月十日付の恵信尼書簡（『注釈版聖典』第一通）に、「常陸国の下妻というところの、さかいの郷という所にいたとき、わたしは夢をみて…」（大意）と書かれているように、親鸞一家は下妻市坂井あたりにしばらく滞在したようです。小島草庵の跡には三月寺《さんげつじ》が建てられたと伝えられます。筑波山の麓ちかくです。事情はわかりませんが、その後、筑波山北麓の板敷山にちかい笠間市稲田に移住しました。その期間は十年とか十六年とかいわれます（『大谷本願寺通紀』巻二）。関東で専修念仏を教化した根拠地です。僧俗ともに教化を願って稲田の庵に集まってきました。詞書の末尾に、「むかし、京都六角堂の救世観音菩薩が霊告した内容と同じであった」という聖人の述懐があります。この述懐が関東で伝承され、それを覚如が聞き及んで『御伝鈔』に書き加えたかもしれないわけです。京都六角堂で、「群集を教化せよ」という霊告がさずけられ、大衆に説き聞かせた夢をみたことも、本書第三章の「六角夢想」ですでにふれました。「六角夢想」は「稲田での仏法弘通」の予兆ということです。

『親鸞聖人門侶交名牒《きょうみょうちょう》』(三河妙源寺本)によれば、聖人の門弟の主力は真仏を中心とする下野国の高田門徒で、次いで常陸国で順信が率いる鹿島門徒、下総国で性信が率いる横曽根門徒、奥州南部・北関東方面の大網門徒などがあげられます。高田門侶は「聖《ひじり》」と呼ばれ、善光寺聖の系統といえます。本拠地は高田専修寺ですが、その建立縁起に善光寺信仰が色濃くみられます。

『正統伝』巻之五の五十三歳の条(嘉禄元年〔１２２５〕)に、一人の聖僧が霊夢にあらわれ、すぐに信濃国善光寺に来るように親鸞に告命した、と書かれています。「わが身を分かち、そなたに与える。早く伽藍を建て、尊像を安置して、衆生を引導せよ」と告げられ、横曽根の性信房と鹿島の順信房を連れて善光寺如来堂に赴き、すでに霊告を蒙っていた寺僧から三躯一光の金像を受取り、袈裟に包み、笈に入れ、みずから負って高田に帰ったとのことです。翌年、真仏が親鸞の名代として上洛、高田の伽藍に勅号を賜う奏達をして、勅願寺の号をいただいた、という縁起です。「三躯一光《さんくいっこう》」とは一枚の光背を配した「一光三尊」で、善光寺に特有の本尊像です。中央の阿弥陀仏、左右の観音菩薩と勢至菩薩を阿弥陀三尊とします。

平松令三氏(『親鸞の生涯と思想』第二部三3)は、この縁起が、『正統伝』の書かれた江戸時代中期ではなく、中世(十五世紀)にさかのぼる古いもの、と指摘します。この伝承は明応三年(１４９４)に真慧が書いた『十六問答記』にみられます。また、高田専修寺に現存する一光三尊像が彫刻技術からみて十三世紀前半の制作と認められることからも、一光三尊像の分与は嘉禄の頃に親鸞を勧進上人として善光寺が認めた証し、と平松氏は推測します。たしかに、親鸞が善光寺聖であったとすれば、高田門徒と善光寺信仰の深い縁を考慮すると、親鸞を媒介として本尊を善光寺から請来したという伝承は、史実とはいえないまでも、ありえない付会ではないでしょう。中ノ堂一信氏（『中世勧進の研究─その形成と展開─』157頁）によれば、『吾妻鏡』文治三年（1187）七月二十七日の条に、焼失した善光寺の再興勧進に協力するように鎌倉幕府が強圧的な通達を出しています。本書第八章の「**親鸞は善光寺聖だったのか**」で述べたように、親鸞の関東在住中、善光寺勧進聖の活動が幕府によって保障されていたことになるでしょう。その勧進方法は仏像・仏画を持ち歩き、それを見物させ、説教を聞かせたりなどして、金品を受け取る方法だったでしょう。想像をふくらませれば、関東で聖人が唱導する際に一光三尊仏が用いられたのかもしれません。

なお、高田門流の仏光寺教団を築いた了源（1284─1335）が、定まった寺もなく阿弥陀如来像と聖徳太子像を負って旅する勧進聖であったらしいことは、元応二年（1320）八月の山科仏光寺造立勧進帳に書かれています（五来重「総説─元興寺極楽坊の中世庶民信仰について─」『著作集』第九巻、48頁）。

高田派の本寺である高田専修寺の伽藍配置にも善光寺信仰が反映しているといわれます。現在の堂宇は江戸時代中期以降に建てられたそうです。ここでは総門から入り、山門を抜けると正面に如来堂があり、それに並列して太子堂が配置されています。御影堂は北の奥に位置します。善光寺信仰では阿弥陀仏信仰と太子信仰が車の両輪です。御影堂は親鸞の死後に建てられたはずで、元は如来堂と太子堂が専修寺の中核建造物だったでしょう。如来堂は神社社殿風で、欄間中央には黒駒太子像が彫られているなど、真宗様式ではありません（平松令三『前掲書』168頁）。

小山正文氏（「初期真宗三河教団の構図」『続・親鸞と真宗絵伝』）によれば、愛知県東部の三河地方は高田門徒の重鎮である顕智の布教が功を奏して、高田派の道場が開かれて繁昌したそうです。「その道場の本尊として聖徳太子像を安置し、太子堂を建立（以下略―引用者）」するなどして、善光寺信仰の色が濃い絵解き念仏勧進をさかんに行うのが初期三河門徒の特長でした。本書でこれまで取り上げてきた妙源寺本、如意寺本、願照寺本などの三幅本親鸞絵伝は初期三河門徒のものです。善光寺如来絵伝、聖徳太子絵伝の優品も三河には多く伝えられています。

### 専修寺本四幅絵伝の「開山堂」は「太子堂」だったのか

高田派の専修寺本四幅絵伝には、第三幅第四段に「高田建立」という札銘が付され、高田専修寺の伽藍が描かれています。この絵伝は十七世紀中葉に制作されたものとされます（現在の御影堂と如来堂は十八世紀前半に建立されたものだそうです）。左から「聖人所植楊」「開山堂」「如来堂」と札銘があって、如来堂の右下に聖人が「般舟石」に腰かけている図や右隅に神社の鳥居などの図が描かれています。神社は、『正統伝』にもみられるように、虚空蔵菩薩の使者とされる明星天子を祀る鎮守で、土地に伝わる古層信仰に由来すると考えられます。柳は明星天子が親鸞に授けたもので、枝を挿し木すると、一夜で高く成長し、泥土を堅い地盤にして、伽藍建立を可能にしたと伝えます（枝挿しが古層信仰に属すことについては、拙論「親鸞聖人の杖」『親鸞と葬送民俗』でふれました）。しかし、この絵伝の伽藍配置は、「開山堂」が描かれていることから、最初期のものとはいえないでしょう。後述するように、「開山堂」の起源をたずねると、「太子堂」に行き当たるとの説があります。

平松令三氏（「解説」『真宗史料集成』第四巻所収、16頁）は、「椎尾氏という武家出身の真仏が、若くして出家し、親鸞に帰依して善光寺聖に投じ、椎尾一族を語らって、善光寺如来像を祀る堂を建立した」と、考えます。これが高田専修寺の前身です。五来重氏（『善光寺まいり』『著作集』第二巻所収、３８９頁）は、善光寺聖だった真仏が護持していた「如来堂」に親鸞が招かれて寄宿したとし、南北朝時代にはまだ「専修寺」とは呼ばれず、「如来堂」の呼称がみられ、「しかもこの寺に太子堂があったことは有名で、信濃善光寺にならった四門をもっていた（以下略―引用者）」と、指摘します。

室町時代の高田派十代宗主真慧《しんね》（１４３４―１５１２）の『顕正流義鈔』（文明四年〔１４７２〕）や『十六問答記』（明応三年〔１４９４〕）によれば、笠間稲田の草庵の本尊は聖徳太子、とあります。五来氏（『前掲書』３８９―３９０頁）によると、如来堂と太子堂が並立した配置は原初的な高田派の信仰（善光寺信仰）に由来し、京都本願寺の伽藍配置について、原初的な如来堂と太子堂の並立形式から、阿弥陀堂と大師堂（御影堂）へ変化したものと考えます。「太子堂」から、「大師堂」を経て、「御影堂」へ推移した結果、阿弥陀堂と御影堂の並立形式になったとのことです。この原始的な配置形は、高田専修寺だけでなく、伊勢鈴鹿市三日市の如来寺・太子寺、越中井波の瑞泉寺などにみられると五来氏（『前掲書』３３９頁）は指摘します（現在、高田専修寺の太子堂は目立たない建物です）。専修寺本絵伝の「開山堂」とは、もとは、「太子堂」だったのでしょうか。ただし、宮崎円遵氏（「本願寺の本尊安置と両堂の整備」『初期真宗の研究』）によれば、南北朝動乱で焼失し、再建された大谷本堂（御影堂）に安置されていた親鸞影像をかたわらに移して阿弥陀仏の木像を据えようとする本願寺の動きに高田門徒が抵抗したという歴史があって、阿弥陀堂と御影堂が小規模ながらも併存するようになったのは七代目宗主・存如（１３９６―１４５７）の時代だったそうです。

大谷では、初めは、廟堂に附属した「太子堂」はなかったかもしれませんが、宮崎円遵氏（前掲論文）・五来重（『前掲書』３９０頁）によると、本願寺第六代宗主・巧如時代（応永〔１３９４―〕頃）の地図によると、本願寺は祇園社の北側の白毫《びゃくごう》寺の一隅にあって、白毫寺の境内には太子堂があったそうです。『最須敬重絵詞』（巻七第二十八段）に、観応二年（１３５１）、覚如の臨終で三日間「祇園《キオン》ノ社《ヤシロ》ノホトニアタリ、太子堂《タイシタウ》ノ辺《ホトリ》カトミエテ」

紫雲がそびえたと書かれています。

真慧の『十六問答記』から、五来氏（『前掲書』390―391頁）は「親鸞はつねに身辺に善光寺如来の弥陀三尊仏と太子像を置いていたと申しのこしている」とか、高田門流で仏光寺派・興正派の第七代空性房了源（1284―1335）についても、「阿弥陀如来の像と聖徳太子像を背負って歩く善光寺聖であった」と、指摘します。さらに、五来氏（『前掲書』396頁）は、親鸞の『皇太子聖徳奉讃』の七十五首太子和讃の親鸞自筆本が高田専修寺に所蔵されていることも、高田専修寺のために書いたからではないか、と推測します。内容が粗雑で未熟であるのは関東時代に書かれたからではないかとさえ主張します。ただし、小山正文氏（「親鸞真筆の『皇太子聖徳奉讃』」『続・親鸞と真宗絵伝』）などによると、建長七年（1255）帰洛後の親鸞八十三歳作であることのことです（写本は三系統が知られています）。

「太子・善光寺和讃」について、関東方面の門弟が「太子絵伝」の絵解きに利用できるように、親鸞が帰洛後に書いたとする説が有力ですが、平松令三氏（『親鸞の生涯と思想』第三部一）は、和讃の制作開始を関東時代に求め、改訂増補を施して編集した時期が帰洛後ではないかと考えます。民衆教化のための和讃制作とすれば、関東滞在時のことであったとします。上記の五来説と同様の見方です。

## 三願転入はいつ起きたことなのか

寛喜三年（1231）四月四日から、五十九歳の親鸞は発熱して床に臥せっていました。稲田での生活を終えて京都に帰るすこし前のことで、翌年には帰洛したとする説があります。高熱にうかされた親鸞の身に「寛喜の内省」と呼ばれる出来事が起きました。病臥してから八日目だったそうです。そのことは恵信尼の書簡（弘長三年二月十日付）に書かれています（『注釈版聖典』第三通）。熱にうかされて、「まはさてあらん」という言葉を発したとのことです。「まあそうであろう」と解釈するのがひとつです。「こんなこともあるんだな」という意味でしょうか。また、「魔は去った」とする説もあります（佐藤正英『親鸞入門』）。「魔」とは「自力の執心」でしょうか。覚如の『口伝鈔』（一一）「助業をなほかたはらにしましま す事」では、「いまはさてあらん」と、あります。高熱に冒されていたので、「こんなこともあるのだな」と、言ったのでしょうか。

この言葉を耳にした恵信尼がその意味を訊いたところ、「寝込んで二日目からずっと『無量寿経』をよんでいた。目を閉じると経の文字が一字も残らず、まぶしくはっきりと見えたが、これは不可解なことである。十七、八年前にも、上野国佐貫で浄土三部経を千部読誦しようとして、途中で止めたことがあったが、その時の自力の心がのこっていたのであろうか。人の執心は根深く、反省しなければならない。そう思ってからは、夢で経をよむことはなくなった」（大意）と、答えたそうです。

小山聡子氏（『親鸞の信仰と呪術――病気治療と臨終行儀――』第三章二）は、「寛喜の内省」について、「鎌倉時代前期の貴族社会では、医術と呪術による病気治療が行なわれており、経典読誦や念仏による病気治療も日常的に行なわれていた」ことから、親鸞も治療に役立つ呪術として、高熱でもうろうとしている中で、思わず経典読誦に執着したのであろう、と考えました。しかし、このような親鸞の病中読誦は天台宗的自力信仰の影響によるものであって、治療の意図をともなう呪術読誦であるとは断言できないでしょう。また、看護人も近づけず、身体にもさわらせなかったのは、他力信仰の顕れというよりは、高熱にひたすら耐えるしかない状態だったからと思われます。

この「寛喜の内省」では、三十年前に比叡山で自力の修行にはげんだその影響から離脱しきっていないことに気付き、人の執着心に驚いています。この内省は「三願転入」という親鸞聖人の信仰求道の変遷にかかわります。三願転入は『教行信証』（仮身土巻）に記されています。まず、「自力諸行往生」を示す阿弥陀仏の第十九願から出発し、「自力念仏往生」を示す第二十願を経て、「他力念仏往生」を示す第十八願の真実の教えにたどり着く自身の信仰道程を述べています。親鸞の僧侶としての経歴は比叡山入山に始まりますが、比叡山での僧侶生活は聖道門の自力修行に明け暮れていました。これは「自力諸行往生」の信仰です。観相念仏にもはげんだのでしょう。「伝絵」の第二段「吉水入室」には、法然の導きによってたちどころに本願他力往生の信仰に入ったとか、『教行信証』（後序）に「建仁辛酉の暦、雑業を棄てて本願に帰す」と、書かれています。親鸞二十九歳のことです。「本願に帰す」とは三願転入の最終段階「他力念仏往生」にあたります。「伝絵」の上巻第二段「吉水入室」では、「たちどころに」と、書かれていますが、それは覚如の表現です。親鸞が法然の教えを会得するのに、百日間も毎日法然のもとに通い詰めたのですから、「たちどころに」は大袈裟でしょう。

平松令三氏（『親鸞』104―105頁）は、六角堂を出てから、百日間も法然のもとに通ううちに、「他力念仏往生」が理解できるようになったと考えます。中間段階の「自力念仏往生」の信仰に入っていたのはその百日間だったのでしょうか。『本願寺史』（増補改訂、第一巻、108頁）は、「法然に遇ったもののその教えの真髄を領解できなかったころ」と、します。中間段階がそれほど短くてすんだのでしょうか。

なお、山田文昭氏（『前掲書』201頁）は、吉水入室を「他力念仏往生」への転入時期としますが、それ以前の比叡山時代に不断念仏の行者であったことから、在叡期間に「自力諸行往生」と「自力念仏往生」の過程を体験していた、と考えます。ただし、堂僧として念仏を行的に唱えるのは「諸善万行」のなかにふくまれる行業のひとつ、と思われます。在叡時代は基本的に聖道門的修行にはげんでいたのでしょう。

## 「**寛喜の内省**」**と**「**三部経読誦中止**」**との違い**

親鸞は、恵信尼の書簡にあるように、四十二歳で三部経千部読誦という自力行に入り、思い返してやめています。

千部読誦も、「寛喜の内省」と同じく、「自力諸行往生」の影響下にあったことを示しています。しかし、四、五日で読誦を中止し、名号重視の「他力念仏往生」へ転入した、と恵心尼書簡に書かれています。このように、信仰遍歴の道程について、前進・動揺・逆行がみられます。

『本願寺史』（増補改訂、第一巻、108頁）の見解とは違い、三願転入について、吉水入室以前は「諸行往生」、入室以後は「自力念仏」、「他力往生」への転入は関東時代に起きたとする見解もあり、重松明久氏（『日本浄土教成立過程の研究』結語）はこれを支持します。さらに、『教行信証』の初稿が成立したとされる元仁元年（1224）、親鸞五十二歳のときに、「他力念仏往生」の思想が確立した、と重松氏は考えます。佐貫での三部経読誦中止の十年後になります。重松氏の見方では、「自力念仏往生」の第二十願の時代は吉水入室から稲田草庵時代にかけての二十数年間（1201―1224）に及びます。

越後に流されてから、関東へ移住するころまで、親鸞は善光寺信仰の影響をうけた勧進聖だった可能性があります。そうとすれば、その期間は自力的念仏を唱え、読誦にもはげんでいた中間段階の頃だったのかもしれません。「自力諸行往生」の段階でないのは、法華経千部読誦ではなく、浄土三部経千部読誦に取り組んだことからも、推測できます。五来重氏（『前掲書』444頁）は、鎌倉時代の善光寺には不断法華衆と不断念仏衆があり、前者は法華経千部読誦をする山伏的存在だったとします。親鸞は不断念仏を唱える勧進聖だったようです。さらに、五来説を採るとすれば、越後の流罪地は妙高山山岳信仰圏にあって、修験道的念仏がさかんであったので、親鸞が「自力念仏」の風土に身を置いていた可能性があります。

親鸞が『教行信証』で「善本徳本《ぜんぽんとくほん》の真門《しんもん》に回入《えにゅう》して、ひとへに難思往生《なんじおうじょう》の心《しん》を発《おこ》しき」（「大意」自力念仏を懸命に心がける方便の真門に入り、ひとすじに自力念仏往生を願った）と、述べたとき、越後流罪から関東への移住まで、ほぼ七年間の勧進聖時代をふくめて回想していたのかもしれません。なお、平松令三氏（『親鸞の三部経千部読誦と専修寺の千部会」『真宗史論攷』は、親鸞が修した千部経読誦が一人で千部読誦するという苦行性をともなうもので、その苦行性によって民衆を惹きつけた、と考えます。また、親鸞が佐貫に到着する前から「不断読経を行業とする聖であった」と、します。『口伝鈔』（一一）に「われこの三箇年のあひだ、浄土の三部経をよむことおこたらず」と、あります。越後時代から佐貫に到達するまでの三箇年と考えられます。そうとすれば、勧進聖の親鸞は、正定業《しょうじょうごう》の「称名」に加えて、助業《じょごう》としての「読誦」にもはげみ、自力念仏的傾向をもっていたことになるでしょう。

善光寺聖の集団に加わって、信濃から上野国佐貫まで移動したところ、どうにもならない悲惨な状況（おそらく、自然災害・飢饉）に直面し、いったんは千部経読誦に取り組んだものの、やがて自力作善の読経が無効であることに気付き、名号重視の念仏信仰に回帰したのでしょう（『歎異抄』第四章で聖道門の慈悲と浄土門の慈悲の違いにふれています）。佐貫で三部経千部読誦を始めるまでは、勧進聖として「自力念仏往生」という中間段階に留まっていたと考えられますが、状況によっては、過去の思考回路がフラッシュバックすることもあったはずです。善光寺聖の集団に身を投じて関東へ移動するあいだに親しんだ「自力念仏往生」の信仰段階を逆行したところに「自力諸行往生」があって、その顕現が千部読誦だったのでしょう。

恵信尼書簡にあるように、読誦は中止されました。「自力諸行往生」が顕現したのを反省して、「他力念仏往生」の専修念仏に思い至った結果、三部経読誦が中断されたわけです。恵信尼書簡（『注釈版聖典』第三通）に、「寛喜の内省」で親鸞が口にした「自信教人信《じしんきょうにんしん》　難中天更難《なんちゅうてんきょうなん》」という善導大師『往生礼讃《おうじょうらいさん》』の一行が載せられています。「みづから信じ、人を教えて信ぜしむること、難《かた》きがなかにはなはだ難き」という意味ですが、信心が根本であることから、自力的な修法が無意味であることに気付きました。このような信仰体験を経て、親鸞は佐貫で善光寺聖の集団から離れ、「伝絵・絵伝」の「室の八嶋」の場面にみられるように、少人数で下野に向かったのでしょう（**表紙・カバー**）。

なお、佐貫での読経について、吉水時代に確立した他力信仰が関東への移住の時まで持続していたものの、抑圧されていた自力信仰の残滓がこの時に顕現したと解釈するのが普通です（赤松俊秀『親鸞』１３８―１３９頁）。しかし、この解釈では、親鸞が赦免後に勧進聖として活動していたことが説明しにくくなります。千部読誦は思いつきで行われるものではなく、まして集団で行われるとすれば、勧進の法会であることは十分に考えられます（平松令三「前掲論文」『真宗史論攷』47頁）。

自力的な読誦に取り組み、それを反省したことを契機に、親鸞は「他力念仏」信仰に転入しました。それから十七、八年後に起きた「寛喜の内省」では、「他力念仏」信仰の基盤に「諸行往生」信仰が一時的に侵入します。それは佐貫での三部経読誦とは性格がちがいます。佐貫での体験では、「自力念仏」信仰から「諸行往生」信仰への一時的な退行を経由して「他力念仏」信仰へ向かったといえるからです。

親鸞聖人の信仰遍歴を時代順に図示すれば、以下のようになるでしょう。ただし、各時代に示された信仰は理念型です。実際には、信仰は必ずしも純化されたものとは限りません。状況によって、信仰が揺れ動き、一時的に前の時代に逆行することもあるでしょう。佐貫での千部読誦や寛喜の内省などはその典型例です。前後の時代の信仰に影響されている時期もあるでしょう。

「諸行往生」（比叡山時代）―「自力念仏」（吉水時代）―「自力念仏」（勧進聖時代）―佐貫での「諸行往生」の顕現―「他力念仏」（稲田時代）―寛喜の内省での「諸行往生」の顕現―「他力念仏」（晩年）

なお、「自力念仏」は「多念仏」とも言い換えられるでしょう。吉水時代がそうであった可能性が高いように思われます。『西方指南抄』（中本「三昧発得記《さんまいほっとくき》」）によれば、建久九年（１１９８）の正月より三十七箇日のあいだ、法然は毎日七万遍の念仏を怠らなかったのですが、これによって浄土の荘厳相が現れるとしました。法然は「称名行をはげむことこそ、浄土往生の因を確立する方途であり、往生はあくまでも称名行を媒介とすべきもの」（重松明久『前掲書』第三編第三の二）という多念義の立場をとります。『法然上人行状絵図』第二十一巻の法然語録にも多念義の発言がみられます。ただし、法然は、「内《ない》専修、外《げ》天台」と評されるように、多重の面をもつ宗教者で、その語録についても、法然のものかどうか必ずしも定かであるとは限らないそうです（末木文美士「法然の『選択本願念仏集』撰述とその背景」『念仏の聖者　法然』所収）。そんな法然を親鸞は尊信し、行として多念仏にはげむ法然の姿に影響をうけていたはずです。多念仏主義は「自力念仏」のなかに入るので、吉水時代の信仰段階は「自力念仏往生」といえるでしょう。勧進聖の時代の信仰もこれに準じます。

「他力念仏」について、『教行信証』草稿完成以前では、絶対他力にまだ達していない段階をふくむでしょう（たとえば、称名行を自分の功徳として浄土往生の因とする自力回向の要素が抜けきっていない）。赤松俊秀氏（『親鸞』１９２頁）は、『教行信証』初稿の完成について、上限が建保五年（１２１７）であろうとします。また、赤松氏は（「越後・関東時代の親鸞について」『続鎌倉仏教の研究』）で、「原『教行信證』の成立時期は、いろいろの点を考慮すると、寛喜三年（一二三一）以前である公算が大であること」とし、それは坂東本を解装修理した結果知られた事実とします。佐貫の三部経読誦は建保二年（１２１４）ですから、初稿本の成立はその後となるでしょう。

すでにふれたように、「伝絵」の逸話（上巻第六段「信行両座」、第七段「信心諍論」）では、吉水時代の親鸞について、法然の唱える他力信仰の卓越した後継者であるように書かれていますが、法然の信仰そのものをふくめて、覚如が理想化して語った部分があるように思われます。三願転入にあてはめれば、法然は「自力念仏往生」の色彩が濃い師だったと思われます。なお、佐貫での三部経読誦は親鸞にとって重大な宗教体験だったはずですが、覚如はこれを「伝絵」に加えませんでした。一時的であっても、親鸞が「自力諸行往生」の修法に入った場面を加えるのに、覚如は抵抗を覚えたのでしょうか。

## 黒い傘を持つのは絵解きのためなのか

「伝絵」の下巻第二段は、「室の八島」と「笠間の御房」の場面から成ります。「室の八島」の場面では、聖人の一行がもの寂びた水辺を歩む姿が描かれ、見方によっては旅の行く末について見る者に不安を与えるでしょう。西本願寺本では黒い水鳥が二羽描かれ、不吉な予兆を感じます**（おもて表紙・カバー）**。枯木や松がまばらに生えているような絵相も荒涼感を与えます。聖人の一行は初稿本系の西本願寺本、高田専修寺本では四人です。先頭を行くのは親鸞でしょう。頭巾《ずきん》をかぶり、袈裟を着けています。後に続く人物は笈を背負っています（西本願寺本では、墨衣の僧体のようです。性信でしょうか）。さらに、荷物持ちの二人の俗人が続きます。一人は黒の傘らしきものを肩に掛けています。最後尾の一人は小柄のようにみえますが、幼童にはみえません。越後で生まれた栗沢信蓮房明信はこのとき四歳だったはずです。親鸞の妻子は描かれていないようです。

なお、開閉できる傘が採り入れられたのは中世からで、公家・武士・僧侶などの上流階級がこれを用いたそうです（『日本民俗大辞典』上、かさ（傘））。正安元年（１２９９）に完成した『一遍聖絵』（歓喜光寺蔵）では、僧侶が蓑をつけず、雨傘を差して歩いています（巻一第二段）。傘を差しているのは一遍と聖戒《しょうかい》でしょう。また、「ぼろ」と呼ばれる有髪の芸能宗教者が傘の柄に絵巻を付けて持ち歩いています（巻十二第四十八段）。室町時代後期に成立した『七十一番職人歌合』の四十六番に「暮露《ぼろ》」が描かれています。正座した束髪の暮露の脇に長柄の傘と下駄が置かれています**（図二）**。勧進聖が絵解きや仏像開帳による興行型の勧進を行っていたとすれば、傘を人の集まる場所で開き、その傘の下の空間を臨時の宗教的な場として絵解きをしたのかもしれません。初稿本では、一行の四人のうち僧体は二人ですが、傘は一本だけです。武州報恩寺本四幅絵伝について、『御伝絵指示記』（1778年完成）では「御弟子長柄傘持」と注釈され、長い柄の傘が使われています。親鸞の一行が黒傘を持つのは絵解きをする勧進聖で、旅費を捻出する意図があったからでしょうか。そうとすれば、どのような絵を絵解きしたのでしょうか。絵ではなく、善光寺型の阿弥陀仏をみせて唱導したのかもしれません。それとも、絵解法師という解釈はうがちすぎで、聖人が使用する傘を従者が持っていただけなのでしょうか。『法然上人行状絵図』（第十四巻）、『慕帰絵』（第七巻）などの絵巻物によれば、従者のいない旅僧は傘を持ちますが、ふつうは従者が僧の傘を持ちます。従者には傘がありません。従者に傘を持たせることで僧侶の権威を象徴させたようです。

図二　『七十一番職人歌合』（第四十六番）
有髪の下級僧・暮露《ぼろ》と長柄傘

携帯可能の善光寺型如来摸像は早くは元久三年（1206）につくられたことが知られています。宗祖三十四歳、吉水時代にあたります。これに続いて、十三世紀にほぼ同寸の摸像が各地につくられるようになったそうです（平松令三「高田専修寺

の草創と念仏聖」『赤松俊秀教授退官記念　国史論集』所収）。

初稿本系の「室の八島」の場面では、黒傘がやや大きく、目立ちますが、康永本系では描かれていません（**うら表紙・カバー**）。一行は菅笠らしいものを被っています。聖人が絵解法師とみなされることを覚如は嫌って、康永本制作時にこれを削除したのかもしれません。往来で活動する絵解法師は下層階級だったからです。「伝絵・絵伝」に描かれている一本の傘からも、いろいろと推測できると思うのですが、どうでしょうか。

## 「室の八島」が「居多《こた》の浜」に変わったのか

「室の八島」の場面は、親鸞が小人数で上野国佐貫から下野国「室の八島」を抜けて常陸国下妻に向かうところでしょう。画面の右には「國分寺」、左には「國府の社」、すなわち、「下野国惣社大神《おおみわ》神社」（別名「室の八嶋大明神」）が描かれています。

康永本では、「室の八島」は遠景にとらえられています。また、親鸞一行は三人です。袈裟を着けている先頭の二人のうち一人が親鸞で、笈らしきものを最後尾の人物が背負っています。橋を渡ろうとしています。ただし、傘らしきものはみられません。また、白砂青松の浜辺らしい所の右隅に塩汲み道具が描かれています。これらは初稿本系伝絵にはみられません。逆に、「下野国分寺」と「室の八嶋大神宮」は、初稿本系で描かれていますが、康永本にはみられません。塩汲み道具が描かれ、白砂青松の光景が展開していることから、下野国の「室の八島」の内陸光景にみられる「国分寺」や「惣社大神《おおみわ》神社」がここに加えられるのは不調和になります。康永本の画工は「室の八島」を沿海地方と思い違いしたのでしょう。海辺を想わせる絵相から、康永本のこの場面は越後の居多の浜、関東の霞ヶ浦とされたりします。

照願寺本は康永本に準じ、弘願本と仏光寺本は初稿本系と康永本の特徴が混じっています。なお、弘願本では「室の八島」を行くのは僧体の二人です。ほかに荷物持ちの俗体の二人が逆方向に向かい、聖人の一行とは無関係のようにみえます。仏光寺本では初稿本系と同じく四人が一団となっています。一人が大き目の黒傘を肩に掛けています。また、仏光寺本には、詞書にある「京都へ帰洛」「伊勢神宮」「関東への道行」の場面が描かれていません（仏光寺系の慈光寺本絵伝にはこれらに加えて「仏光寺建立」の場面も描かれています）。

「笠間の御房」の場面については、門の周辺に人が集まり、庵で聖人が僧俗に説法をしています。初稿本系では人の数はそれほど多く描かれていませんが、康永本系では人数がかなり増え、にぎやかな様子が描かれています。庵の門は高田専修寺本と弘願本では描かれていません。

「室の八島」については、「絵伝」でも康永本を境に絵相が変わります。

一幅の光照寺本では「室の八島」を行く聖人の一行は四人で、三人は墨袈裟を着け、一人は俗体です。注連縄に四手《しで》が垂れ下がったような部分がみられます。神社のつもりでしょうか。二幅の上宮寺本ではこの場面は欠落しています。三幅の妙源寺本、如意寺本、願照寺本では、三人（一人は僧）が左の国分寺から右の社の方に向かいます。初稿本系と同じく、一人は傘らしきものを持ちます。

康永本に準じた四幅本では、三人の一行が橋を渡ろうとする図が描かれ、塩汲みの光景が描かれる場合もあります。国分寺や神社が描かれていないのも康永本と共通する特徴です。越後国府の居多《こた》の浜のつもりでしょうか。『親鸞聖人御一代記図絵』には、居多の浜の先にある浜際の「往下《おうげ》の橋」を渡った、とあります。それとも常陸の海のつもりでしょうか。常陸では製塩がさかんだったとのことです。また、霞ヶ浦とされる場合もあります。

四幅本のうちでも、高田派本山所蔵の専修寺本絵伝では、「國分寺」「國府社」が描かれています。「下野國室八嶋」の札銘があるので、浜辺を行く絵相とはいえません。康永本系とは違い、初稿本系伝絵に準じていますが、聖人一行は三人です。一人は笈を背負い、一人は傘を持ちます。

四幅の慈光寺本絵伝（仏光寺系）では、ほかの絵伝と違い、『正統伝』に書かれているように、越後から京都に出て仏光寺を建立しています。それから、伊勢神宮に参って、関東に向かい、室の八島を経て稲田に定着します。以上の五場面が第三幅の下段から中段にかけて描かれています。初稿本系の特徴と独自な絵相が混在しています。聖人一行は四人、すべて墨染の法衣で、一人は笈を背負い、一人は傘らしきものを持ちます。

六幅の万福寺本では、第四幅中段右に札銘「牟漏八嶋」があり、三人の僧が山中を行く絵相です。中央が聖人のようで、先頭の僧が「室の八嶋大神宮」の方向を指差していることから、案内役の僧でしょうか。最後尾の人物は笈を背負いますが、傘は描かれていません。八幅の西本願寺本は基本的には康永本に準じています。

「笠間の御房」の場面については、一幅・二幅・三幅本、および四幅の専修寺本で庵の門が描かれていないのが目立つぐらいで、「絵伝」ごとの違いはそう大きくありません。

**もうひとつの詞書…〔越後→京都→伊勢神宮→関東〕のルートだったのか**

流罪赦免後、親鸞はしばらく越後に留まったようです。赦免の年の三月に第四子の栗沢信蓮房が生まれていたこともあります。嬰児を抱えていたのでは、身動きがつかなかったでしょう。親鸞が越後を出た理由は不明です。妻の恵信尼に所領があったとすれば、便宜が図られるはずです。その土地を離れるのには、よほどの事情があったと思われます。

善光寺信仰が関東地方に流布し、勧進聖たちが関東を目指したので、それにつられて関東へ入ったというのが平松令三説ですが、縁者が常陸国下妻あたりにいて、それを当てにして向かったとも考えられます。平松氏（『親鸞』）は、常陸国南部を支配し、守護に任じられた八田氏に注目します。初代の八田知家《ともいえ》は法号を新善光寺殿と号し、善光寺信仰に篤い常陸の守護でした。

諸国巡化が目的の旅ではなく、五箇国を通過してまっすぐに笠間を目指したというのは中澤見明説です。信濃北部、上野吾妻郡、武蔵北端、下総猿島《さしま》・結城《ゆうき》、常陸を通過、まず下妻にしばらく落ち着いたようです。ところが、仏光寺本伝絵の詞書では、親鸞はいったん越後から京都に戻り、伊勢神宮に参拝してから関東に向かったとします。また、『正統伝』には、建暦二年九月に聖人が山科に一寺を草創したとあります。興正寺の由来です。興正寺はのちに仏光寺に改名されました。これらの逸話では、高田派、興正派（仏光寺派）の第二宗祖である真仏やその門弟の源海が親鸞に興正寺（仏光寺）を建立するように願ったということになっています。しかし、これは史実に反します。親鸞が興正寺草創に深くかかわったとするのは、高田派の基礎を築いた真仏らを真宗の本流に位置づけようとする意図が働いたからでしょう。

仏光寺本詞書に「京都帰洛」が述べられています。仏光寺本の詞書が成立するのは十四世紀中葉で、その頃には仏光寺はすでに建立されていたので、仏光寺を親鸞と結び付ける意図で書かれたのかもしれません。興正寺が仏光寺に改名されたのは元徳二年（１３３０）の一両年前とされます。ただし、仏光寺本伝絵には「仏光寺建立」の場面は描かれていません。なお、仏光寺から下付された慈光寺本絵伝（江戸時代中期成立）では、「京都へ帰洛」と「伊勢神宮」の間に「仏光寺建立」の場面がはさまれています。

『正統伝』では、伊勢を出て、常陸国下妻に下り、ここにしばらく逗留してから越後に戻って教化にはげみ、再三の招請をうけて再び下妻に来たとのことです。このとき、下野の都賀郡室の八島を通り、和歌を詠吟したそうです。下妻では、真岡判官代の三善為教の息女・朝日姫と再婚して、慈信房善鸞以下の子どもをもうけ、息女は後に髪を落として「恵心」と名のった、とのこと。先妻の玉日は聖人流罪のときに都に残り、承元三年に死亡。長男の範意は慈円の弟子になったそうです。これらは親鸞の妻をめぐる伝承のひとつにすぎません。

親鸞が恵信尼と結婚したのは、関東ではなく、流罪中の越後か京都かでしょう。三部経読誦の際に、四歳の栗沢信蓮房明信とともに恵信尼も上野国佐貫に滞在していたと思われます。恵信尼は日記を書く習慣があることから、かなり教養が高いとはいえそうです。

流罪赦免後、親鸞は越後中頸城郡《なかくびきのぐん》新井から富倉峠を越えて信濃に入り、飯山、善光寺を経て関東方面に向かったという伝承があります。また、『正統伝』によれば、法然の帰洛を知り、上洛をめざすも、雪深く、歩行に難渋するということで、信濃路をとって四辻という所にさしかかったのが正月下旬。そこで法然入滅の報に接し、やむなく越後に帰るさいに、上州と信州の間に四月中旬まで留まり、教化にはげんだとされます。四月下旬、戸隠山に参り、「熊笹の名号」を書き、善光寺の塔頭堂照坊に七日逗留し、十字名号と「熊笹の名号」を与えた、とあります。『親鸞聖人御旧跡並二十四輩記』巻二によれば、聖人が堂照坊に七日間止宿し、如来に一夜を通して祈ったおり、松を一本携えて、如来に捧げたという故事にしたがい、今も前卓の上に松を一本ずつ立て、これを親鸞松と称したそうです。ただし、北信濃での上記の逸話はいずれも史実とは断定できず、伝承の域を出ません。

聖人の一行が善光寺を出てからたどった経路は、碓氷峠を越え、上野国（群馬県）の吾妻郡に出て、高崎あたりを経て佐貫に至ったのか、あるいは善光寺に参拝してから笛吹峠を越えて松井田に至る経路をとったように推測できます。前者は中澤見明氏（『史上之親鸞』）、後者は『親鸞聖人御旧跡並二十四輩記』（巻三）によります。

建保二年（1214）、佐貫でしばらく滞在したようです。上野国佐貫で浄土三部経を衆生済度のために読誦したものの、数日で止めました。佐貫あたりで勧進聖の集団から離れて下野国（栃木県）へ向かったのでしょう。横曽根門徒の中心人物である性信が案内したとも推測されます。

佐貫での三部経読誦を「三願転入」から解釈すると、「自力的念仏」にはげんだ勧進聖時代の信仰に比叡山時代の経典読誦による「諸行往生」信仰が一時的に現出したものと思われます。「他力念仏」は読誦中止以降に定着し、とくに『教行信証』草稿完成ころまでには固まったようです。それから十七、八年後に起きた「寛喜の内省」

では、「他力念仏」信仰の基盤に「諸行往生」信仰が一時的に侵入します。高熱にうかされていたときでした。

親鸞は上野国佐貫から下野国の都賀郡総社村の「室の八島」を通過して、常陸国下妻の「さかいの郷」に三年ほど滞在したようです。その後、筑波山北麓の板敷山にちかい笠間市稲田に移住しました。その期間は十年とか十六年とかいわれます。僧俗ともに教化を願って稲田の庵に集まってきました。詞書の末尾に、「むかし、京都六角堂の救世観音菩薩が霊告した内容と同じであった」という聖人の述懐があります。この述懐が関東で伝承され、それを覚如が聞き及んで『御伝鈔』に書き加えたかもしれないわけです。京都六角堂で、「群集を教化せよ」という霊告がさずけられ、大衆に説き聞かせた夢をみたのですが、その「六角夢想」は「稲田での仏法弘通」の予兆ということになります。

高田門侶は善光寺聖の系統を継いだとされます。本拠地は高田専修寺ですが、その建立縁起には一光三尊と聖徳太子を信仰対象とする善光寺信仰が色濃くみられます。親鸞が善光寺聖であったとすれば、高田門徒と善光寺信仰の深い縁を考慮すると、親鸞を媒介として本尊を善光寺から請来したという伝承は、史実とは確認できなくても、不自然ではないでしょう。真慧の『顕正流義鈔』や『十六問答記』に、笠間稲田の草庵の本尊は聖徳太子、とあります。もとは太子堂だったようです。

平松令三氏（「解説」『真宗史料集成』第四巻所収）は、真仏が若くして出家し、親鸞に帰依して善光寺聖に投じ、一族を語らって、善光寺如来像を祀る堂を建立した、と考えます。五来重氏（前掲書）は、善光寺聖だった真仏が護持していた「如来堂」に親鸞がまねかれて寄宿したと考えます。南北朝時代にはまだ「専修寺」とは呼ばれず、「如来堂」の呼称がみられたそうです。本尊は善光寺から親鸞に分与されたという一光三尊仏です。善光寺聖は一光三尊仏を笈に入れて、諸国を行脚しました。信濃善光寺は治承三年（１１７９）に焼失、再興勧進が始まりました（中ノ堂一信『前掲書』）。焼失は親鸞が誕生してから六年後です。

宗教的な体験として佐貫の三部経読誦は重大な出来事でしたが、覚如はこれを「伝絵」に加えませんでした。一時的であったとしても、「諸行往生」の修法に聖人が没入する場面を嫌ったからでしょうか。覚如が恵信尼書簡を見たのが徳治二年（1307）とすれば、康永本作成の時（康永二年〔1343〕）には佐貫の出来事を知っていたことになります。

なお、「伝絵」によれば、親鸞一行は佐貫から下野国の「室の八島」を通過したようですが、康永本の絵相では、三人の一行が橋をわたろうとする図や、塩汲み道具も描かれます。下野の国分寺や神社は描かれていません。越後国府の居多《こた》の浜のつもりでしょうか。それとも常陸の海のつもりでしょうか。常陸では製塩が盛んだったとのことです。『親鸞聖人御一代記図絵』には、居多の浜の先にある浜際の「往下《おうげ》の橋」を渡った、とあります。越後の居多の浜や常陸の浜、さらには霞ヶ浦のようにもみえます。初稿本系では下野の「国分寺・社」が描かれ、内陸部の「室の八島」の光景がみられますが、康永本系では、「室の八島」は海辺の景色に変換されています。なお、親鸞の妻子はどの「伝絵・絵伝」にも描かれていません。

## 第十一章　下巻第三段「弁円済度《べんねんさいど》」（口絵20）

聖人《しょうにん》（親鸞）常陸国《ひたちのくに》にして専修念仏《せんじゅねんぶつ》の義《ぎ》をひろめたまふに、おほよそ疑謗《ぎほう》の輩《ともがら》は少《すく》なく、信順《しんじゅん》の族《やから》はおほし。しかるに一人《いちにん》の僧《そう》　山臥《やまぶし》と云々《うんぬん》　ありて、ややもすれば仏法《ぶっぽう》に怨《あだ》をなしつつ、結句害心《けっくがいしん》をさしはさみて、聖人《しょうにん》をよりよりうかがひたてまつる。聖人板敷山《しょうにんいたじきやま》といふ深山《しんざん》をつねに往反《おうへん》したまひけるに、かの山《やま》にして度々《どど》あひまつといへども、さらにその節《せつ》をとげず。つらつらことの参差《しんし》を案《あん》ずるに、すこぶる奇特《きどく》のおもひあり。よつて聖人《しょうにん》に謁《えつ》せんとおもふこころつきて、禅室《ぜんしつ》にゆきて尋《たず》ねまうすに、上人左右《しょうにんさう》なく出《い》であひたまひけり。すなはち尊顔《そんげん》にむかひたてまつるに、害心《がいしん》たちまちに消滅《しょうめつ》して、あまつさへ後悔《こうかい》の涙《なみだ》禁《きん》じがたし。ややしばらくありて、ありのままに日《ひ》ごろの宿鬱《しゅくうつ》を述《じゅつ》すといへども、聖人《しょうにん》またおどろける色《いろ》なし。たちどころに弓箭《きゅうせん》をきり、刀杖《とうじょう》をすて、頭巾《ときん》をとり、柿《かき》の衣《ころも》をあらためて、仏教《ぶっきょう》に帰《き》しつつ、つひに素懐《そかい》をとげき。不思議《ふしぎ》なりしことなり。すなはち明法房《みょうほうぼう》これなり。上人《しょうにん》（親鸞）これをつけたまひき。（『仏光寺本』）聖人鹿島大神宮にまうて給けり、これすなはち仏法守護の明徳をあふきたてまつり給ゆへなりけれは、さま〱の神感ありて、納受掲焉《けいえん》なりけるとなむ）

詞書の概略＝親鸞聖人が常陸国で専修念仏の教えを弘めたが、大体、それを疑ったりそしったりする連中は少なく、信じ従う人々が多かった。ところが山伏と称する一人の僧がいて、仏法に怨みを抱き、はては害意を燃やし、聖人に危害を加えようと時々機会をうかがうようになった。聖人が板敷山という深山をいつも行き来していたので、その山で度々待ち伏せしたものの、うまくいかなかった。よくよく事を思案してみると、とても不思議な思いがしたので、会ってみようという気が起き、住居を訪問すると、聖人は何のためらいもなく会いに出た。尊顔を拝すると、たちまち害意が消え、それどころか後悔の涙が出て止まらなかった。少し時間をおいて、ありのままに日頃の溜まった鬱積を述べたが、聖人は驚いた様子を見せなかった。この山伏はすぐに弓矢を折り、刀・杖を棄て、山伏の頭巾をとり、柿渋の衣を脱いで仏教に帰依した。そして、最後には浄土往生の素懐をとげた。常人には思い図ることのできない有難いことである。これが明法房で、聖人がつけた名である。（仏光寺本）聖人は鹿島大神宮に参った。これは仏法守護の明徳を仰ぐためであるので、色々の霊示があって、それを有難くうけとった。）

## 山伏の弁円とは明法房のことだったのか

詞書では、山伏の明法房が聖人へ害意を抱いたものの、かえって聖人の尊顔を拝し専修念仏の教えに帰依したというのですが、この話は史実でしょうか。わからないと言うほかありません。それというのも、ひとつには、この話は「伝絵」に出てくるのが最初で、ほかの古い史料にはみられないからです。おそらくは、覚如が、若い頃に父の覚恵とともに親鸞の遺跡を関東方面で巡拝したおりに、耳にした故事なのでしょう（この巡拝については、『慕帰絵詞』第四巻に書かれています）。正応三年から五年（１２９０―１２９２）、三年間をかけて関東から東北を巡り歩き、門弟に会って話を交わしました。親鸞が関東を去ってから五十年以上も経っていたので、門弟の間でも当時の記憶は薄れていたことでしょう。ただし、明法房という名は親鸞の書簡に五回あらわれます。山伏であることは確かめられませんが、明法房が親鸞と昵懇の人物であることは書簡の内容から十分に考えられます。

書簡は、すべて、明法房が死亡した報に接し、往生を遂げ、本懐を果たしたことはめでたい、と喜んでいる内容です。また、この段の詞書に共通するような書簡内容は第四通（『注釈版聖典』）にみられます。

おほかたは、としごろ念仏申しあひたまふひとびとのなかにも、ひとへにわがおもふさまなることをのみ申しあはれて候ふひとびとも候ひき。いまもさぞ候ふらんとおぼえ候ふ。明法房などの往生しておはしますも、もとは不可思議のひがごとをおもひなんどしたるこころをもひるがへしなんどしてこそ候ひしか」（大意）だいたい、日頃、念仏を唱えている人々の中にも、自分の好き放題の意見のみを主張する人々がいました。今もきっとそうであろうと思います。明法房などが往生を遂げたのも、もとは訳のわからない間違ったことを考えたのを、考え直したからでしょう）。

この部分は明法房が専修念仏の教えに帰依する以前に「不可思議のひがごと」、つまり、訳のわからない間違った信仰の入っていたという内容です。それが山伏の修験道であるらしいことは土地柄から推測できます。

## 念仏聖と修験の競合

明法房の名は『親鸞聖人門侶交名牒《きょうみょうちょう》』（三河妙源寺本）に常陸国北郡の住人としてあげられています。北郡は筑波山の東麓に位置します。筑波山は修験道の修行場となっていたそうです。筑波連峰北部には加波山《かばさん》という修験道の霊山があり、一帯は修験（山伏）の活動領域でした。この近くの板敷山の山中には修験者が用いたとされる護摩壇跡が残っています。修験道は、自然の神聖な霊力を崇める山岳宗教を源にして、神道、仏教、道教などの要素を取り入れながら発達しました。平安時代以降は、とりわけ真言・天台密教の影響下にあって加持祈祷をさかんに行い、人心を捉えましたが、加持祈祷は親鸞の教えと真っ向から対立するものでした。行者の呪術を媒介に現世利益を得ようとする修験道に対し、阿弥陀仏の救済によってのみ浄土往生が可能であるというのが親鸞の信仰です。ただし、宗教観の違いだけが対立の原因ではありません。

親鸞が常陸国で長く定住したのは笠間郡稲田です。笠間郡は明法房の出身地である北郡と隣接し、南に一本の峠道が通じていました。板敷山の峠道です。聖人と山伏の活動領域が重なっていた可能性があります。安藤弥氏（「親鸞消息にみる門弟の動向」『誰も書かなかった親鸞―伝絵の真実』所収）は、念仏聖と修験者の社会的近似性について、「両者はともに中世仏教の周縁的存在であり、移動性や民衆性なども類似し、そしてその宗教活動の社会的基盤も共通していたのであろう」と、指摘します。それ故に、両者の関係が経済的な競合関係に発展することもあったでしょう。ただし、この場合、念仏聖が勧進聖と専修念仏聖のどちらを指すかが問題です。つまり、山伏修験・勧進聖・専修念仏聖の競合関係を考慮しなければなりません。

平松令三氏（『聖典セミナー「親鸞聖人絵伝」』２２０頁）によれば、常陸国の守護・八田氏は善光寺信仰を支配地に持ち込みました。明法房などの修験山伏にとって、既知の善光寺勧進聖は理解しやすかったと思われますが、聖人の専修念仏の教えにはとまどいさえも覚えたのではないでしょうか。本書前章でふれたように、稲田時代の聖人は「自力念仏」信仰から「他力念仏」へ転入していたはずです。念仏を唱えるとしても、善根作善の勧進聖と専修念仏の聖人とは信仰が基本的に違います。明法房は勧進聖に対してはある程度の親和性をもっていたでしょうが、聖人の信仰については違和感を強く感じたでしょう。専修念仏は明法房には理解しがたい信仰であったでしょう。さらに、経済的な不利益をうけたとすれば、明法房が聖人にはげしい敵愾心をいだいたとしても、不自然ではありません。

明法房が修験者であったことは厳密には書簡から読み取れませんが、親鸞の専修念仏とは異なる呪術念仏信仰であった、とだけはいえるでしょう。親鸞は、そんな明法房が専修念仏の教えに入り、往生をとげたことを喜ぶ内容を、書簡に何度も書いています。

いくつかを紹介します――(『注釈版聖典』第二通)「明法御房の往生のこと、おどろきまうすべきにはあらねども、かへすがへすうれしく候ふ。鹿島・行方・奥郡、かやうの往生ねがはせたまふひとびとの、みなの御よろこびにて候ふ」(〔大意〕明法房の往生の事、不思議なことではありませんが、ほんとうに嬉しいことと思います。鹿島・行方・奥郡のこのように往生をとげたいと願う人々すべての喜びと思います)――(『注釈版聖典』第五通)「明法御房の往生のことをききながら、あとをおろかにせんひとびとは、その同朋にあらず候ふべし」(〔大意〕明法房が往生したことを聞きながら、彼が残した行跡をおろそかにする人々は明法房の同朋ではありません)。

明法房の名が弁円とされたのは、江戸時代の『正統伝』に「播磨公弁円《ハリマノキミヘンエン》」と書かれて以来のことです。『正明伝』では、「播磨公《ハリマノキミ》」とだけ書かれていますが、山伏であることは両書とも明示しています。「伝絵」には「弁円」の名はみられず、聖人が「明法房」と名付けたとだけ書かれています。「弁円」という名の由来はわかりません。

山伏の弁円は親鸞の庵に多くの人が集まってくることを嫉《ねた》んだとされます。聖人の門弟に加わった者の数はどのくらいになるのでしょうか。これを知るのに、『親鸞聖人門侶交名牒《きょうみょうちょう》』(三河妙源寺本)が参考になります。この名簿は康永三年(１３４４)に書き写されたものです。中核となる「面授口決」「上人面授」の門弟は五十名で、かれらは親鸞の声を直接聞き、教えを受けた門弟です。各々の門弟にはそれぞれ弟子がいました。『本願寺史』(増補改訂、第一巻、第一章八)によれば、この交名牒に載せられている親鸞門下は、加筆部分を除き、二百名余りに及び、聖人が関東に滞在していた頃、「門弟たちの人数は数百人程度と推測するのが穏当であろう」とのことです。常陸国の面授の弟子は多く、十九名です。聖人が稲田に居を定めていたからです。また、高田派の重鎮である真仏の弟子はきわめて多数にのぼります。高田が善光寺信仰の根強い土地柄であることから、善光寺聖であった真仏が多くの信徒を惹きつけたのでしょう。今井雅晴氏（「親鸞と関東教団」『真宗重宝聚英』第四巻所収）によれば、交名牒の弟子の地理的な分布から、多くの門弟は「稲田から三十数キロメートル以内の所に住んでいた。ということは、親鸞は、一泊二日の行程の範囲内での活動を主におこなっていたということになる」と、します。なお、親鸞は人倫に反する弟子には厳しい態度をとりました。たとえば、常陸の国の北郡にいた善証（乗）房を近づけませんでした（『注釈版聖典』第五・第三七通）。善証房は造悪無礙を唱え、他人を思うがままにののしりました。

## 親鸞の布教方法

聖人は、信濃から関東へ向かう際に、善光寺聖の一群に加わり、善光寺の再興・護持のための勧進活動に関与した可能性があります。勧進方法には時代によって変遷がみられました。中ノ堂一信氏（『中世勧進の研究―その形成と展開―』）によれば、勧進札などを配り歩く巡歴型から幕府など権威に依存する型を経て、興行型へ移行したそうです。親鸞が善光寺勧進聖に加わっていたとすれば、背負った笈の中には善光寺型阿弥陀仏が収められ、各所でそれを開帳することで唱導したとも考えられます。さらに、鎌倉幕府の勧進公認状を携えていたのかもしれません。巡歴型と幕府依存型が併存したものだったのでしょうか。平松令三氏（『親鸞の生涯と思想』第二部三3）によれば、善光寺式阿弥陀如来立像のミニチュア（総高36・9センチ）が滋賀県善水寺に所蔵されますが、これは元久三年（1206）に制作され、勧進聖が所持していた金銅像だそうです。高田専修寺の一光三尊の阿弥陀仏の作風に近い鎌倉中期に属す像とされます。笈に収容するのに適していたでしょう。

高田専修寺の本尊が信濃善光寺本尊の分身とされたことは史実ですが、本尊の一光三尊仏が親鸞によって請来されたとする『正統伝』の話は創作と考えられます。真仏（1209―1258）が嘉禄年間（1225―1227）に高田専修寺を草創したという天文十二年の記録があるのですが、嘉禄とすれば、真仏は十七歳か十九歳だったことになります（平松令三「高田専修寺の草創と念仏聖」『赤松俊秀教授退官記念　国史論集』所収）。若年にすぎるという難点があります。むしろ、専修寺の前身である高田の如来堂を継承したのが嘉禄年間だったのかもしれません。その本尊は鎌倉時代のものと推定される一光三尊仏です（『前掲論文』534頁）。後に、真仏は親鸞の弟子になり、本尊の由来を親鸞に付会したということでしょう。ただし、親鸞が善光寺聖であったという前提にたてば、巡歴を終えて常陸国に定住する際に、下妻小島や笠間郡稲田の庵に笈から出した阿弥陀仏を安置し、その庵を唱導の場としたとしても、それほど無理のない推測ではないでしょう。

稲田の庵の前身が太子堂だったという伝承からも、善光寺信仰は阿弥陀信仰と太子信仰を両輪に弘められたとはいえるでしょう。善光寺型阿弥陀仏像、聖徳太子像が本尊として崇められたはずです。ただし、親鸞は阿弥陀仏の画像は使わず、晩年には名号を尊重し、これを本尊に用いたようです。本願寺第八代宗主蓮如は、「真宗では木像よりは絵像、絵像よりは名号を重視する」（大意）といいました（『蓮如上人御一代記聞書』本）。蓮如の発言は親鸞聖人の信仰を踏まえたものです。

本書第十三章でふれますが、聖人は晩年に聖徳太子について著作を多く書いています。宮崎円遵氏（「親鸞聖人と門弟たち」『宮崎圓遵著作集』第二巻）は、帰洛した聖人に関東の門弟が懇志を送っていることがこれに関係すると考えます。つまり、門弟の唱導や絵解きに役立つように太子関係の著作にはげみ、その見返りに懇志を受け取っていたという推理です。「真宗の古寺には、しばしば聖徳太子の木彫や絵画の古い肖像を伝え、またいろいろな太子絵伝を蔵するばかりでなく、『正法論蔵』や『聖徳太子内因曼荼羅』の如き太子絵伝の絵解の台本もいまに存している」ことから、聖人の在世中から太子伝の絵解きが行われていたと考えます。当然、聖徳太子像が内陣に置かれていた道場は少なくないでしょう。また、親鸞は最晩年の八十六歳の時に、『尊号真像銘文』（広本）を書きました。そこで、「皇太子聖徳御銘文《こうたいししょうとくのごめいもん》」を二つあげて、解説しています。この賛銘は太子の画像に加えられたものです。親鸞の在世中に聖徳太子の画像が掛けられていたはずです。宮崎円遵氏（「初期真宗の聖徳太子像について」『初期真宗の研究』）は、親鸞や門弟が太子像を安置し、しかも、その絵像が真正面に立っていることに初期真宗の特色がよくあらわれている、とします。

平松令三氏（『親鸞の生涯と思想』第三部四）によれば、親鸞は名号こそ阿弥陀仏の本質をあらわすという信仰をもち、晩年に名号本尊を書いたとされます。名号が木像、絵像よりも抽象的なものであるがゆえに、本質そのものをあらわすのに適しているからです。『浄土和讃』などで、親鸞は名号を讃嘆する和讃を書いています。覚如（『改邪鈔』二）は、「親鸞聖人は、本尊ですら、『観無量寿経』所説の阿弥陀仏像を観ずる行に由来する一丈六尺や八尺の仏像をあえて求めてこれを用いようとはしなかった。天親菩薩の『浄土論』の巻頭の言葉、すなわち『帰命尽十方無礙光如来』をもって、真宗の御本尊とあがめていた」（大意）と、聖人が名号本尊を用いたとします。小山正文氏（「初期真宗門侶の一考察」『親鸞と真宗絵伝』）は、古来、浄土真宗では木像の安置を敬遠し、関東方面で集中的に建立された中世の板碑について、真宗では名号だけが彫られた、とします。

宮崎円遵氏（「親鸞聖人と門弟たち」『宮崎圓遵著作集』第二巻）は、初期真宗教団の布教形態について次のように述べます。まず、布教の場所ですが、親鸞在世中は寺ではありませんでした。親鸞自身は稲田や下野高田の堂宇に滞在して勧進（念仏の教えを弘める）にはげみ、入信した弟子が各々道場を造営しました。外観は普通の民家とあまりかわらず、外陣《げじん》は広く、内陣《ないじん》との高低差は少なかったそうです。法然の命日には同信の者が集まり、毎月、四日四夜、『往生礼讃』を誦したそうです。これは聖人が帰洛してからのことです（『拾遺古徳伝』巻九第七段）。

道場の内陣には、名号本尊が置かれましたが、「南無阿弥陀仏」の六字名号はほとんど用いられなかったようです。六字名号は、室町時代の中期、蓮如中年以後に至って普遍化されました（宮崎円遵「本尊としての六字尊号」『初期真宗の研究』）。初期真宗では八字の「南無不可思議光仏」、とくに十字の「帰命尽十方無碍光如来」の名号が多く、中央に名号を大きく書き、上下に経文（賛文）を書いた紙を添付したような名号本尊を親鸞は門弟に与えた、とされます。名号の下には蓮台が描かれていることからも、名号を本尊とみなしていたといえます。ただし、名号本尊を用い始めた時期が問題です。

## 稲田では旧来安置の本尊をそのまま用いたのか

初期真宗では、名号本尊だけでなく、善光寺型の一光三尊像や聖徳太子像などを本尊に用いたとされます。宮崎氏（「本尊としての十字尊号」『前掲書』）は、「親鸞縁故の堂舎で、聖徳太子像や善光寺型阿弥陀如来像その他を安置していたことから推すと、たとえ親鸞がそれに暫住したり、門弟参集のところとしたことがあっても、旧来安置の本尊をあえて親鸞独自の名号本尊に改めるということはなかったようである」と、名号本尊がすぐに旧仏教的な仏像に取って代わったわけではないとします。ちなみに、法然の本尊は木彫の阿弥陀立像だったそうです。また、法然が名号を本尊とした形跡はないし、自筆の名号と言われるものも、たいていニセモノだそうです（平松令三『前掲書』第三部四）。

現存する名号本尊は親鸞八十四歳（康元元年）または八十三歳（建長七年）に書かれたもので、名号本尊は晩年に京都で書かれ、上洛した高田門徒に授けられたようです。千葉乗隆氏（「真宗の礼拝対象—名号本尊—」『千葉乗隆著作集』第四巻）は親鸞がこの頃に書いた名号本尊は合計七点にのぼるとしますが、平松令三氏（『前掲書』第四部二）は、名号と賛文をふくめて親鸞が全体を書いた名号本尊は四点とします。除外された三点は名号部分が真筆でない「黄地《おうじ》十字名号」「紺地十字名号」、および、蓮台と賛銘のない「南无盡十方无碍光如来」名号です。平松氏（『前掲書』第三部四）は、これら四点の名号本尊について、いずれも名号の文字の配分が不均衡であることに着目しました。聖人が名号を書くことに不慣れであったために生じた不均衡とみなします。また、西本願寺蔵の六字名号について、細筆の根元まで墨をふくませて大字を書こうとした様子が見られることから、手慣れたところがないようにみえます。なお、蓮台のない八十四歳ころに書かれた「南无盡十方无碍光如来」の十字名号も、文字の配置がいびつです。

上記の四点の名号本尊はほぼ同時期、親鸞晩年の八十四歳に書かれています。『三河念仏相承日記』の記事に基づき、高田派の真仏、顕智ら主従四人のために聖人がこれらの名号本尊を書き与えたという見方が成立します。かれらが上洛したのは康元元年（１２５６）十月です。宗祖八十四歳の晩年に当たり、その頃に名号を書き慣れていなかったとすれば、名号本尊は帰洛後かなり経ってから書き始められたのではないでしょうか。名号を書き慣れていなかったように思われることは、千葉乗隆氏（「前掲論文」初出１９８８年）が先に指摘しています。

宮崎円遵氏（「真宗における道場と寺院」『初期真宗の研究』）によれば、阿弥陀如来の木像の安置も、以前からあったものを本尊として用いることはあっても、親鸞が積極的に本尊として定めたものではないとされます。早くは興正寺の木像が本尊として安置された事例があげられ、その記録は元応二年（１３２０）にみられるそうです。聖人没後、半世紀は経っています。本願寺がこれを採用したのは南北朝の末ころとされます。画像を本尊とするのも南北朝からとのことです。『存覚袖日記』には、正平（１３４６―）の頃から方便法身尊像というのが現れている、とされます（宮崎円遵「尊号から尊像へ―方便法身尊像の成立過程―」『前掲書』）。

以上のことから、関東滞在中に親鸞が名号を本尊として使用した可能性は低いように思われます。名号本尊を門弟に下付するようになったのは帰洛後の晩年で、絹本に金箔を押した十字名号などは職人の手を煩わし、けっして安価に制作できないでしょう。二点の大きな絹本は「黄地十字名号」と「紺地十字名号」と呼ばれるもので、三重県専修寺に伝えられます。名号と蓮台は画工の手によるもので、上下の賛銘は聖人の真筆です。聖人がつくらせて下付したものでしょう。黄地十字名号は聖人八十三歳の時に制作され、後者は数年前と考えられています（平松令三『前掲書』第三部四）。

親鸞が十字名号を好んだ理由について、松野純孝氏（『親鸞―その生涯と思想の展開過程』第七章第四節、第九章第二節）は、六字名号の呪術性を問題にします。『教行信証』化身土巻（真門釈）で、「本願の嘉号を自分の功徳の種として称えるので、信心がえられず、仏の知恵を悟ることもできない」（大意）とか、書簡（『注釈版聖典』第一三通）で「南無阿弥陀仏と称えるあいだに無礙光如来と称えるのはまったく問題ありません。阿弥陀仏がどのような形をしているのかを知らせるために、天親菩薩が無碍光仏と表現したのです」（大意）と書いた意図は六字名号の呪術性を回避することにあった、と考えます。松野氏は「『南无阿弥陀仏』は梵語を音訳したにすぎぬものであったから、一般にはその真意が知られないままに唱えられていた。しかも、この梵語で、意味の不明なことが、かえって人知を越えたものとして、霊力あり、功徳ある呪文と化していたにちがいない」と、します。同様に、平松令三氏（『前掲書』第四部二）は、「世間一般の南無阿弥陀仏には、とかく自力的・呪文的雰囲気が付随しがちなことを懸念したからではないか」と、推測します。親鸞が六字名号をほとんど書かずに、むしろ十字名号を好んだのにはそれなりの宗教的な理由があったようです。呪術性の回避は親鸞の信仰の特徴のひとつです。

## 初稿本系では僧体、康永本系では俗体

初稿本系の西本願寺本では、板敷山の場面で二人の武装した山伏とそれを遠くから眺めている二人の通行人ら

しい人物が描かれています。散り残った紅葉が晩秋の荒涼とした景色にわずかな彩りを添えています。

同じ初稿本系の高田専修寺本では、下巻第二段の詞書（第一紙）の直後に第三段の詞書（第二紙）が続く点が変則的です。元は第二段の詞書はもっと前にあって、二つの詞書の間に絵がくるべきだったでしょう。赤松俊秀氏（「専修寺本『親鸞伝絵』について」『続鎌倉仏教の研究』）は、「詞書・絵の順序がこの段にかぎって逆になっている」とし、「稲田興法」の詞書があとから書き加えられたからとします。下巻第三段の詞書につづく第三紙では、「ちくわ」（筑波）と注記された山辺が描かれていますが、赤松氏は後に描き入れられたと判断します。さらに、筑波山につづく第四紙が霞だけの図であるのは、願主などの依頼で筑波山と板敷山との距離を示すために描き加えられたものとします。その次の第五紙は、深山の雰囲気が濃厚な部分がつづき、「板敷山也」「山臥聖人をまちたてまつるところ也」の注記が書かれています。季節は晩秋で、色彩が西本願寺本よりも変化に富んでいます。山伏は小谷をはさんで、左に二人、右に一人、聖人を待ちうけています。右の山伏はいかにも殺意にあふれているように描かれています。

山伏が聖人を訪ねる場面については、西本願寺本と高田専修寺本に構図の違いはありません（ただし、後者では「聖人ためらふところなくいてあひたまふけしき」「明法房」「聖人」の注記があります）。門まで出てきた聖人は末端部が二股に分かれた鹿杖《かせづえ》をついています。さらに、「異時同図画法《いじどうずがほう》」の手法によって、その左側に、聖人の庵が描かれ、明法房は縁側にすわり、武装した格好から剃髪した僧体に変わっています。聖人ともども鈍色の法衣を着ています。明法房が山中・門扉・縁側の三箇所に描かれることによって、時間の経過が表されます。なお、門口で、明法房は武装を解き、従者もひざまずいて恭順の態度を示しています。

康永本でも、明法房は三箇所に描かれていますが、最初に現れる明法房は弓矢を持つ武装した山伏で、谷川を渡って庵の方に向かっています（この移動場面は初稿本系にはありません）。門口では武装したままの明法房が聖人に会っています。従者はいません。また、鹿杖をついた聖人が明法房を迎えている場面の左には、明法房が庭に武装を棄て俗服姿で縁側にすわり、兜巾《ときん》をとって恭順の態度を示します。庵内には聖人と二人の僧が鈍色の僧体ですわっています。康永本は山伏が回心するまでの過程に重点を置き、初稿本系では回心した結果を僧体で示しています。

康永本の絵相は全体に濃緑色が目立ち、晩秋ではなく、むしろ初秋の雰囲気が濃いようです。照願寺本は康永本に準じますが、弘願本は初稿本系と康永本の中間の絵相です　仏光寺本は山中で待ち伏せする三人の武装した山伏が描かれるなど、初稿本系に近い構図ですが、全体に晩秋の山を華美に飾り立てています。

初稿本系と康永本系の違いで目立つのは、後者では聖人の庵に向かう明法房が描かれ、庵の縁側にすわる明法房が俗体で兜巾をとっていることです。有髪です。

「絵伝」については、四幅本が康永本に準拠します。ただし、四幅本の専修寺本と慈光寺本（仏光寺系）は対応する「伝絵」とほぼ同じ絵相です。縁側にすわる明法房は僧体です。一幅の光照寺本は初稿本系と共通する部分がありますが、明法房が柿色の衣を脱いで白衣姿で縁側にすわっている絵相は康永本とも違い、独特です。白衣姿は二幅の上宮寺本にもみられます。三幅本は初稿本系に類似します。

なお、慈光寺本の第三幅三段目左に「霞ヶ浦と鹿島神宮」が描かれているのは仏光寺本伝絵の詞書の影響でしょう。この場面は上宮寺本二幅絵伝の第二幅中段にもみられます。慈光寺本は十八世紀初頭以前にさかのぼれるそうですが、上宮寺本絵伝は室町時代初期を降ることはないそうです。

六幅の万福寺本で注目されるのは、第四幅中段左の「山伏の訪問」「山伏剃髪」の場面です。この場面に先行するはずの「山伏の待ち伏せ」場面が後続するのは不可解です（第四幅最上段左）。「板敷山」という札銘が付けられていますが、馬が描かれるなど、特異な絵相です。また、「山伏剃髪」場面（札銘「笠間坊」）では、柿色の衣を脱いだ明法房の頭を僧侶が剃っています。従者らしき者が手を合わせ、聖人が立ち会っています。脱いだ柿衣は聖人の前に置かれています。出家場面です。剃髪場面はほかにはみられない特異なものです。八幅の西本願寺本は康永本伝絵に準拠し、柿衣の明法房が庵の縁側で兜巾をとって平伏しています。季節感は不鮮明で、晩秋ではないようです。

## もうひとつの詞書…親鸞は名号を書き慣れていなかったのか

明法房とは山伏の弁円のことであったかどうか、それは確かめようがありません。親鸞が関東を去ってから五十年以上も経って、覚如は関東で親鸞の遺弟に会って言い伝えを収集しました。「弁円済度」はそのときに覚如が耳にした話でしょうが、門弟の間でもむかしの記憶は薄れていたことでしょう。弁円という名にしても覚如は知らなかったようです。知っていれば、「伝絵」の詞書に書いていたでしょう。

明法房という名は親鸞の書簡に五回あらわれます。しかし、山伏であることは確かめられません。弁円という名は江戸時代の『正統伝』になってやっと出てきます。その由来は不明です。ただし、明法房が実在の人物で、どうやら山伏であったらしいことは書簡の内容からばくぜんと推測できます。親鸞書簡（『注釈版聖典』第四通）には、明法房が専修念仏の教えに帰依する以前に「不可思議のひがごと」、つまり、訳のわからない間違った信仰に入っていたと書かれています。その信仰が山伏の修験道であるらしいことは明法房が北郡の門弟であったという交名牒の記載から、推測できます。

北郡は修験道の修行場とされる筑波山の東山麓に位置します。修験と勧進聖は活動領域が重なることもあったはずですが、親鸞の専修念仏の教えは明法房にとって未知のものだったはずで、なおさら敵愾心があおられたでしょう。親鸞が常陸の稲田に定住してから、多くが門弟に加わったとすれば、明法房がそれを好ましく思わなかったのは当然です。聖人の門人は関東で数百人ぐらいであろうと推定されます。

康永本は、明法房が回心するまでの過程に重点を置き、それは柿衣の俗体で示されます。初稿本系では回心の結果を僧体で示し、僧体に成り変わった明法房が聖人に向かって恭順の態度をとります。また、回心場面を劇的に強調した剃髪場面が万福寺六幅本にみられます。

関東では親鸞は稲田の草庵に長く滞在しました。ここは、元は、太子堂であったらしいので、本尊は聖徳太子像だったかもしれません。木像か絵像だったでしょう。おそらく、親鸞は善光寺型の一光三尊像や聖徳太子像などを本尊に用いたと思われます。「親鸞縁故の堂舎で（中略―引用者）旧来安置の本尊をあえて親鸞独自の名号本尊に改めるということはなかったようである」（宮崎円遵「本尊としての十字尊号」『初期真宗の研究』）とする見方にしたがえば、名号本尊がすぐに旧仏教的な仏像に取って代わったわけではないようです。関東滞在中に親鸞が名号を本尊として使用した可能性は低いように思われます。名号本尊を門弟に下付するようになったのは帰洛後の晩年です。しかも、平松令三氏（『親鸞の生涯と思想』第三部四）が指摘するように、名号と賛銘をふくめて親鸞が全体を書いた名号本尊は四点ですが、いずれも名号の文字の配分が不均衡で、聖人が名号を書くことに不慣れであったと判断します。また、西本願寺蔵の六字名号について、細筆の根元まで墨をふくませて大字を書こうとした様子が見られることから、手慣れたところがないようにみえます。これらの四点の名号本尊はほぼ同時期、親鸞晩年の八十四歳に書かれています。その頃に名号を書き慣れていなかったとすれば、名号本尊は帰洛後かなり経ってから書き始められたことになります。

親鸞の没後、初期真宗の道場内陣には、名号本尊が置かれましたが、「南無阿弥陀仏」の六字名号はほとんど用いられなかったようです。六字名号は、室町時代の中期、蓮如中年以後に至って普遍化されました。時宗の影響によるとの説がみられます。親鸞が十字名号を好み、六字名号をほとんど書かなかった理由として、松野純孝氏（前掲書）、平松令三氏（『前掲書』第四部二）は、梵語の音写である「南無阿弥陀仏」には呪術的な要素がありがちなことを親鸞が嫌ったことをあげています。

なお、仏光寺本の詞書末尾にある「鹿島大神宮参拝」については、稲田在住中に『教行信証』著作のために一切経を閲覧しに大神宮に通ったとしても、不自然ではないという見方があります。これについては、津田徹英氏による反論を本書第十二章で紹介します。ただし、大神宮が関東一帯に隠然たる勢力をもち、それを無視しては常陸では生きていけないことから、親鸞の参拝伝説にはそれなりの蓋然性がある、と今井雅晴氏（『親鸞と東国門徒』第二章第一節）は指摘します。鹿島明神が親鸞に帰依したという伝承は近世の親鸞伝にのせられています（本書第十二章でもふれます）。

## 第十二章　下巻第四段「箱根霊告《はこねれいこく》」（口絵21）（附「一切経校合《いっさいきょうきょうごう》」）

〔仏光寺本〕関東武州《ぶしゅう》の禅門泰時《ぜんもんやすとき》、一切経《いっさいきょう》の文字を校合《きょうごう》せらるゝ事ありけり、聖人その選にあたりて文字章句の邪正をたゝし、五千余巻の華文をひらきて、かの大願をとけしめ給けり、これによりて壱岐左衛門《いきさえもん》入道法名覚印《かくいん》沙汰《さた》として、さま〳〵に四事《しじ》の供養《くよう》をのへられけり）聖人《しょうにん》（親鸞）東関《とうかん》の堺《さかい》を出《い》でて、華城《かせい》の路《みち》におもむきましましけり。ある日晩陰《ひばんいん》におよんで箱根《はこね》の嶮阻《けんそ》にかかりつつ、はるかに行客《こうかく》の蹤《あと》を送《おく》りて、やうやく人屋《じんおく》の枢《とぼそ》にちかづくに、夜《よ》もすでに暁更《ぎょうこう》におよんで、月《つき》もはや孤嶺《これい》にかたぶきぬ。ときに聖人歩《しょうにんあゆ》み寄《よ》りつつ案内《あんない》したまふに、まことに齢傾《よわいかたぶ》きたる翁《おきな》のうるはしく装束《しょうぞく》したるが、いとこととなく出《い》であひたてまつりていふやう、「社廟《しゃびょう》ちかき所《ところ》のならひ、巫《かんなぎ》どもの終夜《よもすがら》あそびしはんべるに、翁《おきな》もまじはりつるが、いまなんいささか仮寝《よりい》はんべるとおもふほどに、夢《ゆめ》にもあらず、うつつにもあらで、権現仰《ごんげんおお》せられていはく、〈ただいまわれ尊敬《そんきょう》をいたすべき客人《きゃくじん》、この路《みち》を過《す》ぎたまふべきことあり、かならず慇懃《いんぎん》の忠節《ちゅうせつ》を抽《ぬき》んで、ことに丁寧《ていねい》の饗応《きょうおう》をまうくべし〉と云々《うんぬん》。示現《じげん》いまだ覚《さ》めをはらざるに、貴僧忽爾《きそうこつじ》として影向《ようごう》したまへり。なんぞただ人《びと》にましまさん。神勅《しんちょく》これ炳焉《へいえん》なり。感応《かんのう》もつとも恭敬《くぎょう》すべし」といひて、尊重屈請《そんじゅうくっしょう》したてまつりて、さまざまに飯食《ぼんじき》を粧《よそ》ひ、いろいろに珍味《ちんみ》を調《ととの》へけり。

詞書の概略＝〈仏光寺本〉関東は武州の入道である北条泰時が一切経を校正させたことがあった。そのとき聖人が選ばれて文字などの正誤をただす仕事に就き、五千余巻の経文をひらいて、その大願の仕事をやり遂げた。これによって、壱岐左衛門入道法名覚印が指示して色々と飲食・衣服などの供養の接待を行った）聖人（親鸞）関東との境を出て、京都への路をたどった。ある日の夕方、箱根の険しい山道にさしかかり、どうにか旅人の足跡をたどっていくと、ようやく人家の扉をみつけて近づいた。夜もすでに明け方近くにおよび、月も山の端に傾いていた。そこで聖人は歩み寄って、取り次ぎを頼んだところ、年老いた翁が立派な装束をつけて、すぐに出て来て言うには、「ここは箱根権現の社に近いところで、この地の風習として神に仕える者が夜通し遊びをしています。老人のわたしも中に混じっていましたが、ちょっと居眠りをしたようです。そのとき、夢見心地だったのですが、権現様が現れて言われました〈ただいま私が尊敬する客人がこの路を通る。かならず失礼にならないように、丁重にもてなしなさい〉ということでした。夢告がまだ覚めないうちに、あなたが突然にここに現れました。あなたはただの人ではない。神のお告げに嘘偽りはない。神の霊示をおろそかにすべきではありません」と言って、聖人を丁重に遇し、色々の珍味を調理して御馳走した。

## 「一切経校合」は史実か

「伝絵」では、「一切経校合」は仏光寺本だけにみられ、下巻の「熊野霊告」と「洛陽遷化」の間に置かれています。しかし、この位置では聖人の生涯を追う形式の「伝絵」としては不自然です。一切経校合は鎌倉で行われたらしく、親鸞が関東を去って、帰洛の道をたどる以前の出来事になります。よって、「一切経校合」をここでは第四段「箱根霊告」の冒頭に置くことにします。また、「絵伝」では、津市上宮寺二幅本の第一幅、慈光寺四幅本の第四幅、甲斐万福寺六幅本の第四幅に「一切経校合」らしき場面がみられます。上宮寺本では「一切経校合」と「信行両座」が修理のさいに誤って入れ替わったといわれます。慈光寺本では仏光寺本伝絵と同じ場所に収められています。伝記の時代順にてらせば、「弁円済度」段の次に配置されるべきです。そのことからいえば、万福寺本絵伝の配置が適当といえるでしょう。

　仏光寺本伝絵では、一切経校合を終えた聖人へ砂金袋や衣服を供えている場面が描かれているようです**（口絵22）**。一切経校合の謝礼を受け取っている場面でしょう。絵伝では、仏光寺系の慈光寺本の絵相がこれに類似します。上宮寺本と万福寺本の場面は校合作業の最中のようにみえます。謝礼の受け渡し場面ではありません。とくに、万福寺六幅本は、校合作業に従事する様子がみてとれます**（口絵23）**。左側に、帽子《もうす》を巻いた親鸞らしき人物が折本経典を開き音読しているようにみえます。右側に四人の僧が一団となって巻本の字句と照合しているようです。縁側にいる尼僧がかれらの世話をしているようです。玉日姫もしくは恵信尼のつもりでしょうか。小山正文（「関東門侶の真宗絵伝―甲斐国万福寺旧蔵絵伝を探る―」『親鸞と真宗絵伝』）によると、江戸時代の万福寺の『当寺御絵伝六幅絵相異他之記』に、鎌倉に蔵された経の校合図であると書かれています。

「一切経校合」の記事は、早くは、覚如の『口伝鈔』（八）「一切経御校合の事」にみられます。元徳三年（１３３１）に覚如が口述したものを門弟の乗専が筆記したもので、「伝絵」の初稿本系（永仁三年〔１２９５〕成立）に組み入れられないのは当然としても、康永二年（１３４３）に修正された康永本にみられない理由がわかりません。鎌倉幕府の要請で校合にあたったことは聖人の名誉になることで、これを康永本に加えることに支障はないはずです。あるいは、本書最終章でふれますが、覚如と大谷廟堂相続を争った叔父の唯善が鎌倉に祖師の遺骨などを納めた堂宇を建立して、教化を行ったことから、鎌倉にかかわることを避けたかったからでしょうか。

後代になって、『白鳥伝鎌倉記』（江戸時代末期）などでは、聖人の理想化がすすんでいます。国難を避けるために一切経を書写し、これを校合するべき智者としてやっと聖人を探し当てたところ、聖人が将軍の前で華厳経から涅槃経に至るまで水の流れるように、少しも滞りなく読んだので、聖道門の智者も舌を巻いた、という筋立てです。「一切経校合」の場面がみられるのは、仏光寺本伝絵（および、これに基づく慈光寺本絵伝）、津市上宮寺本絵伝、甲斐万福寺本絵伝 の四点だけですが、平松令三氏（『親鸞』１９３頁）は、これらの「伝絵・絵伝」を所蔵していた寺院が共通して仏光寺派の荒木門徒に属することから、仏光寺本伝絵にみられる一切経校合の伝承が荒木門徒の間に広がっていた、と考えます。仏光寺、上宮寺、万福寺はいずれも武蔵荒木の源海の流れを継ぐ甲斐の源誓、鎌倉の誓海・明光《めいこう》などの荒木門徒系に属し、視覚による唱導がさかんな門侶でした（宮崎円遵「親鸞絵伝の成立と荒木門徒」『千葉乗隆博士還暦記念論集　日本の社会と宗教』所収）。地理的には鎌倉に近い南関東周辺の門侶です。鎌倉を舞台にしているという地理的な関係があって、この門流の「伝絵・絵伝」で一切経校合が取り上げられたのでしょうか。なお、上宮寺については、平松令三氏（「図版解説」『真宗重宝聚英』第二巻所収）によれば、高田派の有力寺院で、同寺所伝の光明本尊は荒木門徒系の明光系と考えられるとされます。

『口伝鈔』と仏光寺本伝絵の大きな違いは、鎌倉幕府の執権となる北条時頼（当時、九歳）に袈裟の徳用《とくゆう》（すぐれた働き）について話した部分が後者ではまったく無視され、校合の話だけが取り入れられていることです。平松氏（『前掲書』１９３頁）は「この二点（上宮寺・万福寺絵伝―引用者注）とも、時頼らしい小児を描いていないから、佛光寺本伝絵と同内容の伝承に依った絵と考えられる」と、します。とにかく、「一切経校合」の場面がみられる「伝絵・絵伝」が同じ系統の門流に属することは、この門流で「一切経校合」がとくに重視される理由があったからでしょう。鎌倉の甘縄に一切経の納められた明王院五大尊堂があって、誓海が同じ甘縄に寺を建立したとのことです（平松『前掲書』194頁）。親鸞の一切経校合伝承と何か関係がありそうと平松氏は考えています。校合のために親鸞が鎌倉にしばらく滞在したとすれば、鎌倉周辺に聖人の信仰を受け継ぐ門弟が出たと考えても不自然ではないでしょう。千葉乗隆氏（「親鸞の一切経校合」『千葉乗隆博士傘寿記念論集　日本の歴史と真宗』所収）は、親鸞の孫にあたる唯善が遺骨と影像を鎌倉の常葉《ときわ》（常盤）に安置したとき、多くの人が参詣に集まったのも、聖人が鎌倉に滞在して教化したことがあったからと考えます。

これまでの研究では、鎌倉で一切経供養が行われたことは『吾妻鏡』に記録されているのですが、それがいつ、どこで、どのような目的で行われたかについては意見がわかれています。峰岸純夫氏（「鎌倉時代東国の真宗門徒―真仏報恩板碑を中心に―」『北西弘先生還暦記念会編　中世仏教と真宗』所収）は、明王院五大堂が文暦二年（1235）二月十八日に建立され、そこで一切経供養が行われたと考え、書写・校合がこれに先行したとします。

ところが、千葉乗隆氏（前掲論文）は、嘉禎三年（1237）に北条政子の十三回忌に一切経供養が行われたことに先行して、写経は政子死亡後（嘉禄元年〔1225〕）まもなく始められ、文暦二年に親鸞が校合に関与した、とします。明王院の落慶法要は文暦二年六月二十九日で、未完成の明王院五大堂で一切経供養が行われる可能性は低く、文暦二年二月十八日の一切経供養は鶴岡社神宮寺で毎年修された行事であろうと考えます。五大堂造立にあたり、一切経が書写された形跡がみられないことなどから、政子の十三回忌に当たって一切経書写・校合が行われたとするのが千葉氏の見解です。いずれにしても、両氏は、親鸞が鎌倉に滞在して校合作業に加わったことを史実と認める立場です。

## 鎌倉滞在は六、七箇月だったのか

千葉乗隆氏の論文（2001年）が発表されてからほぼ十一年後、津田徹英氏（「〈記念講演〉親鸞聖人の鎌倉滞在と一切経校合をめぐって」『眞宗研究』第五十六巻）は、主として峰岸純夫氏（1985年）の説を踏まえ、一切経校合についてさらにいくつかの注目すべき提言をしました。それによると、一切経の書写に着手した時期の上限は明王院の寺地が決まった貞永元年（1232）をさかのぼらず、校合の開始は天福元年（1233）以降で、文暦二年（1235）二月十八日を超えないとします。一切経五千巻余の校合は一年くらい、実際には六、七箇月程度で終えられたと考えますが、その根拠に甲斐万福寺本絵伝の校合場面をあげます**（口絵23）**。数グループが同時進行で行う作業手順がこの校合場面から想定できるからです。校合作業は、津田氏によれば、六、七箇月で終了し、幕府の鎌倉追放令（文暦二年七月十四日）に促されて親鸞は鎌倉を退去したとの見解を示しました。

また、津田氏は、校合が執筆の最終段階にあった『教行信証』の完成に資したことを、具体的に指摘します。親鸞が一切経校合でどのあたりを分担し、親しく利用できたかを引用典籍から推論します。文暦二年頃の筆写とみなされる坂東本『教行信証』で加筆改訂された引用典籍について、それらが収容されている経箱の番号の順が互いに近いことから、親鸞が校合で披見した典籍の可能性がさぐれるとのことです。この木箱は万福寺本絵伝と津市上宮寺絵伝にみられます。

なお、『教行信証』に引用された典籍に一切経に未収録のものが多く、その未収録本に天台の典籍が含まれていることから、常陸周辺の天台寺院で聖教を閲覧したのではないかと津田氏は考えます。霞ケ浦（行方市）の西蓮寺が有力のようです。鹿島神宮は外れます。

## 親鸞は国府津から京都に向かったのか

仏光寺本伝絵のほかに、親鸞が鎌倉に滞在したらしいことは早くは『反古裏書』（永禄十一年〔1568〕成立）にみられ、「同く稲田の郷に十年ばかり御座をなされぬ。是は筑波山の北のほとり板敷山のふもとなり。其後相模国あしさげの郡高津の真楽寺、又鎌倉にも居し給と也（中略―引用者）六十歳の御時、この所より筥根山をこされ、御上洛ありとなん。七年御居住ありと申伝へ侍る、しかれば貞永元年の比なるべし」（原文片仮名）と、書かれています。真楽寺は神奈川県小田原市国府津《こうず》にあり、ここの勧堂《すすめどう》に七年間滞在したそうです。『大谷本願寺通紀』巻一には「相模江津七年」「相模七年」「相模江津三年」などの説が載せられています。「江津」は「国府津」でしょう。『御伝絵指示記』には「相州国府津《ソウシュウコフツ》」に六十二歳まで留まったとあります。『正統伝』巻之六（六十一歳の条）によれば、都に上る途中で、一年間、相州足柄下郡江津にとどまり、教化にはげみ、鎌倉に通ったそうです。そのおり、北条家が聖人に一切経校合を依頼したとのことです。また、『正明伝』巻四によれば、鎌倉へは、常陸・下野から一切経校合以前から通っていたそうです。その目的は不明ですが、『教行信証』の執筆資料を閲覧するためだったとも想像できます。覚如の『口伝鈔』（八）では、幕府の要人が校合の適任者として聖人を探し出したのは、「もし常陸国笠間郡稲田郷に御経回《ごけいがい》のころか」と、割注に記しています。覚如が伝聞を忘れかけているように読み取れます。

『反古裏書』が記すように、親鸞が貞永元年（1232）に帰洛の途に就いたとすれば、六十歳のときです。一切経校合伝承にしたがうと、北条時頼が九歳のとき、つまり文暦二年、六十三歳でしょう。帰洛の理由については、諸説がありますが、そのひとつとしてあげられる専修念仏弾圧令は鎌倉幕府が文暦二年七月十四日に出しています。親鸞が校合作業に取り掛かったのはこれより一年ほど前と推測されます。峰岸氏（前掲論文）は、「親鸞は鎌倉を退去して一時相模国江津（国府津）に避難し、ほとぼりをさましてから帰洛したとも考える」とします。弾圧令発布と校合作業の時期が重なるかどうか気になりますが、校合は、峰岸説によれば、文暦二年二月十八日以前に終了したはずです。弾圧令発布の五箇月前です。

## 袈裟を脱がずに肉食したのか

『口伝鈔』の第八章の大部分を占めているのは袈裟の徳用《とくゆう》の話題ですが、それが上記の弾圧令と関係するのではないかとも指摘されています。

話の要点を紹介します。

一切経校合に従事していた頃、ある日、酒宴が催されたが、ほかの入道が袈裟を脱いで魚食をしていたのに対し、聖人は袈裟を着けたままであった。当時九歳の時頼は不審に思い、その理由を質したところ、脱ぐのを忘れたとの返答であった。別の酒宴で同じ質問をした時頼に聖人が本音を伝えた。「生き物の生命を奪うことは悪事ですが、末法の世、無戒の時代でもあるので、こうして肉食をしています。しかし、命を奪われる生き物にも成仏してもらいたいと思うのです。私は仏弟子の端くれでありながら、心は煩悩にまみれ、智慧も徳もなく、生き物を救う力はありません。せめて袈裟を着けたまま食べれば、袈裟の徳力で生き物を救えるのではないかと願ってのことです。心ある人々の目をはばからない恥ずかしい振舞いですが、そのような趣旨で行うことです」。この言葉を聞いた時頼は感動の様子を隠さなかった。聖人は、のちに、「天下を治めるべき棟梁は幼い時からその兆しがあらわれているものだ」と言った、ということである。

親鸞のこのような言動には違和感をもつ向きが多いのではないでしょうか。念仏についてまったく言及することなく、袈裟の呪力に訴える発想は専修念仏の信仰とかけ離れています。また、時の権力者に媚びるかのような内容も親鸞の発言とは思われません。例によって、覚如の創作だったのでしょうか。もっとも、時頼が幼少のころから仏教に深い関心を抱いていたという伝承があるので、親鸞との会話も事実と考えるのは千葉乗隆氏（前掲論文）です。しかし、平松令三氏（『前掲書』186頁）によれば、北条時頼にはカリスマ化傾向があって、時頼を理想化する粉飾された話で、架空の話と学会では受けとめられていたようです。ただし、『本願寺史』（増補改訂、第一巻、204―205頁）では懐疑的にとらえていますが、一切経校合に親鸞が参加したことを史実と認める向きは今日では少数派ではないようです。

『本願寺史』が一切経校合を史実として懐疑的にみている理由の一つは、校合が行われたとする文暦二年に念仏者への弾圧令が出ていることから、親鸞を校合作業に招くというのが理解しにくいということです。しかし、『吾妻鏡』によると、文暦二年七月十四日に鎌倉中に弾圧令が布達されましたが、先に指摘したように、校合作業はそのときには終了していた可能性があります。弾圧令がどのような過程で発布されたかが問題で、親鸞が校合適任者として選ばれる頃から発布の機が熟していたのならば、鎌倉幕府が親鸞を校合に参加させるのは理解しにくくなるでしょう。

『吾妻鏡』の文暦二年（1235）七月二十四日の条に、「念仏者と称し黒衣を着す輩が近年全都に満ち、各所にのさばる。天皇の命を伝える文書が何度も出されたものの、いまだに治まらない。重ねて天皇の命が出されるべきことを京都に上奏するべきである」（大意）と、専修念仏を唱える阿弥陀聖の所業が目に余ることから、これを取り締まる抑圧令が何度も発布されました（『中世法制史料集』第一巻、九十「稱念佛者着黒衣輩事」）。たしかに、法然ら浄土教信奉者が流罪に処せられた原因の一つは、阿弥陀仏の救いはむしろ悪人を対象にするのだから、悪事をどれだけ重ねても構わないという「造悪無礙《ぞうあくむげ》」の考えが世間の顰蹙《ひんしゅく》を買ったということもありました。念仏を唱えるだけで何も修行せずに浄土に往生できるという立場は南都北嶺の旧仏教には許し難く、何度も専修念仏を弾圧するように朝廷・幕府に要請しています。覚如が『口伝鈔』を著した年の前年（元徳二年〔1330〕）

にも、比叡山が専修念仏者の追放を朝廷に奏聞しています。

文暦二年七月十四日の幕府による禁止令は、「道心堅固の者については何もいうことはない。ただし、魚鳥を食べ、女人を招き寄せ、徒党を組み、酒宴を好んで行うことを至る所で聞く故に、そのような者は鎌倉から追放され、住居も破却されるべきである」（大意）という破戒念仏者の追放令でした（『中世法制史料集』第一巻、七十五「念佛者事」）。女を集めるというのは侍従花山院入道教雅が遊女を集めて声明念仏を行ったというスキャンダルを指しているのでしょうか（田村圓澄『法然上人傳の研究』第二部第二十一章）。『口伝鈔』に登場する親鸞は、戒律を守る僧ではなく、世俗の入道と同じ振舞いをしていたのですが、他の入道とは違い、袈裟を脱がないで肉食したとのことです。つまり、親鸞は破戒をはばからずに肉食する在俗の聖で、幕府の追放令にひっかかる危惧があったことになりますが、袈裟を着して生きものの成仏を願う姿勢は単なる破戒念仏聖とは違うことを示します。覚如が『口伝鈔』で言わんとしたことは、表面は破戒の入道にみえても、内面は仏法の精神を失っていないのだから、本来ならば追放令の対象にはならない、という言い訳にもとれます。言い訳がましい作り話であるように思えることから、覚如はこれを「伝絵」に入れなかったのでしょうか。

## 親鸞、箱根を越える

史実として親鸞が鎌倉から追放されたことは確かめられませんが、峰岸氏の言うように、いったん鎌倉から国府津に退去し、それから箱根を越えて帰洛したとも推測できるでしょう。それならば、帰洛の主な理由は追放令といえるかもしれません。追放令は一切経校合が終了してから五箇月後くらいに発布された可能性があります。

幕府の念仏者取締まりが厳しくなったのが帰洛の直接の動機であろうというのが有力な説ですが、平松令三氏（『前掲書』１９６頁）はこのような弾圧はむしろ京都の方が厳しいくらいであったし、門弟を見はなして関東を去るような「水臭い親鸞だったとは思われない（後略——引用者）」とします。しかし、関東の門弟への愛着が強く、これを断ち切るのが辛かったとしても、念仏者の鎌倉追放令が物理的な強制力をもっていたとすれば、鎌倉周辺に留まるわけにはいきません。関東を去って移住するならば、勝手知った京都に帰り、ひっそりと京都の片隅で『教行信証』の仕上げに打ち込みながら余生を過ごす気持ちになったのではないでしょうか。その場合、京都での生活を経済的に支える手立てについて、聖人なりの目算があったのでしょう（本書第十三章でとりあげます）。親鸞は人師《にんし》であることを好まず（『口伝鈔』一）、とくに唱導・布教活動もせず、京都では主として書写・著作にはげむ日々を送っていたと思われます。

なお、五来重氏（『善光寺まいり』『著作集』第二巻所収、458頁）は、関東を去った事情は謎とするものの、東国門徒には善光寺信仰が抜きがたくしみ込んでいたので、絶対他力の伝道に限界をかんじたからであろう、と考えました。たしかに、帰洛後、東国門侶は二分し、かなりの部分が善光寺信仰に戻ってしまったともみなせます。親鸞亡き後、第七代存如まで絶対他力を標榜する本願寺は低迷期が続き、善光寺聖の系統を継ぐ高田門侶が本願寺を凌駕しました。このように、帰洛の理由として、親鸞が東国門侶を伝道面で見限ったということも一理ありそうですが、帰洛時期を考慮すると鎌倉追放令が現実的なきっかけといえるでしょう。

この段の「箱根越え」の話が史実であったといえる根拠はありません。せいぜい後世の談義本や親鸞伝で述べられているだけで、それらが何を根拠にしているのかは不明です。ただし、聖人が関東から帰洛したことは事実ですから、帰洛の経路は、海路でなければ、箱根山を越えるルートだったでしょう。鎌倉から国府津を通って箱根の麓に向かったという伝承にもある程度の真実性がうかがわれます。近世の祖跡巡拝記録からいくつかを紹介します。

『遺徳法輪集』巻第五之上に、親鸞の高弟である二十四輩の筆頭として性信の略伝が載せられています。性信は吉水時代からの弟子で、流罪地の越後国府から常陸稲田まで聖人に付き従い、前後二十六年間、弘法教化の難行を共にしたとのことです。やがて、聖人は都に帰ることになり、貞永元年の夏の頃に出立し、性信も伊豆国箱根山までお供すると言ったところ、聖人は、「自分が都に帰れば誰が教化の仕事をこの地でするのか、性信房は関東に留まり念仏弘通をするように」と、形見に『教行信証』一部を授けました。性信は横曽根に戻り、聖人への御恩を忘れないように報恩寺を建立しました。『二十四輩次第記』は元禄以前に成立した巡拝案内記ですが、箱根山前後の聖人および性信の行実は『遺徳法輪集』（宝永八年〔1711〕刊）とほぼ同内容です。

『正統伝』巻之六の六十一・二歳の条でも、都に向かう途中、相州足柄下郡江津で一年間留まって教化し、江津からは顕智房、専信房、蓮位房、性信房が箱根の東の麓まで供をしましたが、そこで蓮位と性信が関東に戻った、とあります。

## 覚如はなぜ「箱根霊告」段を収めたのか

そもそも、覚如が「箱根霊告」段を書いた意図がわかりにくい、と平松令三氏（『聖典セミナー「親鸞聖人絵伝」』243頁）は指摘します。箱根権現でなぜ聖人らが歓待されたのか、その理由が詞書でふれられていないのは、覚如が「伝絵」を制作するころにその理由がすでに忘れられていたからではないか、と平松令三氏（『親鸞』200頁）は推測します。「一切経校合」と「箱根霊告」が分断されて別の場所に収められているのが仏光寺本伝絵ですが、この二つのエピソードが連続する出来事であるとの認識が室町時代前期にはなくなっていたからでしょうか（慈光寺本絵伝は仏光寺伝絵に基づいています）。

平松氏（『聖典セミナー「親鸞聖人絵伝」』240頁）は、この段を取り入れた覚如の意図を二つ挙げています。ひとつは、鎌倉幕府が尊崇する神社だったことから、その箱根権現が聖人に対して丁寧に接待するように命じるという話を示すことで、幕府の念仏者への風当たりをやわらげる意味がある、第二には、関東の門侶には山岳信仰の影響を受けているものがいるので、かれらの神祇信仰との調和をはかる、ということです。

第一の理由はさておき、山岳信仰との関連は、越後の親鸞が妙高山の修験道的念仏と善光寺浄土信仰の圏内に住み（五来重『善光寺まいり』『著作集』第二巻所収、427頁）、熊笹の名号を戸隠山で書き、それを善光寺の堂照坊に預けた（『正統伝』四十歳の条）という伝承にもみられます。山岳信仰との親和性は親鸞の越後時代にうかがわれるだけですが、常陸の筑波山を中心に修験道がさかんであったことは前段の明法房の逸話から明らかです。修験道との接触は避け難かったわけです。

修験が専修念仏を敵視しているからには、修験をふくめた在来信仰との調和に親鸞は気を使ったでしょう。関東の門徒が多少とも在来信仰の影響下にあったことは認めざるを得ません（今井雅晴『親鸞と浄土真宗』第二章第三節）。「伝絵・絵伝」では、聖人の側から攻撃的な態度に出ることはなく、信仰の力で自ずと聖人に帰依したように描かれています。「弁円済度」では、平和的に敵対関係を解消し、在来信仰の信者を吸収したように描かれていますが、いつもそのようには運ばず、門徒のなかにはむしろ在来信仰の影響を色濃くのこしたものが少なくなかったでしょう。

覚如は専修念仏の教えを定着させることに努力を傾注したのですが、その努力が報われたのは第八代宗主・蓮如の時代からでした。親鸞没後、在来信仰の影響が無視できない時代が続きました。鹿島門徒では鹿島神宮、横曽根門徒では真言宗、高田門徒では善光寺信仰などが考えられます。たとえば、義絶された善鸞が呪術（符術）を用い、覚如の従兄弟の唯善が若いころに山伏の修行をしたことなど、「あれほど親鸞が否定した呪術をこととする山伏の世界に彼の子孫たちが親しんでいた（後略─引用者）」と、今井雅晴氏（『前掲書』156頁）は親鸞の親族でさえも呪術とは無縁でなかったとします。

善鸞については、『最須敬重絵詞』第五巻第十七段で、浄土の教法からはずれ、巫女の仲間に入った、と書かれています。五来重氏（『前掲書』426頁）は善鸞の念仏を「修験道的専修念仏」と呼びます。唯善については、『慕帰絵』第五巻第一段に、成人後に仁和寺の僧正の門弟として「山臥道」を学んだこと、また、『最須敬重絵詞』第五巻第十八段でも、真言の教門を学び、兼ねて「修験ノ一道」を歩み、山林斗藪《トソウ》をたしなんでから親鸞の教えに入った、と書かれています。なお、山伏だった唯善は『歎異抄』の著者とされる河和田の唯円の門に入ったとされます（『存覚一期記』正安元年の条）。唯円を頼ったのは、唯善の異母兄であったからか、それとも同じ山伏だった縁からではないか、との説があるそうです（今井雅晴『前掲書』142―143頁）。

在来信仰との妥協・調和には類例がいくつかあります。本書第十章でふれましたが、高田派系統の親鸞伝に、越後から北陸道経由でいったん帰洛し、ついで伊勢神宮に参拝してから関東に向かったという伝承がみられます。伊勢神宮参拝は「箱根霊告」と類似します。寄宿の主人は聖人の「絶倫の貴相」に感心し、神官は夢告によって親鸞の到来を知っていて、賓客として迎えました。また、『正統伝』巻之六の五十七歳の条に「鹿島の神」が白衣の老翁となって高田にあらわれ、親鸞の弟子になり、その返礼に麗水を湧き出させ、鹿島に帰ったという伝承がみられます。同じ伝承は笠間の西念寺にもみられます（『捃聚抄』巻上、『遺徳法輪集』巻第三）。次段の「熊野霊告」もその典型です。

この段の詞書では、聖人一行は夕方に箱根山にかかり、夜中ずっと歩き続け、明け方に権現近くに至りました。神官が出迎え、歓待したのは明け方でした。夜を徹して歩くとはどんな状況だったのでしょうか。覚如は神勅が伝えられるのにふさわしい異界であることを示したかったのでしょうか。それとも、本来あるべき前後の脈絡が脱落して伝えられた逸話かもしれません。

このように、山岳信仰をふくめて在来信仰の神霊・眷属が聖人の信仰に敬意をあらわす場面を収めることで、在来信仰との妥協・調和を印象づけようとしたと思われます。在来信仰の神霊などは威儀を正した姿であらわれ、親鸞を尊崇します。かつて在来信仰の信者であった門侶にとっても不快な場面ではないでしょう。

小島恵昭氏（「神祇不拝と汚穢不浄」『誰も書かなかった親鸞—伝絵の真実』所収）は、覚如が「箱根霊告」段を収めた理由を三つあげています。ひとつは、箱根権現の焼失と「伝絵」初稿本制作がほぼ同時期で、「箱根権現復興のための箱根信仰の勃興時期に『親鸞伝絵』の成立がある」とします。第二に、箱根信仰との関連を取り上げることで教団護持上のメリットが生じると感じたのでしょうか。覚如は箱根社を創建した万巻《まんがん》という高僧は鹿島神宮寺も創建したとされ、その鹿島神宮の神人の家に生まれたのが横曽根門徒の中心人物である性信で、万巻と性信の伝承を起点に箱根権現の逸話を収めたとします。なお、今井雅晴氏（『親鸞と東国門徒』１１１頁）によれば、報恩寺の伝承では、性信が鹿島神社の神官に連なる人物で、十八歳の時に紀伊の熊野神社に参詣し、京都では法然の紹介で親鸞に帰依したとのことです。第三に、伊豆箱根の神々と熊野信仰は深いかかわりがあって、箱根には各所に熊野神社があったことから、次の「熊野霊告」段との関連で収められとみなし、これを最大の理由とします。親鸞門徒といえども在来の神祇とかかわらずに生活できなかったことから、神祇との妥協・調和を話題にする段を「創作」して収めたというのが小島氏の結論です。

なお、平松令三氏（『親鸞』２００頁、『聖典セミナー「親鸞聖人絵伝」』２４４頁）は聖覚《せいかく》との関連をあげます。本書第六章でふれたように、親鸞は聖覚と在京時代から親密な仲で、聖覚の『唯信鈔』を最晩年に至るまで何度も書写して門弟に読むように勧めていますし、その解説書『唯信鈔文意』を晩年に著しています。平松氏は、『箱根町誌』（第二巻）の記事などに着目し、天台宗の大御所だった慈円が建永元年（１２０６）に伊豆・箱根権現の官領を聖覚に任せたとのことで、聖覚との縁故から箱根に立ち寄ったのではないか、と考えます。

## 在来信仰との妥協・調和

以上のように、親鸞が箱根権現に立ち寄ったことを創作ではなく史実としてとらえる説をいくつか紹介しましたが、いずれも決定的な根拠に欠けます。ただし、史実であろうと創作であろうと、この段が当時の真宗門徒に与えた印象が問題です。それは在来信仰への対抗・敵対意識ではなく、妥協・調和の姿勢でしょう。覚如はそのような姿勢を示すことで在来信仰の影響が避けがたい関東門侶が離反するのを防ごうとしたのでしょうか。

なお、在来信仰との妥協・調和の型は他力信仰の確立段階にしたがって変化しました。初稿本系「伝絵」では箱根・熊野などの神祇信仰との妥協・調和が描かれ、ついで「入西鑑察」と「蓮位夢想」の増補段では善光寺・太子信仰との妥協・調和が描かれていますが、「入西鑑察」段と「蓮位夢想」段のあいだには、他力信仰の確立について差がみられるでしょう。前者では善光寺信仰が他力信仰と混然一体化していますが、後者では聖徳太子が聖人の本地である阿弥陀仏に平伏礼拝する構図がみられ、善光寺信仰にふくまれる太子信仰の部分が劣位に退いた図といえるでしょう。他力信仰に対し太子信仰が屈服し、他力の純化が進んでいるともいえます。覚如の高田派への対抗姿勢がこんなところにもうかがえます。太子信仰は高田派で濃厚でした。本書第四章でふれたように、「蓮位夢想」段を増補した頃、覚如は他力信仰の純化をとくに意識せざるを得ない状況に置かれていたようです（拙論「枕石寺の伝承を読み解く」『親鸞と葬送民俗』）。

## 初稿本系と康永本系とでは構図が逆転する

「伝絵」の基本構図について、初稿本系と康永本系とでは違いがあります。前者では、右に聖人一行を出迎える場面、左に箱根権現・芦ノ湖などの山岳風景が続きますが、後者ではその構図が左右逆転します。また、聖人一行について、人数の違いもみられます。前者では二人。後者では三人で、先頭の僧は頭巾をしています。初稿本の影響を受けている弘願本と仏光寺本でも、二人です。初稿本系の高田専修寺本には右から「聖人案内し給ふところ也」「葦河《アシカハ》の宿也《シュクナリ》」「僧房等《ソウハウラ》」「箱根権現乃社壇也《ハコネノコンケンノシャタンナリ》」という注記が施されています。鹿を配して箱根山を深山として描き、芦ノ湖にはカワウらしき鳥が数尾みられます。全体に晩秋の気配が濃厚です。同じ初稿本系の西本願寺本では紅葉が散り残っています。他方では、康永本は常緑針葉樹が主として描かれ、季節感は希薄です。

弘願本だけに見られるのは、社の囲垣中に巫女《みこ》らしき女が六人と神官が赤い衣を着ている絵相です**（口絵21）**。詞書を忠実に描くつもりなのでしょう。その社から神官が聖人らを迎えに出ています。異時同図画法です。聖人の一行は二人で、従者は笈を背負います。初稿本系にはないのですが、芦ノ湖畔では物売りが湖畔で店を開いています。神社の見える深山が遠望できます。仏光寺本でも物売りの商店が見えます。また、湖畔に聖人主従の旅姿が見えます。弘願本と仏光寺本は初稿本系の特徴とともにそれぞれの独自性が混在します。

「絵伝」でも、初稿本系と康永本系の基本構図の違いがみられます。一幅の光照寺本・二幅の上宮寺本・三幅の妙源寺本などは初稿本系伝絵と同じですが、多くの四幅本が康永本に順じます。ただし、四幅の専修寺本と慈光寺本（仏光寺系）はそれぞれが準拠する「伝絵」と同じ構図をもち、右に「聖人出迎え」場面、左に箱根山の風景が配置されています。なお、三幅の願照寺本絵伝について、聖人の従者らしき人物が黒笠を持ちます**（口絵24）**。この黒笠については、本書第六章の末尾で扱いました。

八幅の西本願寺本絵伝はやや独自の構図をもちます。右から門に近づいてきた聖人一行を神官が門外に出迎え、その左側に箱根権現などの風景がひろがります。詞書の内容を右から左へ順に展開するつもりで描いたのでしょうか。

六幅の甲斐万福寺本はさらに独自の構図です。初稿本系が晩秋の風景であるのとは違い、全体が雪景色です。

小山正文氏（「関東門侶の真宗絵伝―甲斐国万福寺旧蔵絵伝を探る―」『親鸞と真宗絵伝』）によると、この親鸞絵伝は四季絵仕立になっていて、六幅のうち第五、第六の各下半分が冬に配当されています。「箱根霊告」は第五幅の下半分に描かれ、さらにそれが上下二分されます。下には箱根山を行く聖人一行が描かれています。五人ほどの一行が雪景色の深山を進みます。上の左は「聖人出迎え」場面。中央に芦ノ湖、右に箱根権現の社が配置されています。聖人の一行のうち従者らしき一人が黒傘を持ちます。聖人は帽子《もうす》をしているようです。寒さ厳しい冬の旅です。

なお、親鸞が妻子をともなって帰洛したかどうかは意見が割れていますが、「伝絵・絵伝」には妻子らしい旅姿は描かれていません。本書第十章で扱った「室の八島」の場面でもそうでした。覚如には妻子を描くのを避けたい理由があったのでしょうか。

仏光寺本伝絵、慈光寺本絵伝、津市上宮寺本絵伝、甲斐万福寺旧蔵絵伝にふくまれる「一切経校合」については、本章の冒頭でふれました。

## もうひとつの詞書…幕府の弾圧で鎌倉を追放されたのか

親鸞が関東から京都に戻ったのは確実ですが、いつ、どのような事情で帰洛したかについては、明確な史料がのこされていませんので、状況証拠から推測するしかありません。「伝絵」では仏光寺本のみに収められている「一切経校合」がその手掛りをあたえてくれます。この逸話は『御伝鈔』には収められていません。その理由もわかりません。ただし、『口伝鈔』（1331年に口授）の第八章にはのせられていますので、覚如が「一切経校合」を知らなかったわけではありません。すくなくても、康永本（1343年）には加えていてもおかしくありませんが、覚如は「伝絵」ではなぜかこれを無視しています。親鸞の孫で、叔父にあたる唯善が骨肉の争いのはてに鎌倉に逐電し、再起の動きをみせたことから、覚如は鎌倉にふれたくなかったのでしょうか。
なお、仏光寺本伝絵のほかに、上宮寺本・慈光寺本・万福寺本などの絵伝にも「一切経校合」が収められています。これらを所蔵した寺院は武蔵荒木の門徒系に属し、視覚による唱導がさかんな門侶とされます。地理的には鎌倉に近い南関東周辺の門侶です。一切経校合の伝承が「伝絵・絵伝」に組み入れられたのは、この伝承が鎌倉を舞台にしていたからでしょうか。親鸞の孫にあたる唯善が遺骨と影像を奪い、鎌倉の常葉《ときわ》（常盤）に安置したとき、多くの人が参詣に集まったそうです。聖人がかつて鎌倉に滞在して教化したことも、荒木門徒系の「伝絵・絵伝」に「一切経校合」が入れられた理由となるのでしょうか。

仏光寺本の詞書では一切経校合に参加して、幕府から饗応にあずかったことだけを簡単に述べているのですが、『口伝鈔』では幕府主催の宴席で親鸞が袈裟を脱がずに肉食したことを詳しく紹介しています。親鸞はここで念仏についてまったく言及することなく、袈裟の呪力に訴え、専修念仏の信仰とかけ離れた言動をとっています。例によって、覚如の創作だったのでしょうか。

これに関連して、文暦二年（１２３５）七月十四日に鎌倉幕府から破戒の念仏者追放令が出されていることが注目されます。十日後にも、幕府が弾圧令発布を朝廷に要請していることから、肉食の親鸞も取締りの対象になる懸念がありました。覚如が『口伝鈔』で言わんとしたことは、表面は破戒の入道にみえても、袈裟を着して生きものの成仏を願い、内面は仏法の精神を失っていないのだから、本来ならば追放令の対象にはならなかったはず、という言い訳にもとれそうです。追放令は校合が終ってからほぼ半年後には出されたようです。

学会では、近年、「一切経校合」を史実として認める方向にあるようです。津田徹英氏（２０１２年）は、親鸞が追放令に促されて鎌倉を去ったとする見解をもちます。また、峰岸純夫氏（１９８５年）は、確証はないと断ったうえで、鎌倉を退去してから国府津（江津）にしばらく滞在して、帰洛したとします。いずれにしても、文暦二年七月以降に鎌倉を出たものと思われます。国府津滞在と箱根越えについても、史実であることを示唆する伝承が少なからずあります（たとえば、『反古裏書』）。

「箱根霊告」段について、箱根権現で聖人らが歓待された理由が詞書でふれられていないのですが、それは覚如が「伝絵」を制作するころにその理由がすでに忘れられていたからではないか、と平松令三氏（『聖典セミナー「親鸞聖人絵伝」』）は推測します。仏光寺本伝絵では、「一切経校合」と「箱根霊告」は連続するべきですが、それらは分離した別の場所に収められています。この二つのエピソードが連続する出来事であるとの認識が室町時代前期にはなくなっていたからでしょうか。なお、平松令三氏（『親鸞』、『聖典セミナー「親鸞聖人絵伝」』）は聖覚《せいかく》との関連をあげます。本書第六章でふれたように、親鸞は聖覚と在京時代から親密な仲で、聖覚の『唯信鈔』を最晩年に至るまで何度も書写していますし、その解説書『唯信鈔文意』を晩年に著しています。平松氏は、天台宗の大御所だった慈円が建永元年（1206）に伊豆・箱根権現の官領を聖覚に任せたとの『箱根町誌』（第二巻）の記事などに着目し、聖覚との縁故から箱根に立ち寄ったのではないか、と考えます。しかし、あくまでも可能性の域を出ず、そうであるとは断言の限りではありません。

「箱根霊告」を在来信仰との接触という観点でみると、本書前章の「弁円済度」で述べられているように、稲田は筑波山に近く、修験をふくめた在来信仰との調和に親鸞が気を使ったとは容易に推測できます。「伝絵・絵伝」では、聖人の側から攻撃的な態度に出ることはなく、信仰の力で自ずと聖人に帰依したように描かれています。平和的に敵対関係を解消し、在来信仰の信者を吸収しています。「箱根霊告」でも、山岳信仰をふくめて在来信仰の神霊・眷属が聖人に敬意をあらわす場面が収められています。このように、覚如は在来信仰との妥協・調和を印象づけようとしたように思われます。在来信仰の神霊などは威儀を正した姿であらわれ、親鸞を尊崇します。かつて在来信仰の信者であった門侶にとっても不快な場面ではないでしょう。仏光寺本詞書にみられる伊勢神宮での逸話、二十四輩案内記にみられる鹿島神宮の神霊が親鸞の教化をうけた逸話なども同類です。

また、小島惠昭氏（前掲論文）は、伊豆箱根の神々と熊野信仰は深いかかわりがあって、箱根には各所に熊野神社があったことから、次の「熊野霊告」段との関連で収められたとみなし、これを最大の理由とします。親鸞の門徒といえども在来の神祇とかかわらずに生活できなかったことから、神祇との妥協・調和を話題にする段を「創作」して収めたというのが小島氏の結論です。

さらに、「伝絵」制作上の問題として、関東から京都へ場面がいっきに変わることを避け、旅程を円滑に設定するためにも、箱根通過の場面を取り入れた、と考えられます。

「箱根霊告」段の絵相については、ほかの段でもみられたように、初稿本系と康永本系の違いが目立ちます。構図が左右逆になっています。弘願本だけに見られるのは、社の囲垣中に巫女《みこ》らしき女が六人と神官が赤い衣を着ている構図です。詞書を忠実に描くつもりなのでしょう。「絵伝」では、六幅の甲斐万福寺本が独自の構図をもち、初稿本系が晩秋の風景であるのとは違い、全体が雪景色です。この親鸞絵伝は四季絵仕立で、五人ほどの聖人一行が雪景色の箱根山を進みます。従者らしき一人が黒傘を持ちます。聖人は帽子《もうす》をしているようです。

「一切経校合」場面については、仏光寺本伝絵とそれに準じる慈光寺本絵伝では、一切経校合を終えた聖人へ砂金袋や衣服が供えられる場面が描かれているようです。一切経校合の謝礼を受け取っている場面でしょう。また、上宮寺本絵伝と万福寺本絵伝の場面は校合作業の最中のようにみえます。謝礼の受け渡し場面ではありません。とくに、万福寺六幅本では、僧侶五人が校合作業に従事する様子がみてとれます。縁側にいる尼僧がかれらの世話をしているようです。玉日姫もしくは恵信尼のつもりでしょうか。津田徹英氏（前掲論文）は、この絵相から、数グループが同時進行で進めたとすれば、一年程度、もしくは六、七箇月で、校合が完了するのは十分に可能、とみなします。

# 第十三章　下巻第五段「熊野霊告《くまのれいこく》」（口絵25）

聖人《しょうにん》（親鸞）故郷《こきょう》に帰《かえ》りて往事《おうじ》をおもふに、年々歳々《ねんねんせいせい》夢《ゆめ》のごとし、幻《まぼろし》のごとし。長安《ちょうあん》・洛陽《らくよう》の棲《すみか》も跡《あと》をとどむるに懶《ものう》しとて、扶風馮翊《ふふうふよく》ところどころに移住《いじゅう》したまひき。五条西洞院《ごじょうにしのとういん》わたり、これ一《ひと》つの勝地《しょうち》なりとて、しばらく居《きょ》を占《し》めたまふ。このごろ、いにしへ口決《くけつ》を伝《つた》え、面授《めんじゅ》をとげし門徒等《もんとら》、おのおの好《よしみ》を慕《した》ひ、路《みち》を尋《たず》ねて参集《さんじゅう》したまひけり。そのころ常陸国《ひたちのくに》那荷西郡《なかのさいのこおり》大部郷《おおぶのごう》に、平太郎《へいたろう》なにがしといふ庶民《しょみん》あり。（〔西本願寺本で欠落〕聖人の訓《おしえ》を信《しん》じて、もつぱらふたごころなかりき。しかるにある時《とき》、件《くだん》の平太郎《へいたろう》、所務《しょむ》に駆《か》られて熊野《くまの》に詣《けい》すべしとて、ことのよしを尋《たず》ねまうさんがために、）聖人《しょうにん》へまゐりたるに、仰《おお》せられてのたまはく、「それ聖教万差《しょうぎょうまんじゃ》なり、いづれも機《き》に相応《そうおう》すれば巨益《こやく》あり。ただし末法《まっぽう》の今《いま》の時《とき》、聖道門《しょうどうもん》の修行《しゅぎょう》においては成《じょう》ずべからず。すなはち〈我《が》末法《まっぽう》時《じ》中《ちゅう》億々《おくおく》衆生《しゅじょう》　起行《きぎょう》修道《しゅどう》　未《み》有《う》一人《いちにん》得者《とくしゃ》〉といひ、〈唯《ゆい》有《う》浄土《じょうど》一《いち》門《もん》可《か》通《つう》入《にゅう》路《ろ》〉と云々《うんぬん》。これみな経釈《きょうしゃく》の明文《めいもん》、如来《にょらい》の金言《きんげん》なり。しかるにいま〈唯有浄土《ゆいうじょうど》〉の真説《しんせつ》について、かたじけなくかの三国《さんごく》の祖師《そし》、おのおのこの一宗《いっしゅう》を興行《こうぎょう》す。このゆゑに、愚禿《ぐとく》すすむるところ、さらに私《わたくし》なし。しかるに一向専念《いっこうせんねん》の義《ぎ》は往生《おうじょう》の肝腑《かんぷ》、自宗《じしゅう》の骨目《こつぼく》なり。すなはち三経《さんぎょう》に隠顕《おんけん》ありといへども、文《もん》といひ義《ぎ》といひ、ともにもつてあきらかなるをや。『大経《だいきょう》』の三輩《さんぱい》にも一向《いっこう》とすすめて、流通《るずう》にはこれを弥勒《みろく》に付属《ふぞく》し、『観経《かんぎょう》』の九品《くぼん》にもしばらく三心《さんしん》と説《と》きて、これまた阿難《あなん》に付属《ふぞく》す、『小経《しょうきょう》』（〔高田専修寺本では欠落〕の／〔仏光寺本では〕に）一心《いっしん》（〔高田専修寺本〕説舎利弗に附属し／〔仏光寺本〕とときて舎利弗に附属し）つひに諸仏《しょぶつ》これを証誠《しょうじょう》す。これによりて論主《ろんじゅ》（天親《てんじん》）一心《いっしん》と判《はん》じ、和尚《かしょう》（善導《ぜんどう》）一向《いっこう》と釈《しゃく》す。しかればすなはち、いづれの文《もん》によるとも、一向専念《いっこうせんねん》の義《ぎ》を立《りゅう》すべからざるぞや。証誠殿《しょうじょうでん》の本地《ほんじ》すなはちいまの教主《きょうしゅ》（阿弥陀仏《あみだぶつ》）なり。かるがゆゑに、とてもかくても衆生《しゅじょう》に結縁《けちえん》の志《こころざし》ふかきによりて、和光《わこう》の垂迹《すいしゃく》を留《とど》めたまふ。垂迹《すいしゃく》を留《とど》むる本意《ほんい》、ただ結縁《けちえん》の群類《ぐんるい》をして願海《がんかい》に引入《いんにゅう》せんとなり。しかあれば本地《ほんじ》の誓願《せいがん》を信《しん》じて一向《いっこう》に念仏《ねんぶつ》をこととせん輩《ともがら》、公務《くむ》にもしたがひ、領主《りょうしゅ》にも駆仕《くし》して、その霊地《れいち》をふみ、その社廟《しゃびょう》に詣《けい》せんこと、さらに自心《じしん》の発起《ほっき》するところにあらず。しかれば、（〔高田専修寺本で以下欠落〕垂迹《すいしゃく》において内懐虚仮《ないえこけ》の身《み》たりながら、あながちに賢善精進《けんぜんしょうじん》の威儀《いぎ》を標《ひょう》すべからず。ただ本地《ほんじ》の誓約《せいやく》にまかすべし、あなかしこ、あなかしこ。神威《じんい》をかろしむるにあらず、ゆめゆめ冥眦《みょうし》をめぐらしたまふべからず」と云々《うんぬん》。これによりて平太郎熊野《へいたろうくまの》に参詣《さんけい》す。道《みち》の作法《さほう》とりわき整《ととの》ふる儀《ぎ》なし。ただ常没《じょうもつ》の凡情《ぼんじょう》にしたがひて、さらに不浄《ふじょう》をも刷《かいつくろ》ふことなし。行住坐臥《ぎょうじゅうざが》に本願《ほんがん》を仰《あお》ぎ、造次顛沛《ぞうじてんぱい》に師教《しきょう》をまもるに、はたして無為《ぶい》に参着《さんちゃく》の夜《よ》、件《くだん》の男夢《おとこゆめ》に告《つ》げていはく、証誠殿《しょうじょうでん》の扉《とびら》を排《おしひら》きて、衣冠《いかん》ただしき俗人《ぞくじん》仰《おお》せられていはく、「なんぢなんぞわれを忽緒《こつしょ》して汚穢《わえ》不浄《ふじょう》にして参詣《さんけい》するや」と。その時《とき》かの俗人《ぞくじん》に対座《たいざ》して、聖人《しょうにん》忽爾《こつじ》としてまみえたまふ。その詞《ことば》にのたまはく、「かれは善信《ぜんしん》（親鸞）が訓《おしえ》によりて念仏《ねんぶつ》するものなり」と云々《うんぬん》。ここに俗人《ぞくじん》笏《しゃく》をただしくして、ことに敬屈《けいくつ》の礼《れい》を著《あらわ》しつつ、かさねて述《の》ぶるところなしとみるほどに、夢《ゆめ》さめをはりぬ。おほよそ奇異《きい》のおもひをなすこと、いふべからず。下向《げこう》の後《のち》、貴坊《きぼう》にまゐりて、くはしくこの旨《むね》を申《もう》すに、聖人《しょうにん》「そのことなり」とのたまふ。これまた不思議《ふしぎ》のことなりかし。）

詞書の概略＝聖人が故郷に帰って昔のことをかえりみると、過ぎ去った年月がただ夢・幻のように思われた。都では定住を好まず、右京や左京のあちこちに転居したが、なかでも五条西洞院のあたりを気に入り、しばらく滞在した。そのころ、かつて教えを直接うけた平太郎という庶民がいて、聖人の教えを一心に信じていた。ところが、あるとき、その平太郎が役目で熊野に参詣しなくてはならなくなり、そのことの是非を尋ねに、聖人を訪問した。すると、聖人は、「仏の教えには無数の違いがあって、学ぶ人の器量によっては大きな利益がある。しかし、今の末法の世では、聖道門の修行では悟りが得られない。道綽禅師は〈末法の世では、何億人がいくら修行しても、一人も悟りが得られない。浄土門だけが仏道に入る道である〉と説いた。これはすべて経・釈で明らかに説かれ、如来の金言である。〈浄土門だけ〉という真実の教えにしたがい、ありがたいことに印度・中国・日本の三国の高僧たちがそれぞれ浄土教という一宗を興した。それ故、この愚禿が勧める教えには私の勝手な部分はない。しかも、〈一向専念〉は浄土に往生するのに肝要な教えであり、浄土門の骨幹である。だから、浄土三部経には隠《おん》と顕《けん》の違いがあるにしても、字句表現にしても意味解釈にしても、すべて〈一向専念〉を明らかにしている。『無量寿経』の三輩段では一向専念をすすめ、流通分では弥勒菩薩に教えの弘通をゆだねている。『観無量寿経』の九品往生について、至誠心・深心・回向発願心の三心が必要と説き、阿難尊者に弘通をゆだねている。さらに、『阿弥陀経』では一心（〔高田専修寺本・仏光寺本〕と説き、舎利弗に弘通をゆだね）について諸仏が正さを証明している。したがって、天親菩薩は「一心」、善導和尚は「一向」と解釈している。いずれにしても、一向専念の教えが立てられないわけがない。熊野の証誠殿《しょうじょうでん》の熊野権現はその本地《ほんじ》が阿弥陀仏である。阿弥陀仏が何としても衆生を救おうと思って、神に姿を変えて日本国にあらわれたので、姿こそ神であるが、その本意は縁の深い衆生を阿弥陀仏の本願の海に引き入れようとすることにある。したがって、本地の阿弥陀仏の誓願を信じ、一向に念仏をしようとする者たちが公務によって領主に仕え、その霊地をふみ、社廟に詣でようとしても、まったく自発的な行いではないこともあり、問題ない。それ故、（〔高田専修寺本では以下欠落〕熊野社に詣でたとき、内は虚仮《こけ》の身でありながら、あえてうわべを飾り、精進潔斎の威儀をとりつくろうことはあってはならない。ひたすら弥陀の誓願にまかせるべきである。なんと有難いことであろうか。私の言葉は神の威徳を軽んじるものではない。神も怒って睨みつけることはない」と、言った。この言葉を聞いて、平太郎は熊野に参詣した。それで、道中の作法をとくにととのえなかった。ただ煩悩の世界に沈んでいる凡人のままに、精進潔斎をすることもなかった。つねに弥陀の本願を仰ぎ、いつも聖人の教えを守り、はたして無事に熊野社に到着したその夜、その平太郎に夢のお告げがあった。証誠殿の扉がひらいて、衣冠正しい俗人が姿をあらわし、「お前はなぜ私を軽んじ、精進潔斎せずに不浄の身のままに参詣するのか」と、言った。その時、その俗人に対座して親鸞聖人が思いがけず姿をあらわし、「これは善信（親鸞）の教えによって念仏する者である」と、言った。すると、その俗人は笏《しゃく》を持ち直し、深く敬礼の態度を示し、さらに言葉を重ねる様子がみられなかった。そこで、平太郎は夢から覚めた。なんと不思議なことだ、と平太郎は言葉が出なかった。熊野から帰ってから、聖人の住まいに参上し、くわしく事の次第を報告すると、聖人は「やはりそうであったか」と、言った。これもまた不思議なことであった。）

## 「伝絵」と「真仏因縁」の平太郎

この段の詞書に登場するのは常陸国《ひたちのくに》那荷西郡《なかのさいのこおり》大部郷《おおぶのごう》の平太郎です。まず、平太郎の出自を説明しますが、その名からして、問題があります。高田専修寺本伝絵では、最初に「忠太郎」と書かれていたのが、後で「平太郎」に書き改められた痕跡がみられるそうです（平松令三『聖典セミナー「親鸞聖人絵伝」』本章第十三段【補説】）。どちらが正しいかは不明ですが、書き改められたときには、「平太郎」が一般に流布していたと考えられます。三河三幅本絵伝の如意寺本と願照寺本の札銘では「忠太郎参上所」と読めます。

平太郎の出身地とされる「大部」は茨城県東茨城郡飯富村にあたるそうです（日下無倫『總説親鸞傳繪』437頁）。「平太郎」は親鸞書簡（十一月九日付、『注釈版聖典』第三三通）で「おほぶの中太郎」としてあらわれます。「おほぶ」は「大部」とされます。実在の人物でしょう。関東に下った善鸞（親鸞の息男）の言動によって多くの門徒が動揺し、中太郎の道場の門徒九十人ばかりが善鸞の方に移り、中太郎入道を棄てたことが判明し、親鸞が嘆いている書簡です。詞書の「平太郎」と書簡の「中太郎」が同一人物であることは、「大部」という地名などから、ほぼ間違いはないでしょう。

## 「真仏因縁」の意図

平太郎の熊野詣の話は『親鸞聖人御因縁』（以下『御因縁』と略します）のなかの「真仏因縁」にもあらわれます。『御因縁』が「親鸞因縁（坊守因縁）」「真仏因縁」「源海因縁」の三部から成ることは本書序章でふれました。『御因縁』の意図は、親鸞・真仏・源海の三人が師資相承していることを主張し、この伝承の担い手である荒木門徒の中心人物である源海を荘厳することにあるようです。「源海因縁」の成立は鎌倉幕府の倒れた元弘三年（1333）以後とされます（塩谷菊美「源海因縁―鎌倉悟真寺と荒木門徒―」『語られた親鸞』第一章十）。源海が死没したとされる弘安元年（1278）からだいぶ経っていますが、荒木門徒の隆盛時期は文和三年（1354）ころとみなされています。玉日姫伝承を主旨とする「坊守因縁」の逸話については、本書第五章の「選択付属」でふれました。『御因縁』を「伝絵」の通俗化したものとみなす従来の見解から脱して、「伝絵」とは別系統の伝承か、むしろ「伝絵」より早く成立したものと評価したのは宮崎円遵氏（「『親鸞聖人御因縁』ならびに『秘伝抄』について」『宮崎圓遵著作集』第七巻）です。宮崎氏は「伝絵」の「熊野霊告」段について、『御因縁』の「真仏因縁」を素材につくられたと判断します。

「真仏因縁」の概略を紹介します（大意）。

真仏上人とは常陸国の横曽根（横添？）の身分の低い農夫である。あるとき領主の佐竹殿が年籠りに熊野に参詣するさいに人夫に駆り出された。平太郎は〈いつぞや親鸞上人が神は迷いの姿、仏は悟りの体であるから、念仏する者はあえて神に仕える必要はないと教えてくれた〉と思い、道中では他の人夫とは同調せず、自分の飯を道の飢えた者に与えたが、人夫たちは、横曽根の平太郎が参拝者の飯と同じ火で炊いたものを乞食にやったので、俺たちは穢れで頭痛や足の腫れに苦しんでいる、と非難した。平太郎は同じ飯を蠅も食べるではないかと言い返すと、皆がわらった。「南無阿弥陀仏」と唱え、精進潔斎もせず、田辺では沈没船の死骸を埋葬した。本宮に着き、年越しの夜に、一千七百余人の参詣者がみな同じ夢をみた。証誠殿（証誠大菩薩）をはじめとして熊野の神々があらわれて平太郎を三度ずつ拝んだので、佐竹殿は「精進にはげんできた自分に御利益がなく、あの身分の低く、道を穢した者にあるのはなぜか」と言った。熊野権現は涙ながらに「どこまでも現世の幸福を願う人々の息が畜生道の三熱の炎となって私を苦しめてきたが、この男の称名念仏を聞いて、炎がさめて、極楽に帰ることができた。それで、その恩に報いようと拝んだのである」と告げた。佐竹殿は夢見心地で「念仏を申せばお心に叶うのですか」と問うと、権現は「誰でも南無阿弥陀仏と唱える者は仏である。平太郎はまことの仏だ」と返答し、奥に消えた。佐竹殿をふくめ、すべての人が同じ夢をみたとわめき、平太郎を拝んだ。七十年の苦行を積んだ証力法印という山伏も頭巾を棄て弟子になった。平太郎は神前で出家し、神託によって、「真仏」と名乗った。佐竹殿の輿に乗り上洛し、多数の人々を勧化したので、亀山天皇が「真仏上人」の名をあたえた。平太郎は親鸞上人の勧化をこうむった身であることから、上人御在世の間は上人とよばれる訳にはいかないとして、親鸞上人の供をして再び常陸国に下り、信仰を受け継いだ。

今も「親鸞真仏」と呼ばれる。

以上のように、「真仏因縁」が「伝絵」の「熊野霊告」と類似していることは、常陸国の平太郎が熊野に詣でるという筋立てから明瞭です。しかし、一致しないところも少なからずみられます。

まず、『御因縁』の平太郎は常陸国横曽根《よこそゑ》（横添《よこそえ》？）の住人ですが、「伝絵」では常陸国《ひたちのくに》那荷西郡《なかのさいのこおり》大部郷《おおぶのごう》の出身となります。これは、大部郷のなかに「横曽根」という地名があったとすれば、問題とするまでもないとされます。「横曽根」は横に広がった砂地の地形をあらわす地名だそうです（平松令三『聖典セミナー「親鸞聖人絵伝」』263頁）。また、宮崎円遵氏（『前掲論文』188頁）は、常陸横曽根が茨城県飯富村にあたるとします。水戸市飯富町の真仏寺は平太郎が創建した寺といわれます。

次に、「伝絵」の平太郎は熊野詣について京都の聖人のもとに対処方法を訊きに行きますが、「真仏因縁」では、かつて関東に下った聖人に教えをうけたことになっています。ここでは、平太郎真仏が親鸞の正当な後継者として常陸国の門徒に崇められる話であることから、京都よりも関東の常陸に重きが置かれているようです。『御因縁』が〈親鸞―真仏―源海〉という師資相承の系譜を示すために書かれたことからすれば、この三代の血脈を伝える荒木門徒の本拠地である関東に重点が置かれるのは自然です。熊野詣をすませた平太郎は親鸞の供をして京都から常陸に戻り、聖人の教えを受け継ぎ、「親鸞真仏」と呼ばれました。聖人が京都から関東に再び戻るという話はまったくの作り話ですが、上記の『御因縁』制作の意図にそった話です。

また、「真仏因縁」では、平太郎が熊野権現を念仏の力で畜生道の三熱の苦しみから極楽に導きました。その平太郎を熊野権現は「真仏」と証誠（保証）しました。つまり、「真仏因縁」では、平太郎は阿弥陀仏と等しい存在となります。

ところが、「伝絵」ではそうではありません。親鸞の一門弟にすぎません。平太郎は敬虔な念仏者ではあるものの、平凡な人間のままです。平太郎を穢れた者と非難した熊野権現を屈服させ、黙らせたのは夢中の親鸞聖人です。「伝絵」の詞書には熊野権現の本地が阿弥陀仏と書かれているのですから、聖人の法力はその権現にまさり、絶大とさえ言えそうです。

## 「熊野霊告」の本地垂迹説とは

平安期から中世にかけて、熊野本宮の本地を阿弥陀如来とする本地垂迹説《ほんじすいじゃくせつ》が共通認識として民衆に広まりました(義江彰夫『神仏習合』173頁)。熊野本宮は阿弥陀如来を本地とする極楽浄土として崇められ、浄土往生を願って熊野参詣が平安末期には隆盛をきわめました。本宮が「証誠殿」とよばれるのも浄土教典の影響が考えられるのだそうです。熊野参詣には厳粛な精進潔斎が求められましたが、「真仏因縁」「熊野霊告」に接した多くの門侶はそのことを承知していたはずです。

「真仏因縁」にはみられないのですが、「伝絵」には本地垂迹説が織り込まれていることから、「伝絵」の構成はやや複雑になっています。平太郎が熊野詣について是非を尋ねたとき、聖人は「権現の本地は阿弥陀仏であるから、賢善精進の外相を示すに及ばない」と答えます。その権現は、精進潔斎をまもらない平太郎を俗人の姿で叱ったものの、専修念仏の教えを説く親鸞に対して拝礼しています。これをどのように解釈すべきでしょうか。

神仏同体の本地垂迹説では、本地の阿弥陀仏と垂迹の熊野権現が不可分です。「伝絵」では、俗人姿で平太郎を叱るのは、笏《しゃく》を持つ垂迹の権現で、その権現が阿弥陀仏への他力信仰を弘める聖人に頭を下げたことになります。ここでは、垂迹の権現が前景に出て、本地としての阿弥陀仏は無視されています。

本地垂迹説は、日下無倫氏（『前掲書』４４５頁）によれば、真宗内の史料では「伝絵」のこの段が初見だそうです。聖人のどの著作にも、神祇が仏の垂迹であるという考えはあらわれず、覚如・存覚に至って発展した、とします。したがって、この段の本地垂迹説は聖人のものではなく、覚如のものか、当時の一般的な信仰を基盤としたものと考えられるでしょう。覚如は、本地垂迹説を取り入れることで、専修念仏と在来信仰の調和を演出しようとしたとの見方がありますが、この段の核心部では本地の阿弥陀仏の存在が無視されていることから、本地垂迹説としては変則的といえるでしょう。

むしろ、この段では、在来信仰との摩擦を避け、それとの調和を意図するよりも、専修念仏の立場を、前段の「箱根霊告」よりも、さらに強く押し出す意図がふくまれているのではないでしょうか。導入部で熊野詣を正当化するために本地垂迹説が説かれますが、この段の主旨は、本地垂迹説ではなく、俗人体の熊野神が親鸞に対し「敬屈の礼」をとっている図から、神祇信仰が他力信仰に屈服すること、と解釈できるでしょう。尊宗の念が他力信仰を伝える親鸞へ集約していますが、そのことも「真仏因縁」との違いです。親鸞を荘厳しようとする覚如の制作意図がこの段にも強くうかがわれます。

さらに、多くの門徒が在来信仰との接触を避けられない生活を送っていたので、平太郎のように信心堅固であれば、精進潔斎しなくても問題ないことをわかりやすく伝えるという意図を覚如は意識していたのでしょう。ただし、これは旧仏教などの反発を招く危惧があります。元仁元年（１２２４）五月十七日、延暦寺が朝廷に出した「一向専修停止事」に、専修念仏者は仏像経巻に向かっても敬重の思いを生ぜず、寺塔僧坊に入っても汚穢の行いをはばからない、と非難しています（『親鸞聖人行実』真宗大谷派教学研究所編、１０３頁）。

平太郎が「真仏」と呼ばれる理由は『御因縁』に書かれていますが、高田派・仏光寺派・興正派の第二代宗主とされる下野高田の「真仏」とは別人とされます。寺伝（たとえば、『二十四輩順拝図会』後巻四）によれば、高田の真仏の俗系は下野の国司大内国行の甥・春時で、聖人の法徳を慕ってその弟子になり、専修寺は聖人から真仏に譲られたそうです。真仏が五十歳で没してから、娘婿の顕智が継ぎ、高田派が発展したとのことです。「真仏」の名の由来は不明です。『親鸞聖人門侶交名牒《きょうみょうちょう》』（三河妙源寺本）では真仏が筆頭にあげられ、「下野国高田住」とあります。そのほかに「真仏」という名は『親鸞聖人門侶交名牒《きょうみょうちょう》』にはみられません。同じく『二十四輩順拝図会』（後巻三）の広林山真仏寺の項に、この寺が平太郎真仏の開基であること、下総結城称名寺の開基で上記の高田派第二代真仏とは別人であることに注意せよと書かれています。「真仏因縁」の平太郎が「真仏」と名付けられているのは、高田派の実質的な開祖である真仏を意識したものでしょう。しかし、同名異人です。

## 京都の親鸞はひっそりと暮らしていた

帰洛してから聖人はどのような経済生活を送っていたのでしょうか。これについて、いくつかの手掛かりによって推測が可能です。たとえば、『教行信証』の書写に使った「宿紙《しゅくし》」です。宮崎円遵氏（「帰洛後の親鸞聖人」『宮崎圓遵著作集』第一巻、「晩年の親鸞聖人と周辺」『宮崎圓遵著作集』第二巻）によれば、坂東本の信巻には宿紙という「すき返し」の紙が四十六枚使われている部分があります。この紙は朝廷の五位の蔵人だけが用いるものだそうです。日野の本家に蔵人になっていた親戚（日野光国）がいて、それとの接点があったからであろうと推測されています。光国（または、兄の家光）は覚信尼の長男である覚恵を養子として、青蓮院に入室させたそうです（『反古裏書』）。宮崎氏（「晩年の親鸞」『前掲書』第一巻）は、また、親鸞自筆本などの用紙がかなり立派で、一度使った紙の裏を用いたものがないことからも、生活に困窮していたようには見受けられないとします。ほかに、聖人の舎弟の尋《じん》有《う》との接点もありました。

尋有の善法坊に聖人が最晩年に死亡するまで寄寓していたことは確かのようです。善法坊は三条富小路《とみのこうじ》にありました（『原典版聖典―校異』、親鸞聖人御消息第一四通「自然法爾事《シネンホフニノコト》」２９４―２９５頁）。詞書にある「五条西洞《ごじょうにしのとう》院《いん》わたり」の住居を火事で焼け出されて、舎弟の坊舎に移転したとされます（真仏宛ての書簡『注釈版聖典』第四〇通では、火事は建長七年十二月十日、八十三歳の時）。光森正士氏（「親鸞聖人の遷化をめぐって」『仏教美術の研究』）は、日光輪王寺の『常行堂声明譜』（重文）を調査した際に、舎弟・尋有が「上番預阿闍梨大法師尋有」というかなり高位の役職に就いていたことを発見し、建長七年八月には輪王寺に滞在し、善法坊を留守にしていて、親鸞が弘長二年まで八年間ここに在住していたことを裏付けています。尋有は当時すでに八十歳に達していたと推定されます。

また、関東から訪ねてくる門弟との交渉は次節でふれますが、京都で新たに門弟に加わった者は少なかったようです。『親鸞聖人門侶交名牒』（三河妙源寺本）では上記の尋有をふくめて八名が「洛中居住弟子」にあげられていますが、親戚関係のものなど内輪の「弟子」をのぞけば、外部の弟子は二、三人だったとされます。京都では教化活動を控え、筆硯に親しむ日々を送っていたのでしょう。

対外的に控えめな生活を送った理由として考えられるのは専修念仏弾圧の記憶だったのかもしれません。三十五歳で越後に流され、四年後に赦免されてからも、旧仏教・朝廷・鎌倉幕府は弾圧の手を緩めませんでした。帰洛したのも、幕府による文暦二年（１２３５）の念仏者の鎌倉追放令が発布されたことに起因する、と考えられるでしょう。京都では、これに先行する嘉禄三年（１２２７）に、法然の墓所が破却され、隆寛・幸西などの高弟が流罪に処せられ、隆寛は難を避けて奥州・鎌倉などを転々、相模国飯山（厚木市）で死にました。さらに、『選択本願念仏集』が発禁、版木が焼却されました。天福二年（１２３４）にも専修念仏禁止、洛外追放令が出されました。

平雅行氏（『歴史のなかに見る親鸞』第三章）によれば、文暦二年、弘長元年（１２６１）の幕府による専修念仏禁止令では、破戒の念仏者は鎌倉追放に処せられています。親鸞没後にも弾圧令が発布され続けます。専修念仏者であるだけでも、顕密僧によって、住宅は破壊され、聖教は外道の説として唾棄され、弥陀の像は足蹴にされるようなことが、各地で起きたそうです（存覚『破邪顕正抄』）。親鸞が聖教の書写・執筆にはげむのには、できるだけ目立たずに暮らすことを旨にせざるを得なかった事情があったからでしょう。派手な布教活動を避け、身を慎まなければ、落ち着いて『教行信証』の推敲も続けられなかったでしょう。

## 「念仏のすすめもの」とは何か

帰洛してから聖人はどのようにして収入を得ていたのでしょうか。聖覚《せいかく》（1167―1235）のように上流階級を相手に唱導を行って生計を立てていた痕跡はみられず、京都で新たに弟子を集めるつもりもなかったようです。聖人が頼っていたのは関東の門徒で、そこから送られてくる懇志が主な収入だったという見方が有力です。そのことを指摘したのは宮崎円遵氏（「親鸞教団の構成」『初期真宗の研究』）です。宮崎氏はその後も同趣旨を昭和四十年代から五十年代の論文でくりかえし述べています。宮崎氏が具体例として挙げているのは親鸞の書簡です。十二月二十六日付の教忍坊宛て書簡（『注釈版聖典』第四一通）に、京都での生活を維持する経済的な裏付けを示唆する注目すべき記事があります――「護念坊のたよりに、教忍御坊より銭二百文、御こころざしのものたまはりて候ふ。さきに念仏のすすめのもの、かたがたの御中よりとて、たしかにたまはりて候ひき。ひとびとによろこび申させたまふべく候ふ。」（大意）護念坊からの便りによれば、教忍坊殿から銭二百文の御志をいただきました。その前には、念仏の懇志を御一同様から確かにいただきました。皆さまに私の喜びをお伝えてください）。

この書簡に書かれている「こころざしのもの」「念仏のすすめのもの」について、宮崎氏は前者を個人の懇志とし、後者の「念仏のすすめもの」を念仏勧進によって得られた懇志で、同行の共同醵金《きょきん》と考えました。

さらに、「晩年の親鸞聖人と周辺」（『宮崎圓遵著作集』第二巻）で、関東では聖徳太子関係の仏事が修され、その際に参詣結縁した民衆に念仏弘通の手段として太子伝などが絵解きされ、そこで醵出奉納された金銭を「念仏のすすめのもの」と呼んだとします。これは、「かたがたの御中より」と書かれていることから、個人ではなく同行の共同募金とします。

また、たとえば「伝親鸞作聖徳太子講式について―初期真宗における太子尊崇の一意義―」（『宮崎圓遵著作集』第七巻）では、親鸞が太子関係の和讃（『皇太子聖徳奉讃』（七十五首）、『大日本国粟散王聖徳奉讃』（百十四首）、『正像末和讃』のうち十一首の「聖徳奉讃」など）を制作したのは、太子伝の絵解きのような勧進を修するさいに用いる和讃の制作を門弟が要望したからであろう、と考えます。本書第十一章でふれましたが、これらの太子和讃が聖人の晩年（八十三―八十六歳）に集中的に書かれたのは、この時期に関東の門弟から上記のような要請が相次いだからでしょうか。

親鸞の書簡に、上記の教忍坊宛てのもののほかにも、関東の門徒の懇志について、感謝を伝えるのが五通あります。『注釈版聖典』の第二・第七・第一五・第三三・第三八の書簡がそれらにあたります。平松令三氏（『親鸞』219―220頁）は、これらの書簡に「念仏のすすめのもの」という表現が見当たらないにしても、高額もしくは複数人による懇志である場合には、組織的な醵金であろうと考えます。

第七通は個人からの懇志かもしれませんが、そのほかの四通は「かたがたよりの御こころざしのもの（第二通）」「人々の御こころざし（第一五通）」「御こころざしの銭五貫文（第三三通）」「銭二十貫文（第三八通）」などと書かれています。第七通では「御こころざしの銭三百文」とあります。これは個人の懇志でしょう。『注釈版聖典』の「三百文」の注によれば「二千文で一貫。およそ一貫で米一石（百升）が買えた」のだそうです。二十貫文が大金であることがわかります。とても一人が出せる金額ではないでしょう。

## 真仏の弟子・専信が「安城御影」の願主だったのか

関東の門弟から送られた「念仏のすすめのもの」が太子伝などの絵解法会のさいに集められた懇志だったというのが宮崎氏の説ですが、その法会で用いられる「太子和讃」の制作を門弟が聖人に要請し、その返礼分が懇志にふくまれていたのかもしれません。宮崎説をさらに推し進めたのが平松令三氏（『前掲書』220頁）の「勧進聖得分《とくぶん》説」です。平松氏は聖人が上級勧進聖としての「得分」を上納金として門弟から受け取っていたと推定します。また、『親鸞の生涯と思想』（第二部三3）で、親鸞は東国巡行中に善光寺聖の頭目的存在「勧進上人」になっていた、ともします。しかし、そうであったとしても、いずれは善光寺聖の上納組織から距離を置くことになったでしょう。宮崎氏（「親鸞聖人と門弟たち」『宮崎圓遵著作集』第二巻）が指摘するように、念仏信仰を弘めることを「念仏勧進」と言います。善光寺の再建・維持を目的として活動する勧進聖から、念仏勧進の元締めへと変わり、そのような聖人へ懇志が醵出された、と思われます。聖人は絶対他力の信仰に基づく念仏勧進にはげんでいたはずです。民俗宗教を背景にした善光寺聖の勧進との間に、いずれはズレが生じるようになったでしょう。ただし、初期真宗教団の有力門徒で、しばしば「聖」を号した高田門徒に対しては、寿像（生存中の師の像）「安城御影」に見られるように、善光寺勧進聖の外貌をあえて示していたのかもしれません。

なお、高田門徒に限らず、初期真宗には大勧進として宗派横断的に活躍するものがいたそうです。小山正文氏（「初期真宗門侶の一考察」『親鸞と真宗絵伝』）は、横曽根門徒の中心人物である性信とその門弟が他宗派寺院の仏像造立のために大勧進（大檀那）になっていたことを指摘します。勧進の能力が認められれば、真宗門侶といえども他宗派寺院の勧進上人として取り立てられたことがあったようです。この場合、勧進聖であるとしても、善光寺聖の色彩は薄かったでしょう。

高田門徒を引き継いだ顕智にも、「顕智ヒシリ」の呼称がみられます（『三河念仏相承日記』）。康元元年、真仏・顕智・専信房をふくむ高田門徒の主従四人が三河経由で上洛、親鸞（八十四歳）を訪ね、四本の名号本尊を制作してもらったとされます。注目すべき名号本尊に高田派専修寺所蔵の「黄地十字名号」があり、その賛銘は聖人八十三歳の真筆ですが、聖人の寿影である「安城の御影」の筆致と類似し、同じ作者（朝円）の手が入った作品である可能性が指摘されます。「安城御影」は高田派真仏の弟子である専信房専海に名号とともに付与された、と宮崎円遵氏（「本尊としての十字尊号」『初期真宗の研究』）は推測しますが、「安城御影」「黄地十字名号」『教行信証』の三点が一組で専信房へ伝授されたという見方は、「安城御影」と「黄地十字名号」では賛銘がかさなり、両者を対幅安置するのが不自然であることから、否定されているそうです（『本願寺史』増補改訂、第一巻、第一章十一）。

専信房専海が親鸞の信任の篤い愛弟子であったことは書簡（たとえば、覚信坊宛て建長八年五月二十八日付書簡〈『注釈版聖典』第七通〉）からうかがえます。『教行信証』（高田専修寺本の「真仏土文類」奥書）によれば、専信は親鸞の葬儀で顕智とともに収骨に参加しています。収骨時に専信は「遠江国池田住職」だったそうです。専信の曾孫である三河安城の照空がこれを所持していたので「安城御影」と呼ばれます。専海の手元にあったと推測されます。

おそらく「安城御影」制作の願主は専信だったのでしょう。そうとすれば、次節で述べるように、「安城御影」に杖や草履が描かれる理由の一端が説明できそうです。専信は高田派真仏の門人で、真岡市高田の出身者でした。高田門侶は善光寺聖の性格が濃厚だったので、聖が使う杖・草履への思い入れが強かったと思われます。

## 親鸞の猫皮の杖と草履

聖人勧進聖説は「安城の御影」の絵相からも読み取れます（**図ホ**）。「安城御影」は、『存覚袖日記』に「親鸞

法師真影　建長七歳□月八日法眼朝円」とあって、親鸞八十三歳の寿像を絵師朝円が描いたものです。この肖像画の出来栄えを聖人自身が鏡を見て眉の白髪の数までよく似ていると評したそうです。聖人は小紋の高麗縁《べり》上畳《あげだたみ》に座り、その前に猫皮を巻いた「マタブリ杖」と猫皮の草履が描かれ、敷物は狸の皮です（『存覚袖日記』三九では、「大文」縁）。「マタブリ」は「股分かれ」の意味です。しかも、松野純孝氏（『親鸞―その生涯と思想の展開過程』第七章第二節）は、『存覚袖日記』の記述から、茜《あかね》根裏の下着を着ているのは当時の俗人の風俗で、この絵相は聖人が阿弥陀聖・皮聖であることを想起させるもの、と指摘しました。

図ホ　「安城御影」（西本願寺蔵）

『梁塵秘抄』巻第二（三〇六）に、聖の好むものとして「鹿角、鹿の皮」があげられています。井上光貞氏（『日本浄土教成立史の研究』２２２頁）によれば、平安末期、皮聖と称される行円は常に鹿皮をまとい、霊験あらたかな聖として高級貴族にも帰依されたそうです。

　たしかに、マタブリ杖と草履については諸国を遍歴する勧進聖の所持品といえるでしょう。柳田國男（「毛坊主考」『定本柳田國男集』第九巻）によれば、ほぼ同時代の解脱房貞慶《じょうけい》上人（１１５５―１２１３）の座像前にも鹿杖と

図へ　解脱上人像（奈良・唐招提寺蔵）
貞慶とマタブリ杖

草履が置かれていたそうです（考古圖譜四）。貞慶は法然教団について七箇条の過失をあげて朝廷に奏上した『興福寺奏状』の起草者で、持戒堅固の学僧でしたが、同時に、諸国をめぐる勧進聖だったそうです。奈良・京都の諸堂再建のため、勧進に精力的に取り組み、唐招提寺所蔵の解脱聖人像は室町時代制作で、座像の斜め前に自然木のマタブリ杖が置かれています（**図へ**）。ただし、杖の右前には草履ともとれそうな陰影が見られますが、画像がかなり不鮮明で、判然としません。上田さち子氏（「貞慶の宗教活動、そして伊勢」『修験と念仏』）によれば、貞慶の周辺には勧進聖の集団がいて、貞慶はその頭目的存在で、生活と教団維持を勧進に依存していたそうです。なお、中世の禅宗の頂相《ちんそう》図では先徳像の前に靴（浅沓《あさぐつ》）が置かれることが多く、儀礼的なものだそうです（宮崎円遵「親鸞聖人安城御影」『宮崎圓遵著作集』第二巻）。頂相の履物は勧進聖の持物ではないでしょう。

「安城御影」の影響をうけて制作された「熊皮御影」（南北朝時代の作品）では杖は描かれているものの、草履などの調度品が消えています。「熊皮御影」は「安城御影」よりも約百年遅れて作られたそうです。さらに後代の肖像には杖もありません。「それはそれらの調度品にまつわる伝承が忘れられていったことを意味し、言うなれば一種の退化現象である」と、平松令三氏（「総説　親鸞聖人絵像」『真宗重宝聚英』第四巻』所収）は指摘します。その「伝承」とは聖人が勧進聖であったことでしょう。こうした杖や草履は単なる旅道具ではありません。これらは宗教民俗学の立場から呪具とみなされます。悪霊などを鎮撫し、抑圧する道具です（拙論「親鸞聖人の杖」『親鸞と葬送民俗』）。獣皮をふんだんに使うのは呪力をたかめる意味があるのでしょう。

　こうした道具を用いるのは高田門流の善光寺聖だったでしょう。高田出身の専信房専海が聖人の寿像を描く願主であったとすれば、勧進聖の呪具である猫皮の杖・草履を聖人の前に置いて描かせたいと思っても、おかしくありません。聖人もそれに同意したに違いありません。こうしてみると、聖人は信仰面では専修念仏ですが、外面の装いは勧進聖だった、といえそうです。内・外の不一致は、聖人の師であった法然房源空が「内《ない》専修、外《げ》天台」と評されたのと似ています。親鸞は「内《ない》専修、外《げ》勧進」と評されてもよいでしょう。すくなくても、「安城御影」に描かれる聖人像が勧進聖を想起させる姿だったことは否定しがたいでしょう。

　なお、「安城御影」では、なぜかかなり黄ばんでいますが、聖人は首巻（帽子《もうす》）をしています。『存覚袖日記』に「安城御影」の首巻について説明があります。その部分が虫食いのために判読困難なのですが、かすかに「明法」の文字が見えます。『反古裏書』の著者である顕誓が首巻について父の蓮誓に尋ねたところ、「志ノ人ノ進上アリシヲ感シ思召シ、御着服ト云々」との返答でした。その志の人とは、「伝絵」下巻第三段に登場する、山伏の明法坊ではないかと推定されます。京都の親鸞のところには、関東の門人が出入りし、金品を付け届けしたようです。

## 西本願寺本の草履の由来

「伝絵」の「平太郎参上」場面には、ほかの多くの場面と同じく、初稿本系と康永本系との間に構図のちがいがあります。初稿本系の西本願寺本・高田専修寺本および弘願本・仏光寺本では、聖人の住居を訪れた平太郎が縁側の右側で座敷のやや左の聖人へ対座しています。

　ところが、康永本・照願寺本では、それとは逆に、平太郎は縁側の左側から右側の聖人に向かってすわっています。平太郎は片膝をつき、やや前傾姿勢を取って、聖人に敬意を示しています。康永本系のこの場面では、平太郎のそのような態度に焦点があてられているようです。

高田専修寺本には、画面左から「聖人」「平太郎まいりて熊野詣の事たつね申ところ也」「五条西洞院御房也」の注記があります。聖人は白い帽子《もうす》を巻いています。ところが、西本願寺本のこの場面では帽子は描かれていません。仏光寺本を除き、ほかの「伝絵」では、この場面の聖人は帽子を巻いています。その理由は、以下に述べるように、「草履」と関係があるでしょう。

西本願寺本でもっとも不可解なのは、聖人の前の縁側に草履が置かれていることです**（口絵25）**。西本願寺本だけに草履が脱ぎ置かれているわけで、ほかの「伝絵・絵伝」にはみられません。「安城御影」は建長七年（1255）に制作されているので、それの影響が考えられないことはないのですが、草履が脱ぎ捨てられたままの状態であることに注目すれば、むしろ妙源寺の法然像が西本願寺本のこの場面の土台になった可能性が高いように思われます。

この妙源寺法然像は、『選択本願念仏集』書写のさいに、親鸞が法然の御真影を預かって図写したものと考えられています。元久二年（1205）のことで、覚如が西本願寺本を制作した時期よりも九十年ほど前のことです。草履が無造作に脱ぎ捨てられている状態で描かれているのがこの「選択相伝御影」です**（図ト）**。やや左向きに頭を傾けて数珠をつまぐる姿も西本願寺本と類似します。画工が妙源寺法然像を親鸞に置き換えて、そのまま「平太郎参上」場面に取り入れたと思うのですが、どうでしょうか。そうとすれば、西本願寺本の親鸞に帽子が描かれていないのは、法然像を土台にして描かれたからとも推測できます。妙源寺法然像には帽子はありません。また、他の場面では、西本願寺本の聖人は帽子を巻いた姿で描かれることが多いようです。

妙源寺法然像が元久二年（1205）の「選択相伝御影」であるとすれば、それが岡崎市の妙源寺に所蔵されるに至った経緯が気になります。この法然像を親鸞が性信に譲ったとする記事が親鸞書簡（『原典版聖典―校異』３０５頁、第二九通）にみられます。小山正文氏（「総説　善導大師絵像・法然上人絵像」『真宗重宝聚英』第六巻所収）によれば、この記事が信頼できるとすれば、唯善事件の余波で高田派の妙源寺に伝わったと推測します。性信は横曽根門徒の中心人物でしたが、唯善に加担したことで横曽根門徒が急速に勢力を失い、高田門徒の手に渡った、と推測します。

「平太郎参上」に続き、西本願寺本では那智の滝が二段となって落下する熊野の山岳風景が展開し、証誠殿と回廊が大きく描かれます。高田専修寺本では山岳風景は縮小しますが、熊野証誠殿の左側になだらかな山と林が描かれています。証誠殿の建物の右上段に「態《ママ》野証誠殿」、中央中段に「聖人」「権現あらわれたまふところ也」、中央下段に「平太郎夢想のところ也」の注記がみられます。弘願本・仏光寺本の構図も高田専修寺本に準じます。平太郎は回廊右側で寝ているようです。

図ト　「選択相伝御影」
（岡崎市妙源寺蔵）
法然と草履

康永本では、山岳風景は完全に省略されています。照願寺本もそれに準じます。これらの諸本では、平太郎は手前の参籠所で肱をついて横たわっています。一緒に参拝した仲間もくつろいでいるようです。また、境内には、初稿本系の諸本にみられる被衣《かつぎ》をかぶった女性などは見られず、閑散とした様子です。

熊野権現と聖人は画面上部で左右に並びます。初稿本系では、権現がうなだれて親鸞に敬意を表するようには描かれていません。康永本系では、熊野権現が頭を下げ、はっきりと敬意を示す絵相となっています。「絵伝」についても、権現が左、聖人が右にならぶのが原則です。ただし、一幅の光照寺本だけは、聖人が左に、権現は右に位置し、しかも権現は簾のようなもので顔が隠されています。平太郎が左の回廊で横たわっているのも特異です。

権現が頭を下げて親鸞に敬意を示しているのは康永本系の四幅本と八幅本です。ただし、四幅の専修寺本と慈光寺本では権現の屈敬姿はみられません。たぶん、それぞれが準拠する「伝絵」で権現が頭を下げていないからでしょう。初稿本系の二幅・三幅本では頭をほとんど下げていません。

六幅の甲斐万福寺旧蔵本では、第五幅の上半分が「平太郎参上」と「熊野」に占められ、熊野本宮を中心とした場面がその大部分を占めています。証誠殿の上には本地の阿弥陀如来が光背とともに金色で大きく描かれているのも特異です。参詣者が多く描きこまれ、なかには船便で来るものもいます。平太郎は証誠殿の前で横たわっているようです。また、第六幅の上段右には那智の滝が、左には熊野那智大社が描かれています。晩秋の景色です。このような絵相は、万福寺住職だった源誓が絵解きに関心が深い武蔵荒木門徒に属し、「真仏因縁」との関連もあったことから、熊野にかかわる部分が強調された結果、生じたものとされます（平松令三「図版解説　親鸞聖人絵伝」『真宗重宝聚英』第四巻所収）。

すでにふれましたが、『御因縁』は荒木門徒の中心人物である源海の因縁話をふくみます。「源海因縁」によれば、源海は常陸国の真仏（平太郎）の弟子とされます。絵解きによる唱導に熱心だった源誓は、天台僧でしたが、中年で源海の門に入ったとされます。〈親鸞―真仏（平太郎）―源海〉という法脈が『御因縁』伝承や万福寺旧蔵絵伝の制作とその絵解きによって荒木門徒に伝えられたと思われます。

なお、西本願寺本伝絵の「平太郎参上」場面に描かれた草履は「絵伝」にはまったくあらわれません。草履を描く由来が忘れられたからでしょうか。

**もうひとつの詞書…「内《ない》専修、外《げ》勧進」**

親鸞は京都で教化活動など対外活動にはげむことはなく、しずかに筆硯に親しむ日々を送っていたようです。『教行信証』の推敲などの仕事にもはげんでいたのでしょう。これに用いられた紙の種類（宿紙）から、宮廷の蔵人であった日野家の親戚と浅くはない付き合いがうかがわれるなど、貧窮した様子はとくにうかがえません。帰洛した親鸞のもとに関東の門人がしばしばやって来たようです（『歎異抄』二）。中には覚信坊のように、上京の途中で発病し、どうせ死ぬのなら聖人のもとで命を終えたいと願った門人もいました（『注釈版聖典』「親鸞聖人御消息」第一三通）。聖人が門弟にどれだけ慕われていたのかわかります。金品の付け届けもしばしばあったでしょう。

宮崎円遵氏や平松令三氏は関東の門人から「念仏のすすめのもの」「かたがたよりの御こころざしのもの」が届けられたことに注目します。書簡には「銭二十貫文」（『注釈版聖典』第三八通）という記載がみられます。米二十石に相当します。相当の金額であることから門徒の共同醵金と思われますが、宮崎氏はこれを「念仏勧進」とみなし、太子伝などの絵解法会のさいに集められた懇志とします。その法会で用いられる「太子和讃」の制作を門弟が聖人に要請し、その返礼分が懇志にふくまれていた可能性があります。親鸞が太子関係の和讃を晩年（八十三―八十六歳）に集中的に書いたのは、この時期に関東の門弟から上記のような要請が相次いだからでしょうか。平松氏は門弟の懇志を上級勧進聖の得分と考えますが、そうであっても、関東滞在中に、親鸞は善光寺の再建・維持を目的として活動する勧進聖から、念仏勧進の元締めへと性質を変えた、と思われます。この場合、「念仏勧進」は「専修念仏の教えを勧める非僧・非俗の聖」という意味です。

関東の門徒のなかには、高田門徒のように善光寺信仰を色濃く保持し、「聖」と称した門侶が少なくなく、こうした門侶は親鸞に旧来の勧進聖の姿を見たかったでしょう。親鸞自身もそのような門弟の願望に寛容であったと思われます。そのあらわれが「安城御影」の絵相となったのでしょう。狸皮に座った座像から茜色の下着がのぞき、猫皮を巻いたマタブリ杖と草履が座像前に描かれています。これらは廻国の勧進聖の姿をおもわせます。マタブリ杖と草履は聖人を荘厳するように置かれているようです。とくに草履は無造作に脱ぎ捨てられた状態ではありません。獣皮をふんだんに使い、悪霊抑圧の呪具ともいえる杖・草履が置かれているのはきわめて示唆的です。法然が「内《ない》専修、外《げ》天台」と評されたのと同じく、関東の親鸞も「内《ない》専修、外《げ》勧進」の二面性をもっていたと判断できるゆえんです。この「安城御影」の願主が高田派真仏の弟子である専信房専海であろうとの説が有力です。さらに、存覚（『存覚袖日記』）によれば、親鸞みずから鏡で白髪の数までそっくりの出来栄えと確認したそうです。そのことからも、勧進聖として描かれることを親鸞が認めていたことになるでしょう。

この段の主旨は、表面的には、関東の門人の一人である「大部の平太郎」の熊野詣にかかわることです。同様の話は平太郎が「真仏親鸞」と呼ばれるに至った由来を語る「真仏因縁」にもみられます。しかし、覚如による「伝絵」での性格づけと、「真仏因縁」での性格づけはまったく違います。

「伝絵」では、導入部で熊野詣を正当化するために本地垂迹説が説かれますが、この段の主旨は、本地垂迹説ではなく、俗体の熊野権現が親鸞に対し「敬屈の礼」をとっている図から、神祇信仰が他力信仰に屈服すること、と解釈できるでしょう。尊崇の念が他力信仰を伝える親鸞へ集約しています。親鸞を荘厳しようとする覚如の制作意図がこの段にもうかがわれます。神祇信仰との調和を企てることとの背後に、他力信仰の優位を説こうとする強い意志が覚如にみられるわけです。

　ところが、「真仏因縁」は、平太郎真仏が親鸞の正当な後継者として常陸国の門徒に崇められる話です。「真仏因縁」は『御因縁』の第二話で、〈親鸞―真仏―源海〉という師資相承の系譜を示すために書かれました。平太郎が熊野権現によって仏に等しいと崇められて、「真仏」とされ、さらに、親鸞の教えを引き継ぐが故に、「真仏親鸞」と呼ばれたという話からすれば、この三代の血脈を伝える荒木門徒が自身の出自を飾る意図をもって平太郎を理想化したことになります。「伝絵」の平太郎は親鸞の一弟子にすぎません。このように、製作者側の意図の違いによって、平太郎の扱いが一変します。

「源海因縁」によれば、源海は横曽根の真仏（平太郎）の弟子とされますが、源海の門に入った源誓は絵解きに関心が深い武蔵荒木門徒に属し、甲斐万福寺の開山でした。「真仏因縁」の平太郎と同じ法脈であったことから、甲斐万福寺旧蔵の親鸞絵伝は熊野にかかわる部分が強調されて描かれています。制作時期は源誓没の延文五年（１３６０）以前と推定されています（小山正文「関東門侶の真宗絵伝―甲斐国万福寺旧蔵絵伝を探る―」『親鸞と真宗絵伝』）。高田派系の荒木門徒のあいだには「伝絵」にみられる伝承とは別の言い伝えがあり、それが『御因縁』と万福寺親鸞絵伝という形で伝えられたのでしょう。万福寺絵伝の第二・第三・第四幅最上段に玉日姫とも思われる尼僧（坊守？）が描かれています。覚如によって制作された「伝絵」には尼僧は登場しません。

「伝絵」の「平太郎参上」場面で注目すべきは、草履が縁側に脱ぎ捨てられている絵相です。これは西本願寺本だけに見られます。「安城御影」（建長七年〔１２５５〕）でも草履が置かれていますが、これは脱ぎ捨てられた状態のものではありません。むしろ、草履の状態に注目すれば、妙源寺の法然像が西本願寺本のこの場面の土台になった可能性が高いように思われます。この妙源寺法然像は、『選択本願念仏集』書写のさいに、親鸞が法然の御真影を預かって図写したものと考えられています（元久二年〔１２０５〕）。やや左向きに頭を傾けて数珠をつまぐる姿も西本願寺本と類似します。画工が妙源寺法然像を親鸞に置き換えて、そのまま「平太郎参上」場面に取り入れたと思われます。西本願寺本の親鸞に帽子《もうす》が描かれていないのも同様に説明できそうです。妙源寺法然像には帽子はありません。

なお、五来重氏（『高野聖』『著作集』第二巻所収、98頁）によれば、法然は「勧進の才能と聖の組織をもっていた」ので、東大寺再興の大勧進聖に指名されたそうです（『法然上人行状絵図』第三十巻）。妙源寺法然像や西本願寺本の草履はこの観点から説明可能でしょうか。法然が参加したのはおもに如法経勧進だったとされます。つまり、法然は精進潔斎しながら法華経を書写し、供養する指導的な写経勧進聖であったとされます（『前掲書』第九巻）。

ただし、田村圓澄氏（『法然上人傳の研究』第二部第十二章）によれば、重源が大勧進に就いたのが法然の辞退に基づくというのは、『法然上人行状絵図』などの法然伝だけに書かれていることから、史実とは断定できないようです。法然推挙説については、浄土宗側が重源の名を利用して法然と結び付けたとも指摘されています（中ノ堂一信『中世勧進の研究―その形成と展開―』第二章第1節）。法然上人大勧進説についてはこのように疑義が出されているので、あるいは、妙源寺法然像の草履は、法然を勧進聖の先達として崇めたい信徒の心情を反映したものと説明できるかもしれません。

吉田清氏（『法然浄土教成立史の研究』第二章第四節）によれば、「如法経会には、六時礼讃のような浄土教的懺法（座）と如法経書写、そして経塚への埋納への諸儀礼、さらに仏教芸能などの興行が行われ」ましたが、法然は起立塔像よりも念仏勧進に心が向いていたという伝承がありました（『前掲書』第一章第五節）。

「熊野証誠殿」の場面について、初稿本系と康永本系との間に違いがあります。初稿本系では権現は親鸞に敬意をとくに示していませんが、康永本系では熊野権現が頭を下げ、はっきりと敬意を示す絵相となっています。覚如は、康永本では、神祇よりも親鸞の専修念仏信仰を優位に置く意図でこの場面を描かせたのでしょう。「絵伝」

についても、それが準拠する「伝絵」の絵相をおおむね採用しています。ただし、光照寺一幅本や甲斐万福寺六幅本では、簾に権現の顔が隠されたり、熊野権現の本地・阿弥陀如来が金色で描かれる特異な絵相もみられます。後者では荒木門徒に伝わる「真仏因縁」が介在し、熊野にかかわる部分が強調されたのでしょう。

## 第十四章　下巻第六段「洛陽遷化《らくようせんげ》」（口絵26）

聖人《しょうにん》（親鸞）弘長《こうちょう》二歳《にさい》　壬戌《みずのえいぬ》　仲冬下旬《ちゅうとうげじゅん》の候《こう》より、いささか不例《ふれい》の気《き》まします。それよりこのかた、口《くち》に世事《せいじ》をまじへず、ただ仏恩《ぶつとん》のふかきことをのぶ。声《こえ》に余言《よごん》をあらはさず、もつぱら称名《しょうみょう》たゆることなし。しかうしておなじき第八日《だいはちにち》　午時《うまのとき》　頭北面西右脇《ずほくめんさいうきょう》に臥《ふ》したまひて、つひに念仏《ねんぶつ》の息《いき》たえをはりぬ。ときに頽齢《たいれい》九旬《きゅうしゅん》にみちたまふ。禅房《ぜんぼう》は長安馮翊《ちょうあんふよく》の辺《ほとり》　押小路《おしこうじ》の南《みなみ》、万里小路《までのこうじ》より東《ひんがし》なれば、はるかに河東《かとう》の路《みち》を歴《へ》て、洛陽東山《らくようひがしやま》の西《にし》の麓《ふもと》、鳥部野《とりべの》の南《みなみ》の辺《ほとり》、延仁寺《えんにんじ》に葬《そう》したてまつる。遺骨《いこつ》を拾《ひろ》ひて、おなじき山《やま》の麓《ふもと》、鳥部野《とりべの》の北《きた》の辺《ほとり》、大谷《おおたに》にこれををさめをはりぬ。しかるに終焉《しゅうえん》にあふ門弟《もんてい》、勧化《かんけ》をうけし老若《ろうにゃく》、おのおの在世《ざいせ》のいにしへをおもひ、滅後《めつご》のいまを悲《かな》しみて、恋慕涕泣《れんぼていきゅう》せずといふことなし。（『仏光寺本』その葬歛《そうかん》のみぎりに、真仏法師の門弟顕智・専信両人、さいわひにまいりあひて、遺骨をひろひおさめたてまつる人数にくははりける、宿縁あさからさりけるにこそ）

詞書の概略＝聖人は弘長二年十一月下旬のころより、少し健康不調の気味に陥った。それからというものは、世間の事を話すことなく、ただ仏恩が深いことだけを口にした。ほかのことは口に出すことはなく、ひたすら称名念仏だけを行った。そして、その月の二十八日正午頃、頭を北に、顔を西に向け、右脇を下に臥して、ついに念仏の声が絶え、息をひきとった。御歳は九十歳だった。住まいが左京の押小路の南、万里小路の東にあったので、はるかに賀茂川を越えて、東山の西麓、鳥部野の南の延仁寺で葬った。遺骨を拾って、同じ山の麓、鳥部野の北の大谷に納めた。最後に立ち会った門弟、勧化をうけた老若の門徒は、それぞれ在りし日の昔を思い、滅後の今を悲しみ、恋慕して涙を流さないものはいなかった。（仏光寺本）その葬送の際に、真仏法師の弟子である顕智と専信の両人が幸いに参ることができて、遺骨を拾い収める人の数に加わった。宿縁が浅くないからこそである）

## 義絶された善鸞はどうなったのか

専修念仏の教えに背く言動で親鸞の息男・善鸞が関東教団を混乱に陥れたと言われています。その善鸞を親鸞が義絶した事件の顛末について、史料がすくないこともあって、議論が百出しました。そもそも、善鸞という名からして、親鸞が命名したとは断言できないようです。善鸞という名は、『慕帰絵』『最須敬重絵詞』で初めてあらわれます。文献にあらわれるのは親鸞没後九十年が過ぎてからです。平松令三氏（『親鸞の生涯と思想』第一部四補記）は、善鸞が関東でみずから名乗った名前であろうと推測します。親鸞の子息であることを想わせる善鸞という名は関東では利用価値があったからということです。

また、親鸞が書いた義絶状というものは存在せず、偽作とする説もあります。親鸞の直筆原本は今日伝わらず、写しが高田専修寺にあるだけです。顕智が嘉元三年（１３０５）に写したものですが、そのほかに横曽根門徒の性信に宛てた同じ日付で書かれた義絶通知の書簡があります。しかし、これを偽書とする説もあるので、やっかいです。

重大な出来事であるにもかかわらず、覚如は「伝絵」制作で善鸞事件をとり入れませんでした。身内の恥をさらしたくなかったのでしょうか。ここでは、『慕帰絵』と『最須敬重絵詞』によってうかがえる義絶事件の断面をいくつか取り上げようと思います。残念ですが、後者は詞書だけが伝えられているだけです。ただし、『最須敬重絵指図書』で、ある程度、描く予定だった場面の絵相が推測できます。この『指図書』の書写は江戸時代末期を上ることはないのですが、原本は『絵詞』の製作当時頃に作られたとされます（宮崎円遵「最須敬重絵の指図書」『宮崎圓遵著作集』第六巻）。

まず、覚如が東国で善鸞と出会う『慕帰絵』第四巻第一段の概要を紹介します。

正応三年、覚如二十一歳のことです。祖師・親鸞の遺跡を巡拝したとき、相模地方の余綾山中《ヨラギ／ヨロギヤマナカ》で風瘧《ふうぎゃく》（おこり）に苦しんでいたところ、慈信房（善鸞）がやって来て、病封じに自分の呪符を効果があると称して与えようとしました。善鸞の子息・如信もその場にいました。「おほかた門流にをいて聖人の御義に順せす、あまさへ堅固あらぬさまに邪道をことゝする御子になられて、別解・別行の人にてましまます（以下略―引用者）」と、覚如は善鸞が専修念仏の教えから大きく逸脱していることを認め、覚如はこの呪符を受け取ったものの、飲むふりをして、手で握り隠しました。善鸞は後で自分を軽んじたと不満をのべたそうです。

この場面について、『最須敬重絵指図書』の第五巻第十七段「旅所御所労ノ所　夏ノハシメ」に次のような指図が書かれています――「山中の宿の様子を描き、それに大上（覚如）が病気で臥せている様子を加えよ。病人の枕元に覚恵上人(首より衣、布袈裟)が座る。病人のそばに如信上人が座る(同じ姿)。片方の枕に近く慈信上人(少し白い衣、袈裟は描いてはならない）が符をもって病人に近づく様子を描くべし。病者は寝ていて、符を受け取らない」（大意）。善鸞（慈信房）が袈裟をまとわない絵相を作者（乗専？）が指示しているのは、善鸞が外道巫覡《ふげき》であることを表したかったからでしょうか。

また、善鸞は一群の頭領として振舞っていたようです。『慕帰絵』には「さる一道の先達となられければは」とあります。これを、五来重氏（「木食・念仏と修験」『著作集』第五巻）は、修験道の先達と解釈し、修験道的専修念仏の伝統に連なる信仰とします。善鸞が呪符をすすめた余綾山中は神奈川県の足柄越えの道筋で、箱根社参拝に歩くところであったことからも、善鸞が箱根修験であったと推測します。

また、同じく『慕帰絵』第四巻で、覚如が常陸のある所を行き過ぎたときにも、善鸞一行を見かけたのですが、貴人の御浜出に随行し、尼・法師が列になって大声を出しながら、二、三百騎で鹿島に向かうところでした。浜出は鹿島社などに参拝のために潮垢離《しおごり》をして身を浄化することだそうです。善鸞は阿弥陀仏以外の本尊を用いず、無礙光如来の名号だけを首に掛けて、一心に念仏していたそうです。この情景から、善鸞が修験的念仏の信仰をもっていたとは言えそうです。

『最須敬重絵詞』（第五巻第十七段）でも、善鸞が、呪術・加持祈祷をもっぱらとする巫覡《ふげき》（霊媒者）のような振舞いをしていたと書かれています。「初ハ聖人ノ御使トシテ坂東へ下向シ、浄土ノ教法ヲヒロメテ、辺鄙ノ知識ニソナハリ給ケルカ、後ニハ法文ノ義理ヲアラタメ、アマサヘ巫女ノ輩ニ交テ、仏法修行ノ儀ニハツレ、外《げ》道《どう》尼《に》乾子《けんし》ノ様ニテオハシケレハ、聖人モ御余塵ノ一列ニオホシメサス」と、専修念仏の教えから外れたために、破門されたということです。「外道尼乾子」とは「外道の養子になった、仏教以外の教えに取り込まれた」という意味でしょう。小山聡子氏（『親鸞の信仰と呪術――病気治療と臨終行儀――』第四章二3）は、巫女と一緒に行動し、「旅に出ては教えを説いて歩く、という生活をしていた」のであろうと指摘します。

『最須敬重絵詞』によれば、さらに、善鸞が外道の一行に加わり、首に「無礙光如来」の名号を掛けて馬上で念仏にふけっていたとの記事がつづきますが、その名号は聖人より与えられたものと書かれています。この十字名号について、平松令三氏（『前掲書』第一部四3）は「銭」にからめて興味深い見解を示しました。

すでに、前章（第十三章）でふれたように、平松令三氏（『親鸞』220頁）は親鸞が上級勧進聖として得分を得て、それを生活資金にあてていたと推測していますが、それと関連して、上記の「善鸞が用いていた名号」を関東門侶の掌握と経済的な利得を目的として親鸞が善鸞に与えたものと推測します。善鸞が名号を首に掛けているのを覚如が見たのは正応三年（1290）で、親鸞没後三十年近く経っていますが、「聖人ヨリタマハラレケル（『最須敬重絵詞』）」十字名号であることに覚如は気づいています。

平松氏（『親鸞の生涯と思想』第一部四4）は、専修寺本山蔵の「紺地十字名号」が関東に善鸞が下向した建長四年頃に制作されたことから、これを善鸞が関東にもたらしたものであると判断し、「善鸞は親鸞が京都で制作させた掛幅装の名号本尊を関東の門徒教団へ伝達するのが役目だった」と、考えます。しかも、善鸞に持たせた名号は、一本ではなく、関東の代表的な門徒に配る数だったのではないかとします。返礼に、「こころざしのもの」を渡されることもありえたのでしょう。

善鸞を関東に派遣したのは、信仰上の混乱を収束させるためだったというのが大方の見方ですが、関東派遣に関連すると思われる場面が『慕帰絵』第四巻第一段にみられます**（図チ）**。京都五条西洞院の住居で、親鸞と善鸞が火鉢に向かい何やら話をしているところに、顕智が縁側に片足を掛けて室内の様子をうかがっています。顕智を案内してきた稚児らしきものが草履をそろえているように見えます。『慕帰絵』の詞書には、「ある冬、炉辺で聖人が善鸞と顔を近づけ、手と手を組み合わせ、額を突き合わせて、何事かを密談していた。その折、顕智がふとやって来たので、二人は身を引いた。顕智が、後日、覚如に『来訪したさいに、このようなことを確かに自分は見た。そのことからして、慈信房（善鸞）の義絶もいかにも子細あってのことであろう』と、語った」（大意）と、書かれています。

図チ　『墓帰絵』巻四第一段（西本願寺蔵）
親鸞・善鸞と顕智

『最須敬重絵詞』第五巻第十七段にも同様の記載があります。「聖人が五条西洞院に住んでいたとき、善鸞がやって来て、冬のことなので、炉辺で対面した。聖人と善鸞は額を合せ、密談していたが、顕智がふと参上すると、二人は黙って身を引いた。話の内容は知られない。世間話ではなく、仏法の密談のはずである。きっと、事情があっての密談であろう。これは顕智が後語りしたことである」と、書かれています。五条西洞院に親鸞が住んでいた頃とされるので、建長七年（１２５５）十二月以前のことです。善鸞が義絶されるのは康元元年（１２５６）です。この密談を絶縁後のこととして、親鸞が親子の情に厚い温情家であるとする見方がありますが、時系列からも不自然です。

善鸞は、『慕帰絵』によれば、相当の信者集団を率いたそうです。覚如が関東で善鸞に会ったときには、善鸞はかなりの高齢に達していた可能性があります。しかし、その後の消息は不明です。善鸞の子息・如信（１２３５―１３００）は成人後に関東に下向し、奥州大網門徒を率いました。京都大谷へ毎年十一月、祖忌の七日念仏を勤めに出たそうです（『大谷本願寺通紀』巻二）。弘安十年（1287）には、京都東山で覚如に他力法義を伝授しています（『慕帰絵』巻三第三段）

## 「銭」の問題

親鸞父子の密談内容について、外部に漏れては困るような、身内だけにしか知ることを許されないことだったのでしょう。顕智が目の当たりにした密談場面について、五来重氏（『善光寺まいり』『著作集』第二巻所収、453頁）は、親鸞と善鸞のあいだに念仏の秘密伝授があったのではないか、と考えます。五来氏によると、顕智は「内証のことと表向きことを融通してつかいわけていたのだろう」と思ったとのことです（『慕帰絵』第四巻第一段）。

確かに、夜中に父から秘密の法門を伝授されたと善鸞が関東の門徒に言いふらしたらしいのですが、そのことを親鸞が伝え聞いて、激怒した、とは義絶状に書かれていることです（『注釈版聖典』第九通）——「また慈信房の法文のやう、名目をだにもきかず、しらぬことを、慈信一人に、夜親鸞がをしへたるなりと、人に慈信房申されて候ふとて、これにも常陸・下野の人々は、みな親鸞がそらごとを申したるよしを申しあはれて候へば、いまは父子の義はあるべからず候ふ」（大意）また、慈信房が説いている法門は、わたしがその名前も聞かず、知らないことで、それを慈信房一人に夜、親鸞が教えたと、あなたは人に言っているそうです。常陸・下野の人々はみなこれまで親鸞から嘘を教わっていたのだと言っています。もはや今では、父子の義理はありえません）。このように、秘事法門の伝授を親鸞自身が明確に否定しています。

他方では、平松説（『親鸞の生涯と思想』第一部四3）に基づいて想像すると、在京生活を維持する金銭問題について密議していたのかもしれません。

親鸞の義絶状とされる書簡は善鸞に建長八年五月二十九日に送られ、六月二十七日に善鸞が受け取ったとされます。この書簡に「このぜに、いかにしてありけりともしらぬことを（以下略―引用者）」（この銭はどうしてここにあるのか私は知らないのだが、そのことを…）という部分があります。「ぜに」について、従来は「世に」と表記され、「この世にどうしてあるのか私は知らないのだが」と、解釈されています。意味が判然としません。平松説（『前掲書』48―50頁）では、原文は片仮名混じり文で、「世に」ではなく、「セニ」と表記されたのが、平仮名混じり文に書き直される過程で「世に」と書かれるに至ったということです。「セ」が漢字の「世」に酷似していることが錯誤の原因とされます。

義絶状には家庭内の事柄がふくまれていることから、分明でないところがあって、「まま母の尼」「みぶの女房」などは解釈が定まっていません。もっとも、「この世にいかにしてありけりともしらぬことを」を「この世にどうしてあったのか知らないことを」とする解釈も、「コノセニイカニシテアリケリトモシラヌコトヲ」を「この銭は、どうしてここにあるのか私は知らないことだが、そのことを」とする解釈にしても、全体の意味はあいまいなのですが、平松説によって、義絶に金銭問題がからみ、その銭について身近な人物である「みぶの女房」に善鸞が虚偽の手紙を出したという家庭内争議が浮かび出たといえるでしょう。「みぶの女房」がどのような人物かは、わかっていません。わりと近くに住み、親鸞とは親しい仲の女性だったらしいということぐらいしか知られません。

また、最晩年の親鸞の書簡にあらわれる「いまごぜんのはは（今御前の母）」についても、親鸞と親しい女性であることぐらいしかわかりません。この女性は、弘長二年（1262）十一月二十八日が親鸞の命日ですが、それより二週間ばかり前に書かれた書簡にあらわれます（十一月十二日付、『注釈版聖典』第三六通）。平松令三氏（『親鸞』2頁）は、哀願するような内容と乱れた筆跡から、死期を悟った親鸞の遺言状と認めています。「この今御前の母は頼る人もなく、所領があれば譲れるのですが、ありません。自分が死んだら、国の人たちにくれぐれも世話をたのみたいのです」（大意）と書いたあと、「また、このそくしやうぼう（即生房）も世過ぎの方法も知らない貧しい有様であることは、今御前の母とおなじです。常陸の人々にこの者たちをあわれんでもらいたいのです」（大意）と、常陸の門弟に懇願する文面がつづきます。即生房が聖人の子で、「今御前の母」をその生母とする中澤見明氏（『史上之親鸞』第六章）の説については、本書序章でふれました。なお、「今御前の母」を親鸞の末子の覚信尼とする見方もあります（赤松俊秀『親鸞』３３４頁）。

いずれにしても、親鸞の心配はかなりのもので、上記の手紙を常陸の門徒に見せて生計を立てるように今御前の母へ書き置いています（十一月十一日付、『注釈版聖典』第三五通）。これほどの危惧をいだくのは、平松氏（『前掲書』２２０頁）によると、自分が死んだときには、勧進聖の得分権が消滅してしまうし、譲るべき所領もないので、残された近親者は生活の資に困るから、と分析します。たしかに、勧進聖の得分としての「銭」に親鸞一家が依存していたとすれば、義絶状に出てくる「セニ（銭《ゼニ》）」の解釈が容易になるかもしれません。しかし、得分権に限定しなくても、関東の門弟からの付け届けが死後には途絶えてしまうことを心配したのだと思われます。一度に二十貫文もの大金が届けられたことは、すでにふれました。

## 越後の恵信尼と子供たち

善鸞義絶事件や後々の経済問題などが晩年の親鸞を悩ませました。さらに、八十三歳で火災にもみまわれました。二年後の正嘉元年閏三月三日付書簡（『注釈版聖典』第十通）では、「これらはかやうにしるしまうしたり。よくしれらんひとに尋ねまうしたまふべし。またくはしくはこの文にて申すべくも候はず。目もみえず候ふ。なにごともみなわすれて候ふうへに、ひとにあきらかに申すべき身にもあらず候ふ」（大意）このようにお答えしましたが、教義をよく知っている人に尋ねてください。また、詳細は、このような手紙では答えられません。目も見えず、何事もみな忘れてしまったうえ、人に説明することができるような学識を持ち合わせていません）と、老齢をかこつ手紙を書いています。また、一家は離散した状態でした。恵信尼とその子どもたちについては、親鸞とともに帰洛してからしばらくは京都に滞在したものの、何らかの事情があって、越後に戻ったとも言われます。恵信尼書簡（建長八年九月十五日付譲状）の火事の情報から判断すると、建長六年（１２５４）には越後に戻っているようです（『原典版聖典―校異』３０８―３０９頁）。あるいは、親鸞とは別行動で関東を去ったとの見方もあります。どちらにしても、恵信尼は四人の子どもとともに越後に定着しました。

　恵信尼書簡から、恵信尼らは越後の「とひたのまき」に定着したことは知られます（文永4年〔１２６７〕九月七日付、『注釈版聖典』第七通）。松野純孝氏（『親鸞―その生涯と思想の展開過程』第八章第二節）によれば、「とひたのまき」は「小黒《おぐろ》」「栗沢《くりさわ》」「益方《ますかた》」などに囲まれた地域で、恵信尼書簡に書かれている子どもの名前はそれらの地名にちなんで付けられたと考えられます。「高野《たかの》」も上越市にあることがわかっています（『本願寺史』増補改訂、第一巻、第一章五）。『日野一流系図』（実悟撰）では、親鸞の子どもは七人で、小黒女房は第二子、善鸞が第三子、栗沢信蓮房明信が第四子、益方入道有房が第五子、高野禅尼が第六子、覚信尼が末子です。長男の範意を即生房とする説はすでに序章で紹介しましたが、あまりに漠然としています。範意、善鸞、覚信尼を除き、上記の四人が母親の恵信尼のそばで暮らしていたようです。そのうち、男子の栗沢と益方の名は恵信尼書簡に何度か出てきます。栗沢が「のづみ」の山寺で不断念仏を始めたと書簡に書かれています（『注釈版聖典』第八通）。天台浄土教もしくは善光寺信仰の影響下にあったと推定されます。

　益方については、親鸞の臨終に立ち会ったと恵信尼書簡（『注釈版聖典』第一通）にあるので、覚信尼あたりから父の容体が悪いとの知らせをうけて、京都に出たのでしょう――「されば御りんずはいかにもわたらせたまへ、疑ひ思ひまゐらせぬうへ、おなじことながら、益方も御りんずにあひまゐらせて候ひける、親子の契りと申しながら、ふかくこそおぼえ候へば、うれしく候ふ、うれしく候ふ。」（ですから、わたし（恵信尼）は、殿がどのような臨終をむかえようと、往生を疑ったことはありません。益方も同じようにご臨終に立ち会ったことでしょう。親子の契りとはいえ、深い結びつきが感じられて、うれしいとしか言えません。）

親鸞は五条西洞院の住居を焼け出され、弟・尋有の善法坊（院）に移り住みました。高田派の顕智が正嘉二年（１２５８）に親鸞八十六歳の法語（『注釈版聖典』第十四通）を善法坊で聞書きしています。「自然法爾事《じねんほうにのこと》」と題する書簡の末尾に「正嘉二歳戊午十二月日善法坊僧都御坊三条トミノコウチノ御坊ニテ聖人ニアイマイラセテノキヽカキソノトキ顕智コレヲカクナリ」と、付け加えられています（『原典版聖典―校異』２９４―２９５頁）。三条富小路の善法坊に転居したことは確かです。四年後の弘長二年（１２６２）、親鸞はここでおそらくは老衰のために死亡しました。なお、「自然法爾《じねんほうに》」は法然の名が「法爾自然」からとられたように、中世でさかんに言われた概念だそうですが、親鸞にとって、人間のはからいを排した他力救済の法則をあらわしたものといえるでしょう。善法坊が親鸞の最後の住居でした。

## 親鸞の臨終場面

視力が衰えたとはいえ、『正像末和讃』の草稿本を正嘉元年（１２５７）に、翌年には初稿本を完成させ、最晩年に至るまで補訂の筆を加えました。また、多くの聖教を書写しています。文応元年（１２６０）十一月十三日に、常陸奥郡の乗信に宛てた書簡で、晩年の澄んだ心境を何のてらいもなく吐露しています（『注釈版聖典』第一六通）――「なによりも、去年・今年、老少男女おほくのひとびとの、死にあひて候ふらんことこそ、あはれに候へ。ただし生死無常のことわり、くはしく如来の説きおかせおはしまして候ふうへは、おどろきおぼしめすべからず候ふ。まず善信（親鸞）が身には、臨終の善悪をば申さず、信心決定のひとは、疑なければ正定聚に住することにて候ふなり」（〔大意〕何よりも、去年・今年と、老若男女、多くの人が亡くなったこと、悲しいことと思います。ただし、生死無常の道理は如来が詳しく説いてくださったことなので、驚いてはなりません。まず、善信（親鸞）にとっては、臨終の有様の善悪をとやかく言わず、信心が決定している人は疑いがないのですから、正定聚の位に住んでいるということです）。簡明・雄渾の文体です。

「伝絵」の詞書では、弘長二年（1262）十一月下旬ころから、老衰の気配が濃厚となり、念仏だけを口にしていたのですが、その月の二十八日正午頃（午時）に息が絶えたとします。法然上人がそうであったといわれるように、高徳の上人の臨終には紫雲がたなびき、香気がただよい、妙なる音楽が聞こえることになっているのですが、親鸞の場合はそのような瑞相があったとは覚如はまったく書いていません。信心の行者にはそのような瑞相は不用と覚如は考えていたからです。ただし、覚如自身が死んだ時には、阿弥陀仏・諸菩薩の来迎はありませんでしたが、三日間、紫雲を天に望み、遺骨が一つずつ五色の玉と化したそうです（『慕帰絵』第十巻第二段）。このように親鸞の死と扱いが違うのは、『慕帰絵』の作者（覚如の次男・従覚）が他力信心について不徹底であったあらわれでしょう。

頭北面西右脇の体勢は釈迦の入滅をあらわす古典的なものです。また死亡時刻を午時《うま》（正午ころ）とするのも法然入滅にならったとする説があります。日下無倫氏（『總説親鸞傳繪』180頁）は、『教行信証』後序に法然の入滅を「午時入滅」とあることに注目しています。実際の死亡時間が未時《ひつじ》（午後二時ころ）であることは『存覚袖日記』（三九）などの記事から判断できます。牛尅《うしのこく》入滅説もありますが、午を「牛（丑）」（午前二時ころ）に誤って写したものとすれば、問題はなくなります。福井県浄得寺蔵『教行信証』奥書によれば、東山への葬送は二十九日戌時（午後八時頃）とされます（『親鸞聖人行実』真宗大谷派教学研究所、285頁）。

臨終に立ち会ったのは、親族としては、益方のほかに、覚信尼や舎弟・尋有もあげられるでしょうか。京都の門弟は『親鸞聖人門侶交名牒《きょうみょうちょう》』(三河妙源寺本)によると八人ですが、誰が立ち会ったのかは不明です。ただし、高田派の専信(遠江池田)と顕智(高田)が収骨に参加したことは『教行信証』(専修寺蔵)の教・信・真仏土の巻末に記載されています(『原典版聖典―校異』)。

「伝絵」の臨終場面には、初稿本系では女性は描かれていないのですが、康永本では縁側に女性がひとりみえます。覚信尼のつもりでしょうか。老婆のように見えるので、これを覚信尼とするのには難があります。親鸞入滅時に覚信尼は三十八歳だったはずです。

初稿本系と康永本系には、ほかにも目立つ相違点があります。まず、初稿本系伝絵では、住居の右隅に、空の棺が描かれています。西本願寺本・高田専修寺本・仏光寺本に棺がみられるのですが、前二者は長方形です。後者は正方形にみえ、棺を縛る縄がそばに置かれています。棺のそばにいる僧は棺の製作作業にはげんでいるのでしょうか。高田専修寺本には「聖人入滅し給ふところ也」の注記が書き込まれています。

康永本・照願寺本では棺はみられず、聖人が門弟に何やら談じている場面が描かれています。火鉢が置かれ、聖人は帽子《もうす》をしています。かなりの老齢に達している雰囲気が感じられます。あるいは、病気療養中だったのでしょうか。正嘉二年(1258)十二月、善法坊で顕智が『自然法爾』を親鸞から聞書きしているので、その場面とも考えられます。隣室で聖人が臨終を迎えているので、異時同図画法となります。弘願本には棺も談話場面もみられません。

「絵伝」でも、康永本に準じて制作された四幅本には、火鉢のそばで親鸞が門弟に何やら話している場面がみられます。ただし、四幅の慈光寺本(仏光寺系)にはこの談話場面は組み込まれていません。高田専修寺本伝絵、仏光寺本伝絵と同じです。なお、専修寺本絵伝では「顕智(上人)」という注記が三箇所みられます。また、康永本に準拠した西本願寺八幅本でも、帽子を巻いた親鸞が火鉢を前に四人ほどの高弟に向かって話かけています。

三河三幅本絵伝のうち、妙源寺本・如意寺本には、初稿本系伝絵と同じく、棺が描かれています。三幅の願照寺本に棺が見られないのは仕切り戸の陰になっているからでしょう。これらの三幅本はみな初稿本系ですが、願照寺本が最も新しく、室町時代初期に属す作品とされます。六幅の甲斐万福寺本では、親鸞のやや前方に棺があって、十人ほどの僧尼がそのまわりで嘆き悲しんでいます。第六幅目の三分の一（下段）が入滅・出棺・火葬の場面によって占められます。中段は「御影堂」にあてられています。

## 親鸞の葬送は呪術色が薄かったのか

福井県浄得寺蔵の『教行信証』には、「同廿九日戌時東山御葬送」とあります。葬送は午後八時頃だったと思われます。日没後に出棺するのは当時ではめずらしくなかったようです。蓮如（１４１５―１４９９）の『白骨の御文章』に、「さてしもあるべきことならねばとて、野外におくりて夜半《よわ》の煙となしはてぬれば、ただ白骨のみぞのこれり」と、あります。夕刻または夜に出棺して、荼毘にふしたのでしょう。

先松明《さきたいまつ》（前火）を持つ役はどの「伝絵・絵伝」にもあらわれます。「伝絵」の絵相で確認すると二人から四人みられます。白昼に死穢をさらすのを嫌ったので、野辺送りの行列が暗くなる頃に葬場（火葬場）に着くことが常態だったようです。松明は夜間照明の道具であるだけでなく、悪霊を祓う呪具でもあった、と考えられます。先松明は葬送で重い役でした。「伝絵」の出棺場面では先松明はたいてい二人で、康永本と西本願寺本八幅絵伝では、火葬に用いる薪を運ぶ役が参加します。「絵伝」では、画面が狭いことから、先松明はたいてい一人ですが、西本願寺本絵伝は画面が巨大であることから、先松明と薪持ちがそれぞれ二人ずつ描かれています。

葬送儀礼はたいてい呪術と呼ばれるものでした（拙著『日本の葬送儀礼―起源と民俗―』）。たとえば、「逆さ屏風」は現代では廃れましたが、戦前までは悪霊防御のためによく使われました。古い例では、平安時代、藤原道長の娘が死んだとき（1025年）、屏風を裏向きに立てたとされます（『栄華物語』巻二六）。「伝絵・絵伝」では逆さ屏風は使われていません。上下を逆さにしたり、裏と表を逆にする作法は親鸞の臨終にはみられません。鳥羽上皇の場合、死後すぐに北枕にして、屏風をめぐらせ、衣で覆いました（勝田至『死者たちの中世』73頁）。屏風を立てめぐらせるのは中世の臨終作法です。

北枕は釈迦の涅槃図に由来するとされ、呪術であったかどうかは難しい問題ですが、仏教伝来以前の日本の伝統習俗が西枕であった可能性はありません。衣は逆さにする作法が知られています。逆さにすることで魔除けの呪力が増すという信仰があります。親鸞の場合、衣を掛けて納棺したかどうかは不明です。

親鸞の臨終姿勢が詞書どおり「頭北面西右脇」であったことはたいていの「伝絵・絵伝」で確かめられます。ところが、例外的に、広島県沼隈郡の光照寺本一幅絵伝の最上段（札銘「御往生所」）に、「仰臥合掌」姿が描かれています（**口絵27**）。仰向け姿勢はなぜ描かれたのでしょうか。枕元に阿弥陀仏の絵像が掛けられているのもめずらしい絵相です。注目すべきは、同筆の画工（隆円）が描く光照寺本法然絵伝の第三幅第七段右に、紫雲たなびくなかで、往生をまえにして仰臥する法然が描かれていることです。ただし、この場面では、阿弥陀仏立像が枕元に置かれ、法然は頭上に現れた三尊像を指さしています。さらに、この場面の左側で、法然の臨終に阿弥陀三尊・聖衆が来迎しています。ここにも「仰臥合掌」姿が描かれ、光照寺本親鸞絵伝と酷似します。なお、『拾遺古徳伝』（常福寺本）第八巻第七段では、法然は側臥しているので、光照寺本親鸞絵伝の仰臥姿については、『拾遺古徳伝』に基づくものとはいえません。むしろ親鸞の仰臥合掌姿は光照寺本法然絵伝に影響されているように思えます。

親鸞の臨終・葬送場面にはさほど呪術的な作法が織り込まれているようにはみえません。たとえば、「石枕」は死亡直後に枕元に置いたり、死者にあてがったりするものですが、本願寺でこれを使用したのは十六世紀前半でした。本願寺第九代宗主・実如の臨終で沐浴後に用いられたことは『実如上人闍維《とい》中陰録』に記録されています。この儀礼は、聖人の教えに沿わないということで、やがて廃止されました。また、『蓮如尊師行状記』によれば、「扇投げ」「ワラ沓脱《くつぬ》ぎ」も蓮如の葬送で行われました。『実如上人闍維《とい》中陰録』には、「白扇を火屋から五、六間戻ったところで捨て、ワラ沓も同所で脱いで、金剛草履をはいて帰る」（大意）と、あります。これらの作法は呪術的な死霊との「絶縁儀礼」です。真宗の教義にてらせば、「不審」な儀礼ですが、民俗宗教の伝統にしたがって取り入れられました。勝田至氏（『前掲書』第四章３）によれば、ワラ沓を脱ぐ作法は十二世紀後半には記録されています。脱ぎ方も決まっていたようです。親鸞の葬送の場合には、「石枕」だけでなく、「扇投げ」「ワラ沓脱ぎ」もされなかったのでしょうか。これらの儀礼は野辺帰りのものであることから、「伝絵・絵伝」では確認できません。なお、輿《こし》を運ぶ者は初稿本系伝絵ではワラジ（室内では素足）、康永本系でもほとんどワラジのように見えます。

## 出棺は「縁側出し」

納棺してから荼毘所にむけて出棺することになります。室内から出棺する場面は「伝絵」では初稿本系にみられます。まず問題となるのは棺を載せた輿が室内に持ち込まれていたことでしょう。日常であれば、輿を室内に入れることはありません。承元の法難で親鸞・法然が配所へ向かうさいには、縁側から輿に乗っています。輿は縁側に接して配置されます**（口絵18）**。輿を室内に持ち込むのは棺を載せる場合ぐらいでしょう。『融通念仏縁起』（正和本〔１３１４年成立〕、クリーブランド美術館蔵、下巻第二段）で、良忍の棺の右側室内に輿が据えられています。なぜ出口で棺を輿に載せる作業をしないのかといえば、夜間出棺と同じく、死穢を隠す意図が働いているからでしょうか。呪術的な出棺作法でしょう。外部空間へ死穢が伝染することをおそれたとも考えられます。

「伝絵」では、西本願寺本、高田専修寺本、弘願本、仏光寺本で、「絵伝」では、上宮寺二幅本、妙源寺・如意寺本・

願照寺本などの三河三幅本、専修寺四幅本、万福寺旧蔵六幅本で、親鸞が横臥している部屋の隣室から棺を載せた輿が庭に出されようとする絵相がみられます。康永本系では室外への搬出場面はみられません。

問題は出口です。本来の出入り口ではなく、縁側から臨時に搬出されているように思われます。絵巻では、建物の壁や屋根などを省略して柱だけを描くことで、内部の様子を描くのですが、そのために、現実に壁や蔀《しとみ》（仕切り戸）が壊されたり、取り外されたりした場合と区別しにくいことになります。

上記の「伝絵・絵伝」では、蔀などの仕切りが持ち上げられて、本来は出入り口でない所から輿が運び出されようとしているようにみえます（**口絵26**）。初稿本系の西本願寺本では、縁側から出棺していますが、縁側の外には沓脱《くつぬぎ》の台もありません（高田専修寺本では、出棺で使う縁側の反対側に沓脱台があります）。このような臨時の出入り口を使う出棺様式は「玄関出し」と較べると、わりと最近まで優勢でした（拙著『親鸞と葬送民俗』第一部第四章）。

通常の出入り口から棺を出すと、そこを使う遺族に死穢が及ぶことを恐れ、壁を壊し、窓を用いたりして、棺を出すのですが、この儀礼は呪術以外のなにものでもなく、平安時代からみられます。垣を壊して出棺するのは、貴族・平民の区別なく行われていたそうです（勝田至『前掲書』第三章3）。臨時の出入り口を用いる初稿本系では、門外に出る場面が見られません。室内からの出棺場面が描かれていない康永本系では、これとは対照的に、輿に付き添う僧俗が門を出て火葬場に向かっています。康永本系では上記の出棺禁忌が意識されなかったのでしょうか。初稿本系「伝絵・絵伝」の出棺場面は中世の「縁側出し」の貴重な絵画史料のように思われます。

棺を載せる輿はかなり立派です。康永本では八葉の紋が付いた網代輿《あじろこし》があらわれます。勝田氏によれば、清水坂の下層民は南北朝期には独占的な輿の使用権を持ち、レンタルで貸し付けたようです。親鸞の棺を運んだ輿はレンタル輿のなかでも高級なものだそうです（勝田至『前掲書』第七章2）。レンタルである根拠として、康永本の葬送場面で、火葬場の手前の小丘の陰に、使用済みの網代輿が置かれ、そこに九人の犬神人《いぬじにん》が向かっている絵相があげられます（**口絵28**）。祇園社が清水坂の住人の上層部を組織したのが犬神人とされます。用済みの輿を引き取りに来たと解釈されます（黒田日出男「『親鸞伝絵』と犬神人―「洛陽遷化」の場面を中心に―」『週刊朝日百科日本の歴史　別冊「歴史の読み方」１　絵画史料の読み方』）。犬神人であることは覆面・柿色の着衣・長棒によって示されます。西本願寺本、高田専修寺本では二人だった犬神人が康永本で九人に増えていますが、黒田氏は「多くの『犬神人』を描くことでその布施とか三昧輿とかの取り分を大きいものとし、親鸞の葬儀を荘厳なものに見せようとした可能性も高いのである」と、します。

「縁側出し」の出棺場面のない康永本、照願寺本では、門外で大勢の付添いとともに輿が進行する場面を描いています。初稿本系では、門外の場面はみられず、火葬場近くで輿持ちの僧が輿を運ぶ様子を描いています。高田専修寺本には「御葬送」との注記があります。

## 初稿本系では墓所に石柱

火葬に参加する僧の人数は康永本系で圧倒的に多く、親鸞を荘厳しようとする覚如の意図がここにもうかがえます。なお、高田専修寺本の火葬場面には「延仁寺《エンニンシ》乃五三昧処《コサムマイショ》也」「十三重《シフサムチフ》乃塔婆《タウハ》是《コレ》也」の注記がみられます。風葬骨のようなものがころがっているので、墓地であることがわかります。十三重の塔について、勝田至氏（『日本中世の墓と葬送』第二部第三章5）は、現存する馬町十三重石塔のうちの北塔もしくは南塔にあたるかもしれない、と指摘します。「伝絵」では鳥部山の後ろから塔の先端がのぞいていていますが、「伝絵」の塔は木造の塔のように見えますし、南塔は親鸞の死亡時には建立されていないのが難点とされます。

「五三昧」とは京都周辺の葬地のことで、ここでは墓地の鳥辺野を指します。詞書には、鳥部野の南の延仁寺で火葬、鳥部野の北の大谷に遺骨を埋葬した、とされます。この詞書のとおりであるとすれば、大谷は知恩院寺地をふくむ地域をさしたので、鳥部野は広大な地域だったことになります。鳥部野の範囲は時代によって変動した可能性があるそうです（勝田至『前掲書』第二部第三章1）。

「伝絵」第十四段の左末端部には、石塔が描かれています。方柱の塔身に笠・宝珠がのせられています。高田専修寺本の注記「聖人乃墓所《ムショ》」にあるように、親鸞の遺骨を埋葬したところでしょう。四角の透垣《すいがい》がこれを囲みます。この石柱は、「伝絵」では、西本願寺本・高田専修寺本・弘願本・仏光寺本にみられます。康永本・照願寺本にはありません。西本願寺本の石柱は四角柱の笠塔婆にみえます。

「絵伝」では、三河三幅本の妙源寺本・如意寺本・願照寺本、四幅の専修寺本、六幅の万福寺旧蔵本に石柱がみられます。万福寺本の場面では石柱の周囲に三十名もの僧俗がひしめいています。康永本伝絵に準じた四幅絵伝・八幅絵伝には廟堂だけで墓所の石柱はありません。一幅の光照寺本、四幅の慈光寺本にも石柱は描かれていません。光照寺本は独自色が強い絵伝とされます。慈光寺本は、この場面について、仏光寺本伝絵に準拠していません。仏光寺本伝絵では立派な石柱が雪景色の墓所に立っています。なお、二幅の上宮寺本では画面の損傷が目立ち、石柱の有無は確認できません。康永本系の「伝絵・絵伝」には、なぜ遺骨が埋葬された「墓所」が描かれなかったのでしょう。康永本作成の頃には、廟堂に石塔とともに遺骨が移されていることから、覚如は鳥部野の墓所は実質的にその役割を終えたと判断したのでしょうか。

## もうひとつの詞書…出棺・没後儀礼にみる古層信仰の残滓《ざんし》

親鸞は葬送儀礼に無頓着でした。自分自身の葬送・没後儀礼については「賀茂川に入れて魚の餌にせよ」（大意）との言い伝えが知られているだけです。他力信仰の立場からは、死ねば浄土に往き、その後には死体が残るだけで、遺体・遺骨への執着は無用となります。しかし、家族・遺弟は伝統的な葬送儀礼でもって親鸞を送りました。夜に出棺したのは死穢を白日のもとにさらすのを避けるという意識からでしょう。四角柱の墓碑も建てました（西本願寺本伝絵）。

他力の法義にしたがい、葬送・追善儀礼を仏恩報謝の行とするのは蓮如時代まで待たねばなりませんでしたが、それでも、蓮如の葬送で「扇投げ」「沓脱ぎ」などの呪術が生きていましたし、第九代宗主・実如には沐浴後に石枕が用いられました。親鸞のそばで仕えた恵信尼にしても、旧仏教習俗の影響は免れがたかったようです。

恵信尼書簡（『注釈版聖典』第五通）に、「生きて候ふとき、卒塔婆をたててみ候はばやとて、五重に候ふ石の塔を、丈七さくにあつらへて候へば（後略─引用者）」（〔大意〕生きているあいだに、卒塔婆を建ててみようと思い、五重の石塔を高さ七尺にあつらえて注文したのです）とあるように、恵信尼は五輪石塔を注文しています。五輪は密教の五大要素で、塔は大日如来を象徴すると言われます。このような密教色の濃い五輪石塔を建てるのは、不断念仏にはげむ栗沢信蓮房や呪術をことともする善鸞をふくめて、親鸞の親族が「修験道的専修念仏に生きた人々」であるから、と五来重氏（『著作集』第五巻、２４３頁）は考えます。五来氏はこの石塔を逆修のものとしますが、生前から死後の菩提を祈る逆修とすれば、ますます他力の法義にもとるでしょう。逆修は平安時代からさかんになったとされます。文脈から逆修のものと思われるのですが、先に死んだ親鸞のために五輪塔をつくろうとしたという解釈もあります（『注釈版聖典』８１９頁、〔注〕）。その場合であっても、死後供養は他力の法義にふさわしくありません。

なお、蒲池勢至氏（「親鸞の石塔・遺骨・影像・廟堂」『誰も書かなかった親鸞─伝絵の真実』所収）は、「伝絵」に描かれた「墳墓の石塔が六角であったとすれば」という条件付きで、石塔を六角にしたのは、「間違いなく親鸞も生前に指示していたと考えられる」と、主張します。六角堂に参籠した親鸞の記憶が六角石柱制作を指示した理由であろう、とのことです。蒲池氏は、恵信尼の注文した石塔について、逆修のものとみなしますが、六角石柱建立との関連をふくめて、他力信仰との整合性が問題です。はたして親鸞が墳墓の石柱を六角笠塔婆にせよと指示したのでしょうか。「賀茂川の魚の餌にせよと言った」という伝承（『改邪鈔』一六）が事実とすれば、没後の笠塔婆の型式を親鸞が指示したという見解はなおさら疑問です。

ただし、比叡山横川の良源が考案したとされる墓は笠塔婆で、源信など歴代の上人の墓はそれに倣った「横川様式」と称される独特のものであったそうです（千葉乗隆「卒塔婆から御影堂へ―本願寺影堂成立考―」『仏教の歴史と文化』所収）。そのことから、親鸞の遺族・遺弟がその型式を望んだのかもしれません。中世の石塔は五輪塔と宝篋《ほうきょう》印塔《いんとう》が代表的なものだったそうです（勝田至「中世墓の諸相」『日本葬制史』所収）。ただし、鎌倉時代にもっとも多く使われた石塔は五輪塔と笠塔婆だったといいます（光森正士「親鸞聖人の遷化をめぐって」『仏教美術の研究』）。ただし、笠塔婆の現存例はきわめて少ないようです。

仏光寺本伝絵の詞書や『教行信証』（高田専修寺蔵）の奥書にあるように、高田派の顕智らが親鸞の遺骨を納めました。顕智が分骨を高田専修寺に収め、墳墓を築いたと伝えられます（『正統伝』巻之六、九十歳の条）。その墳墓の石塔が「伝絵」の墳墓の石塔と同形式だったと蒲池氏（『前掲論文』２６８―２６９頁）は指摘します。専修寺の石塔は六角です。平松令三氏（『聖典セミナー「親鸞聖人絵伝」』３０１―３０２頁）も、同形式の笠塔婆だったのは、顕智が指示してつくらせたからであろう、と推測します。

善鸞義絶事件は晩年の親鸞にとっては痛恨の出来事だったのですが、義絶以前であっても、親鸞の善鸞に対する評価は低かったようです。親鸞の書簡（『注釈版聖典』第八通）に、「慈信ほどのものの申すことに、常陸・下野の念仏者の、みな御こころどものうかれて（以下略―引用者）」（〔大意〕慈信〔善鸞〕がごとき者の言うことに、常陸・下野の念仏者がみな心を浮《うわ》つかせ…）という文面があります。善鸞の他力信仰理解について親鸞は危惧をいだいていたのでしょう。善鸞に限らず、ほかの親鸞の親族にしても、他力信仰をどれほど身に着けていたかは、葬送・没後儀礼からみると、疑わしいところがあると言わざるを得ません。ただし、覚如だけは親鸞の他力信仰を受け継ぐ意志をつよく保持しつづけました。

史料がほとんどないので、善鸞の前半生については推測するしかありません。親鸞とは三十歳ほどの年齢差があり、おそらくは、京都で育ち、親鸞が帰洛してから、その教えを受けたものと思われます。『日野一流系図』（実悟撰）などによれば、「善鸞」の項に「宮内卿　号慈信房（母三善為教女）」の注があります。近縁に「宮内卿」がいて、その呼称が付けられたのでしょうか。出家して比叡山あたりに住み、天台教学の影響を受けたのでしょう（親鸞は比叡山時代に「少納言公」と呼ばれました）。他力信仰を授けられたのは三十歳を過ぎてからでしょうが、それがどれほど身に着いていたのかは、上記の書簡にみられるように、疑問です。

善鸞は関東に差し向けられたものの、教団を混乱に陥れたとされます。『慕帰絵』『最須敬重絵詞』によれば、東国を巡拝していた覚如が出会った善鸞は呪術・加持祈祷をもっぱらとする巫覡《ふげき》（霊媒者）のような振舞いをしていたそうです。また、善鸞が外道（巫覡）の一行に加わり、首に「無礙光如来」の名号を掛けて馬上で念仏にふけっていたとの記事がつづきます。その名号は親鸞聖人より与えられたものとされます。念仏をする呪術者という姿が濃厚です。呪文と化した六字名号を親鸞は自力善根功徳に結びつくものとして敬遠したので、善鸞の呪術的念仏は親鸞のそれとは大いに違います。さらに、「無礙光如来」の十字名号については、「銭」の問題が絡んでいたとの指摘もあります。

覚如は絶対他力の法義を推し進めることで本願寺の興隆を図りましたが、その臨終は瑞相をともなうものとされました。覚如の父・覚恵もそうでした。ところが、親鸞の臨終は、「平生業成」の教えにしたがい、紫雲・音楽・薫風はあらわれませんでした。親鸞の臨終場面について、覚如の「伝絵」制作態度は他力信仰に立脚するものでした。ただし、室内から出棺する場面では、呪術的な出棺儀礼が描かれています。輿を室内に入れ、さらに縁側から輿を出すのが呪術であることを覚如は意識しなかったのでしょうか。仏教というよりも民俗儀礼であるからでしょう。この呪術はわりと最近まで行われ、根強いものですが、なぜ玄関から出さないのかは、たいてい忘れ去られています。僧侶の出入りに縁側が使われ、玄関が避けられる地域はまだあるようです。初稿本系の出棺場面は中世の「縁側出し」の貴重な絵画史料でしょう。

なお、臨終の床に臥せっていた時に、親鸞聖人が弟子に与えたという遺書と、これに附属する詠歌を「御臨末の御書」と言います。江戸時代後期に親鸞に仮託して創作された偽作が現代でもまことしやかに話題にのぼります。

我歳きはまりて、安養浄土に還帰すといへども、和歌の浦の片雄浪のよせかけ〳〵帰らんに同じ。一人居て喜はゞ二人とおもふべし、二人寄て喜はゞ三人と思ふべし、その一人は親鸞なり。

我なくと法は尽まじ和歌の浦　あをくさ人のあらんかぎりは

このような遺書を与えた相手を西念とする説と、性信とする説があって、前者では末期に近い親鸞を見舞いに来た西念に、後者では病気見舞いの際、または箱根での別離の際に性信に対して与えられたとされます。西念は越後で親鸞の弟子になり、宗祖に従って関東に下り、武蔵国太田に道場を開いたと伝えられます。性信の履歴については、本書第十章でふれました。現在では、西念説に付随する上記の歌が伝えられ、性信説の類歌は消えてしまったようです（中路孝信「親鸞聖人の伝承─『親鸞聖人御臨末の御書』についての一考察─」『眞宗研究』四七輯）。「御臨末の御書」にしても、親鸞が得度する際に詠んだとされる「明日ありと思ふこころのあだ桜夜半に嵐の吹かぬものかは」の詠歌にしても、偽作ではあるのですが、親鸞の生涯の大きな節目について、劇的な展開を望む門信徒の思い入れがあって、長い年月を経てこれらが成立したという面はあります。中路氏（前掲論文）は、門弟の有阿弥陀仏宛ての親鸞の書簡（『注釈版聖典』第二六通）の末尾に臨終の書に近い内容がみられることを指摘します――「この身は、いまは、としきはまりて候へば、さだめてさきだちて往生し候はんずれば、浄土にてかならずかならずまちまゐらせ候ふべし」（〔大意〕この身は今は老齢のきわみに達しているので、きっと先に往生するでしょう。かならず、かならず、浄土で待っています）。この書簡が門信徒のあいだに流布していたとすれば、間接的ではありますが、「御臨末の書」の生成に関与したのかもしれません。

## 第十五章　下巻第七段「廟堂《びょうどう》創立《そうりゅう》」（口絵29）

文永九年冬《ぶんえいくねんふゆ》のころ、東山西《ひがしやまにし》の麓《ふもと》、鳥部野《とりべの》の北《きた》、大谷《おおたに》の墳墓《ふんぼ》をあらためて、おなじき麓《ふもと》よりなほ西《にし》、吉水《よしみず》の北《きた》の辺《ほとり》に遺骨《いこつ》を掘《ほ》り渡《わた》して仏閣《ぶっかく》（〔西本願寺本〕堂閣）を立《た》て、影像《えいぞう》を安《あん》ず。この時《とき》に当《あた》りて、聖人《しょうにん》（親鸞）相伝《そうでん》の宗義《しゅうぎ》いよいよ興《こう》じ、遺訓《ゆいくん》ますます盛《さか》りなること、すこぶる在世《ざいせ》のむかしに超《こ》えたり。すべて門《もん》葉国郡《ようこくぐん》に充満《じゅうまん》し、末流処々《ばつりゅうしょしょ》に遍布《へんぷ》して、幾千万《いくせんまん》といふことをしらず。その稟教《ほんぎょう》を重《おも》くしてかの報謝《ほうしゃ》を抽《ぬき》んづる輩《ともがら》、緇素老少《しそろうしょう》、面々《めんめん》に歩《あゆ》みを運《はこ》んで年々廟堂《ねんねんびょうどう》に詣《けい》す。おほよそ聖人在世《しょうにんざいしょう》のあひだ、奇特《きどく》これおほしといへども、羅縷《らる》に遑《いとま》あらず。しかしながらこれを略《りゃく》するところなり。

奥書《おくがき》にいはく

右縁起図画《みぎえんぎずえ》の志《こころざし》、ひとへに知恩報徳《ちおんほうとく》のためにして戯論狂言《けろんきょうげん》のためにせず。あまつさへまた紫毫《しごう》を染《そ》めて翰林《かんりん》を拾《ひろ》ふ。その体《てい》もつとも拙《つたな》し、その詞《ことば》これいやし。冥《みょう》に付《つ》け顕《けん》に付《つ》け、痛《いた》みあり恥《はじ》あり。しかりといへども、ただ後見賢者《こうけんけんじゃ》の取捨《しゅしゃ》を憑《たの》みて、当時愚案《とうじぐあん》の紕謬《ひびゅう》を顧《かえり》みることなしならくのみ。

時《とき》に永仁第三《えいにんだいさん》の暦《れき》、応鐘中旬第二天《おうしょうちゅうじゅんだいにてん》、晡時《ほじ》に至《いた》りて草書《そうしょ》の篇《へん》を終《お》へをはりぬ。

画工《がこう》　法眼《ほうげん》　浄賀《じょうが》　号康楽寺《ごうこうらくじ》

暦応二歳己卯四月二十四日《りゃくおうにさいつちのとのうしがつにじゅうよっか》、ある本《ほん》をもつてにはかにこれを書写《しょしゃ》したてまつる。

先年愚筆《せんねんぐひつ》の後《のち》、一本所持《いっぽんしょじ》の処《ところ》、世上《せじょう》に闘乱《とうらん》のあひだ炎上《えんじょう》の刻《きざみ》、焼失《しょうしつ》し行方知《ゆくえし》らず。しかるにいま慮《おもんばか》らず荒本《こうほん》を得《え》て記《しる》し、これを留《とど》むるものなり。

康永二載癸未十一月二日《こうえいにさいみずのとのひつじじゅういちがつふつか》筆《ふで》を染《そ》めをはりぬ。

桑門《そうもん》　釈宗昭《しゃくそうしょう》

画工《がこう》　大法師宗舜《だいほうしそうしゅん》　康楽寺弟子《こうらくじでし》

詞書の概略＝示寂十年後の文永九年の冬ころ、東山の西麓、鳥部野の北の墳墓を改葬して、同じ山麓のなお西、吉水の北のあたりにお堂を立て、遺骨を掘り移し、堂に聖人の影像を安置した。この時、聖人から受け継いだ宗義はいよいよ興隆し、遺訓もますますさかんになること、聖人在世の昔をしのぐものだった。門下の人々は全国に満ち、末流は諸方にあまねく広がり、幾千万とも数えきれないほどで、この尊い教えを重んじ、報恩謝徳にはげむ人々は、僧俗とも、老若とも、みなそれぞれにこの廟堂に毎年参詣に来るのである。およそ聖人在世のあいだに、聖人は奇特なことどもを多くあらわされたので、くわしく記録する余裕がない。省略してここに述べた次第である。

奥書

右の縁起を絵に描こうとしたのは、ひたすら御恩を知り、徳に報いようとするためで、戯言《ざれごと》や狂言のためではない。それればかりか、絵筆を染め、文章をつづりはしたが、絵姿はひどく拙く、文体もいやしい。誰にみられても、恐縮で恥ずかしいものである。しかし、後の世にご覧になる賢者の取捨に任せ、せいぜい愚かな自分の誤りを気にかけないでおくしかない。時に永仁三年十月十二日午後四時ころ、この草稿を書き終える。

画工は法眼康楽寺淨賀

暦応二年四月二十四日、ある本にもとづいて、にわかにこれを書き写した。先年、草稿を一本所持していたが、世上に戦乱が起き、寺が炎上した際に焼失し、行方知れずになった。しかしいまこのように、思いがけず粗末ながら一本を得たので、このことを記し留めるものである。

康永二年十一月二日、書き終える。

僧　釈宗昭

画工　大法師宗舜　康楽寺弟子

## 廟堂破却される

前段「洛陽遷化」に書かれているように、鳥部野の北に親鸞の遺骨を安置する墓所がつくられました。初稿本系伝絵には透垣《すいがい》に囲まれた笠塔婆が描かれています。高田専修寺本では、木製の正方形の垣の中心に六角柱らしい笠塔婆が建っているのが鮮明に描かれています。西本願寺本でも、やや簡略化された描写ながら、透垣と四角柱らしき笠塔婆がみえます。弘願本や仏光寺本でも、同様の石塔がみられます。この石塔は康永本系伝絵では描かれていません。新たに建てられた廟堂にこの石塔を移動したからでしょうか。ただし、西本願寺本では、墓所の石塔の宝珠が三段なのですが、廟堂の石塔の宝珠は一段です。

「廟堂創立」の詞書で、廟堂には遺骨・影像が安置されたと書いてありますが、青蓮院の文書（延慶二年七月弐六日付）に「親鸞上人影像遺骨石塔等事」とあって、遺骨・影像・石塔がセットになっていました。この状態を反映しているのが高田専修寺本伝絵です。廟堂内部の中心に石塔が据えられ、その奥に木像が描かれています。「聖人遺骨をおさめたてまつるいまの廟堂是也」という注記があります。おそらく、遺骨は、堂の床下、石塔の下に置かれたか、影像内に納められたかしたでしょう。蒲池勢至氏（「親鸞の石塔・遺骨・影像・廟堂」『誰も書かなかった親鸞―伝絵の真実』所収）は、覚如による『報恩講私記』の「遺骨を拝して腸《はらわた》を絶つ」という部分から、遺骨は必要によって取り出され、拝まれるものであった、と考えます。平松令三氏（『真宗史論攷』第三部第一章）によれば、親鸞および高田派歴代の上人の遺骨が専修寺宝庫にあって、これを展示することがあったそうです。親鸞の遺骨と称されるのは歯骨ではなく「小片が少々と粉末」だったとのこと。平松氏は、分骨して納骨する風習とはすこし違い、遺骨を「拝見する」ことがかつて高田派にあったのではないか、と推測します。

このように、簡素な墓所から廟堂へ発展したのは親鸞没後十年を経てからの文永九年（１２７２）ですが、その廟堂にしても延慶二年（１３０９）に身内の騒乱によって破壊され、修復後も、建武三年（１３３６）には兵火にあって焼失もしました。

寺院として本願寺が成立するのは第三代宗主・覚如の時代ですが、正確にはいつから本願寺と称されたのかは、はっきりしません。正和《しょうわ》元年（１３１２）から元亨《げんこう》元年（１３２１）までの間に、本願寺という寺号が知られるようになったとされます（重松明久『覚如』89頁）。その後、破壊・焼失のたびに、各地に寺基を移し、現在の西本願寺の場所は豊臣秀吉が、東本願寺の寺基は徳川家康が寄進したものです。

話を最終段の絵相に戻します。廟堂に石塔と遺骨を安置したのは、師恩に報謝する場所を持ちたいという遺弟の切実な願望が働いていました。教団組織をもたない遺弟にとって、廟堂はかれらを親鸞に結びつける紐帯の基盤になるべき場所でした。それに、粗末な石塔だけが建つ墓所では上洛した門徒が身を寄せるのにも困ります。このような希望を受けて、晩年の親鸞の世話をしていた末子・覚信尼が門弟の協力を得て廟堂を建てました。その土地は覚信尼が夫・禅念から譲り受けた東山大谷の屋敷地で、覚信尼はこれを廟堂に寄進しました。かくして、廟堂は土地・建物ともに門徒の共有財産となり、覚信尼が管理することになりました。管理権をもつのは親鸞の子孫で、これを「留守職《るすしき》」としました。留守職の人選は門弟の同意を必要とする取決めでした。廟堂には顕智らの勧進で影像が安置され、廟堂は影堂に展開しました。御影堂と阿弥陀堂が併置される両堂形式は十五世紀に定着したようです。

覚信尼には覚恵《かくえ》と唯善《ゆいぜん》という異父兄弟の子どもがいて、留守職をめぐる騒乱が起きたのですが、延慶二年（1309）、唯善は訴訟に負け、廟堂内部を破壊、親鸞の木像・遺骨を奪って関東へ逃げました。この時には、覚恵は死去していて、その長子・覚如が騒乱収拾にあたりました。八年にも及ぶ骨肉の騒乱は関東門徒をも巻き込み、門徒に不信感を与えたので、門徒は覚如の留守職就任を認めることに躊躇しました（就任は、延慶三年、覚如四十一歳）。覚如は門弟の信頼を得ることに苦労しています。廟堂管理の地位だけではなく、廟堂の主導権を掌握しようとする覚如の野心に感付いていたからともされます（山田文昭『真宗史稿』第二編本論二第三章）。すくなくても門弟には「覚如に対する幾分の警戒心」があったわけです（重松明久『前掲書』77頁）。

『存覚一期記』（延慶二年〔1309〕二十歳の条）によれば、逐電した唯善は鎌倉常葉《ときわ》（常盤）に廟堂の御影と遺骨を安置しました。田舎の人々が多数常葉に参詣したそうです。本書第十二章で指摘したように、一切経校合のために親鸞が鎌倉にしばらく滞在したとすれば、鎌倉周辺に聖人の感化を受けた門弟が多かったのかもしれません（千葉乗隆「親鸞の一切経校合」『千葉乗隆博士傘寿記念論集　日本の歴史と真宗』所収）。谷下一夢氏（『存覚一期記の研究並解説』）によれば、「新編相模風土記百五には、同村東山麓に僧唯善草庵蹟なるものあり、今は陸田となつてゐるが、この邊の小名を一向堂と呼ぶのは、この廢蹟に因んだものであるとある」ということです。この地に向かったのは親鸞に因む土地であることを知っていたからでしょうか。唯善が持ち去った影像は顕智などの門弟が造立したもので、応長元年（1311）十一月二十八日付の青蓮院文書によれば、延慶三年（1310）に再び造立されました（『前掲書』延慶二年、二十歳の条）。同年七月に顕智は死亡しています。堂舎庵室については、法智らによって翌応長元年中に造営されました。唯善の奪った影像は、暦応元年（1338）、鎌倉から返却されるという情報がもたらされたのですが、果たされませんでした。

唯善が親鸞の木像をうばって逃げたことは、「伝絵」の最終段の解釈に重大な影響を与えます。それというのは、廟堂内に影像が描かれている「伝絵」と、影像がみられない「伝絵」があって、その違いが唯善による略奪騒動を反映するという見方が出されているからです。

## 廟堂内部の景観の違い

「伝絵」に描かれている廟堂内部の景観には三つのタイプがあります。①石塔のみ（西本願寺本）**（口絵30）**、②石塔と影像の併置（高田専修寺本）**（口絵29）**、③影像のみ（康永本）**（口絵31）**、の三種です。③のタイプが一般的で、「伝絵」では、康永本・弘願本・照願寺本・仏光寺本に影像だけが安置されている絵相がみられます。「絵伝」でも、康永本系のものには廟堂内に影像だけが描かれ、石柱はありません。これらの違いがどのような事情で生じたのかを総合的に解明しようとしたのが宮崎円遵氏（「本願寺聖人親鸞伝絵私記」『宮崎圓遵著作集』第二巻）です。

宮崎氏によれば、石塔のみが建つだけで影像が安置されない西本願寺本は廟堂の最初期の状態を示すものだそうです。その傍証のひとつに、法然上人の墳墓の地にあったとされる墓堂は「廟堂」と称され、影像を安置したと思わせるものがないことをあげます。この墓堂は嘉禄の法難で破却されました。また、高田専修寺本で、墓碑の石塔を中央に置き、その背後に影像が安置されているのは、石塔が廟堂の中心で、影像が後から安置されたからであろう、と考えます。さらに、恵信尼の大谷敷地関係の文書には「廟堂」「墓所」という表現があるのに対し、「影堂」を意味するものがないとの説を紹介します。「影堂」は「影像」を安置する堂です。宮崎氏は西本願寺本が高田専修寺本に先行して作成されたという立場です。

ただし、「伝絵」制作の前年、永仁二年（１２９４）に書かれた『報恩講私記』の第三条に、廟堂に跪《ひざまず》き、遺骨を拝し、「真影《しんねい》を眼前《がんぜん》に留《とど》めたまふ」とあります。これによれば、真影が廟堂に安置されていたことになるのですが、「この『真影』は木造か画像か、あるいは常置のものか、仏事法会の際ばかりの臨時的な安置か」（『前掲論文』３５５頁）などについて、考慮すべきとします。宮崎氏は、廟堂で月忌などの仏事の際に、画像が臨時に安置されることもありえたとし、『報恩講私記』の「真影」がそれであろうとみなします。したがって、石塔だけを描く「伝絵」の図と矛盾しないのだそうです。

ところが、門弟の尽力で文永九年（１２７２）に影像が廟堂に安置されたことを示す文書があります（谷下一夢『前掲書』正安三年の条）。「安置彼影像」というからには木像を常設したことになります。これは木造とみなせますが、宮崎氏は大谷横領を企てる唯善が書いたものであることなどから、真偽が疑われるとします（「前掲論文」『宮崎圓遵著作集』第二巻、３５４―３５５頁）。よって、木造の常設が廟堂創立の初期からあった、と断言しにくい面があるようです。

奥書によれば、初稿本系伝絵の制作は永仁三年（１２９５）です。木像が廟堂創立の初期から常設されていたとすれば、高田専修寺本だけでなく、西本願寺本にも石塔と木像が描かれていいはずですが、実際には西本願寺本には石塔だけが描かれています。この難問について、平松氏（『聖典セミナー「親鸞聖人絵伝」』３０８―３０９頁）の見解を紹介すると、次のようになるでしょう――文永九年、廟堂創立のごく初期には石塔だけが立てられ、その状態を描いたのが西本願寺本。同年、高田派の顕智らによって木像が安置されたことから、「伝絵」の第二稿を高田専修寺に送る際に、木像を描き入れさせたほうがよいと覚如が判断した。それを表すのが高田専修寺本の絵相、という説明です。

唯善の廟堂破壊を西本願寺本の景観の説明に適用しない点で、平松説の大枠は宮崎説に近いのですが、宮崎説は木像造立の時期を具体的に示しています。まず、永仁二年（1294）に親鸞の三十三回忌を迎え、覚如は『報恩講私記』を執筆しました。宮崎氏は、『報恩講私記』で言及された廟堂内の影像は臨時のものだった、と想定します。次いで、永仁三年（1295）十月に西本願寺本が制作されました。同年十一月の御正忌に木像が安置され、その木像をふくむ景観を高田専修寺本に描いたのが同年十二月で、それから「伝絵」を関東に送ったとします。宮崎説では、廟堂創立の文永九年から永仁三年まで臨時の影像が用いられたことになりますが、平松説では、木像常設は文永九年で、石塔建立にわずかに遅れて常設された、と考えます。

なお、初稿本系伝絵がつくられたのは永仁三年（1295）、唯善による廟堂破却は延慶二年（1309）ですが、翌年、顕智らによって木像が再び修復されました。また、残された遺骨を集めて廟堂におさめたと伝えられます。康永本が制作されたのが康永二年（1343）ですから、康永本に影像が描かれるのは自然です。

## 唯善が石塔を破壊した

石塔のみが廟堂に描かれる事情を唯善による破壊に起因させる見方について、宮崎氏は否定的です。唯善は延慶二年（1309）に廟堂の金物・石塔などを破壊し、遺骨・影像を奪って鎌倉に逃げました（大谷の土地を管理する青蓮院の延慶二年の下知状には、「破取金物石塔等逐電」とあります）。影像は顕智らが翌年再び造立したのですが、石塔は破壊されたままだったようです。

千葉乗隆氏（「卒塔婆から御影堂へ―本願寺影堂成立考―」『仏教の歴史と文化』所収）が指摘するように、唯善による破壊事件の後、応長元年（1311）十一月二十八日の青蓮院下知状には、影像を造立し、残された遺骨を安置したと書かれているだけで、石塔について言及していないことから、石塔の復活は否定されます。

時系列からみても、石塔だけが描かれた西本願寺本の図について、延慶二年の唯善の所業にからめて説明するのは困難で、西本願寺本の石塔図は真影（木像）安置以前の廟堂の景観をあらわしたもの、と宮崎氏は結論します。

他方では、唯善による略奪によって石塔だけが残されたとする見方もあり、西本願寺本が延慶二年（1309）以後に制作されたという説が引き出されました（源豊宗「親鸞聖人傳繪の研究」『新修日本絵巻物全集　第20巻　善信聖人繪・慕帰繪』所収）。しかし、影像が失われていた期間がわずかに一年であることも問題です。その間（1309―1310）に西本願寺本が制作されたのでしょうか。そもそも、西本願寺本の石塔の景観を唯善による破壊にからめて説明するのには無理があります。

宮崎氏は、破壊された石塔は再び建てられることがなかったらしく、その後、廟堂は「御影堂」へと発展した、とします。先に紹介したように、高田専修寺本に石塔と影像が描かれているのは、西本願寺本がつくられた永仁三年（1295）の十月から二箇月後の十二月までに、影像が安置されたから、と宮崎氏は推測します。さらに日時を狭めると、永仁三年十一月の御正忌にあたって木像が安置された、とします（宮崎円遵「『親鸞伝絵』の撰述について」『前掲書』）。千葉乗隆氏（前掲論文）も、永仁三年ころに顕智らの尽力で影像が堂内に安置された、と推測します。

康永本系で影像だけが描かれるのは、平松令三氏（『前掲書』299頁）によると、火事にあって石塔が壊れてしまったから、とされます。たしかに、建武三年（1336）の兵火によって廟堂は炎上しました。これによって初稿本は焼失しましたが、暦応二年（1339）にある写本（暦応本）を入手し、康永二年（1343）に最終版の康永本をつくりました。しかし、康永本に石塔がないのは、この火事によるのでしょうか。石塔は火事よりも二十七年前に唯善の狼藉によって破壊されていたはずです。すでにふれたように、宮崎氏や千葉氏は、石塔は再建されなかった、と推測します。

『本願寺史』（増補改訂、第一巻、第二章一、２２０―２２１頁）は、石塔と影像が同時に安置されている高田専修寺本の絵相が原初的であるとの説を有力とします。しかし、石塔だけが建てられている西本願寺本が墓所から遺骨を移したばかりの廟堂の最初期の状態をあらわす、との宮崎説や平松説が前者の説よりも説得力をもつように思われます。唯善が影像を奪い、石塔を破壊したのは延慶二年（１３０９）、西本願寺本の成立に遅れること十四年ですから、唯善の所業の影響が西本願寺本の絵相に及びようがありません。この段の場面について、石塔は唯善事件以前の廟堂の原初的な状態をあらわすもので、木像が安置されていないことは、むしろ、西本願寺本の原初性を示すように思われます。仮に廟堂創立の最初期から石塔と影像が同時に安置されていたとして、石塔だけが描かれている西本願寺本の絵相を、唯善が影像を奪い、石塔を破壊した史実によって、どのように説明できるのでしょうか。また、唯善による破却事件を介在させない場合でも、西本願寺本でなぜ木像が消えているのかを説明するのは困難でしょう。

## 覚如、鍵を持ち境内を掃除する

西本願寺本では、石塔だけが廟堂内に建てられ、境内に誰もいないのですが、「伝絵」にはそのような絵相のものはほかにありません。ただし、「絵伝」では、三河三幅本の三本のうち、妙源寺本・願照寺本の境内に人影が見られません。これらを除き、境内に人が描かれない「伝絵・絵伝」はありません。境内に人が描かれていないのは西本願寺本と上記の三幅本だけであることから、重要な共通点のように思われます。しかし、三幅本では廟堂の扉が閉じられているという特徴がありますので、その点では、西本願寺本に準拠した絵相とはいえません。

廟堂が閉じられている絵相は三河三幅本に特有ですが、これがどのような事情のもとに生じたのかについて、作者が内部の状態に異常があることを察知したからではないか、と平松令三氏（『前掲書』３０３頁）は推測します。廟堂の外見は六角堂で、もとの瓦葺《かわらぶき》から檜皮葺《ひわだぶき》に変わっていますが、これは南北朝動乱による火災の影響を反映しています。瓦葺はこの動乱が生じる以前に成立した初稿本系の西本願寺本と高田専修寺本だけに描かれています。

南北朝動乱による廟堂焼失が建武三年（１３３６）、再建は暦応元年（延元三年〔１３３８〕）で、やがて影像が安置されたとして、その頃の混乱状態を隠す意図があって扉が閉められたのでしょうか。また、廟堂へ阿弥陀仏像を安置し、かたわらに影像を移そうとする本願寺（覚如・善如）のもくろみは高田派宗主の専空（１２９２―１３４３）、定専（１３１７―１３６９）などの抵抗で再三拒絶されています（宮崎円遵『初期真宗の研究』第二部五、『本願寺史』増補改訂、第一巻、第三章一）。三河三幅本が高田門徒系の絵伝であることが廟堂の扉の状態と関係するのでしょうか。

廟堂内部の景観については、高田専修寺本が特異です。内部中央に石柱が建てられ、影像がその奥に斜め向きに安置されています。これと同じ絵相は「絵伝」の専修寺本と万福寺旧蔵六幅本のほかにはみられません。ただし、一幅の光照寺本がこれにやや類似します（**口絵32**）。正面に向いていますが、影像が安置され、その前に位牌らしきものが置かれています。何か書いてありますが、判読できません。この位牌は石塔の変化したものではないかとも思われます。境内に参詣人が多いのも特異でしょう。廟堂の右後ろに回廊があり僧が一人、俗人が二人座っていますが、これは康永本の回廊に誰もいないのと対照的です。ところが、墓所（荼毘所）に石柱が建てられていないのは康永本と同じです（聖人臨終場面）。光照寺本が初稿本系と康永本系のどちらに近いか、判断しにくいでしょう。

専修寺四幅本が廟堂内に石柱と右向きの影像を描き、六角廟堂の縁に僧を一人配置しているのは高田専修寺本に準拠しているからでしょう。境内に箒を持つ覚如らしき僧も高田専修寺本に準拠して描かれたものでしょう。

覚如らしき人物は多くの「伝絵・絵伝」にあらわれますが、鍵を右手に持つ図柄は高田専修寺本・弘願本・仏光寺本にみられるだけです。覚如が廟堂の管理権を握っていることを門弟に誇示するつもりで描かれた図柄なのでしょうか。そうとすれば、康永本系で鍵が描かれていないのはなぜでしょうか。西本願寺本には鍵どころか覚如の姿もありません。「伝絵」制作の初期では、覚如は門徒に対して控えめな態度を保持し、「廟堂創立」の場面に自らの姿を描かせなかったのでしょうか。それとも、高田門流に対する威嚇の意味をふくめて、高田専修寺本で管理者としての自分の立場を誇示しようとしたのでしょうか。謎が多いようです。

鍵といえば、『存覚一期記』（徳治元年〔1306〕、十七歳の条）に、覚如の父・覚恵が重病におちいった十一月、異父弟の唯善が「乞御影堂鎰」の強引な態度に出て、廟堂の鍵（鎰）を譲り受け、廟堂を占拠するという事件が起きています。しかし、高田専修寺本が制作されるのが永仁三年（1295）ですから、この「鍵剝奪」の記憶が高田本の絵相に影響をおよぼしたとはいえないでしょう。唯善が大谷廟堂を退去して鎌倉に逃げたのは延慶二年（1309）です。

また、甲斐万福寺旧蔵の六幅本にも石柱と右向きの影像が描かれていますが、独自の絵相がみられます。影像は合掌姿で、六角廟堂の縁側には十人ほどの僧俗がぐるりと影像を取り囲むように座っています。女性も混じっています。左右の回廊にも各々三人が座っています。これほど多くの参詣人は光照寺一幅本にみられるぐらいです。

西本願寺八幅本は基本的に康永本に基づいています。境内を掃くのは覚如としても、腰に差しているのは何でしょうか。腰刀のようにみえます。僧がこれを差している姿は仏光寺本伝絵の「六角夢想」画面左端や「廟堂創立」

の門前にもあらわれます（津田徹英「佛光寺本『善信聖人親鸞伝絵』の制作時期をめぐって」『美術研究』第四百八号、109頁）。これも覚如を荘厳する道具なのでしょうか。八幅本では、六角廟堂の外観は絢爛として、影像の前卓《まえじょく》は精密に描かれています。なお、箒を担ぎ、掃いたりする姿が見えないのは、西本願寺本伝絵・光照寺一幅本・妙源寺および願照寺三幅本・万福寺六幅本ぐらいだけです（三幅の如意寺本には覚如らしき人物が境内を掃いている姿がみえます）。

平松氏（『前掲書』299頁）が指摘するように、康永本系で回廊に参詣人が見えなくなります。初稿本系の西本願寺本では六人、高田専修寺本では十八人の僧俗がすわっているのとは大違いです。詞書で年ごとに参詣人が押しかけてくるように書かれているのと矛盾します。なぜ康永本で参詣者が消えたのかは謎です。親鸞の影像と覚如だけを描くことで、覚如だけが親鸞の正当な後継者であることを門弟に印象付けたかったからでしょうか。それにしても、閑散とした廟堂の景観は寂しいものがあります。見方によっては、本願寺の衰退を予兆させる図柄でしょう。

たしかに、覚如から第七代宗主・存如の時代（十五世紀後半）までは、本願寺は低迷期で、存如の時代の本願寺は「さびさびと」した状態で、参詣者の一人も見えない有様でした。存如の長子・蓮如は三度の食事にも事欠く貧窮生活を送りました。長男を除いて、生まれてくるこどもを次々と他寺に預けなければ、親子ともども餓死しなければならなかったほど貧しかったそうです。覚如がそこまで見通していたとは考えられないのですが、覚如の死後、他力信仰の光が弱まったことは否定できず、覚如の理想が実現されるのは蓮如の後半生以降のことでした。

### もうひとつの詞書…廟堂内部の景観を読み解く

この段の最大の問題は廟堂内の景観の違いがどのような事情で生じたかでしょう。ひとつは、西本願寺本の石塔だけが建立されている図柄。第二には、高田専修寺本の影像と石塔の併置。第三には、康永本系伝絵の影像のみが安置されている景観。第四には、三河三幅本で廟堂の扉が閉められている図相。これらを説明するのに諸賢が苦労してきました。第四の問題は、阿弥陀仏像安置について、高田門徒と本願寺の敵対関係が生じたことによって説明するにしても、かなり漠然とした推論に止まります。ただし、三番目までは総合的に説明する試みがなされています。

源豊宗氏は、高田本の状態が原初の廟堂内の景観で、唯善の暴挙によって影像が持ち去られたことから、西本願寺本の状況が生じた、と考えました。ところが、唯善が影像を持ち去って鎌倉に逐電する際に、廟堂の石塔などを破壊したことは古文書に明記されていることで、源説は成り立ちません。唯善の所業により、廟堂内には石塔も影像もみられない状態が生じ、翌年に顕智らの努力で影像が造立されています。

宮崎円遵氏は、石塔だけがまず廟堂に建てられたと主張しました。この説は石塔と影像が同時に安置されたという記録と矛盾します。そこで、その影像は画像、もしくは臨時に使用されたものと推定しました。これを苦しい言い訳とみなす向きがあります。ところが、平松令三氏は、臨時使用ということを介在させなくても、西本願寺本の景観を説明できる、と考えました。廟堂建立の最初期には、墓所から移された石塔が建てられたと想定し、これを描いたのが西本願寺本（初稿）の景観とします。その後、関東出身の顕智らが影像を造立したという古記録に基づき、関東に高田専修寺本（第二稿）を送るのに、顕智らが造立した影像を書き加えたのであろう、とのことです。宮崎説も大枠ではこれに近いものです。宮崎氏は、影像安置は西本願寺本がつくられた永仁三年（1295）の十月から二箇月後の十二月までの間、と推測します。さらに日時を狭めると、永仁三年十一月の御正忌にあたって木像が安置された、と推定します。

宮崎説では、高田専修寺本は西本願寺本の原本よりも二箇月遅れで制作され、木像が石塔と併置された状態が描かれたとされます。唯善が影像を奪い去った後、顕智らの尽力で影像が修復された状況を描いたのが康永本系伝絵の景観で、石塔がないのは唯善に破壊されたままになっていたからでしょう。千葉乗隆氏（前掲論文）も青蓮院文書を根拠にあげて石塔復活を否定します。

源説では西本願寺本の石塔を説明できません。破壊されたものが建っているわけがありません。また、唯善事件を介在させない場合でも、高田専修寺本の石塔と木像の併置の状態から西本願寺本の石塔だけが建てられている景観への変化を説明できないでしょう。廟堂内部の景観を手掛かりに、〔西本願寺本→高田専修寺本→康永本〕という変化過程が想定されるわけです。

絵相について、付け加えるべき注目点は、覚如らしき人物が境内で鍵を右手に握り、箒を持っている図柄です。高田専修寺本・弘願本・仏光寺本にみられるのですが、「絵伝」には描かれていないようです。画面が狭いので、細かな部分は描きにくいのでしょうか。鍵を描くのは、門弟に廟堂の管理権が覚如にあることを誇示するつもりなのでしょうか。

また、廟堂の左右に回廊があり、そこに僧俗が座っている図柄が一般にみられるのですが、「伝絵」の決定版である康永本では人影はみられません。その理由はわかりません。覚如亡き後の本願寺の衰退を予兆させるもの、と想像できないこともないのですが、うがちすぎの感があります。それとも、画面には親鸞の木像と覚如だけが描かれていることから、覚如が親鸞の正当な後継者であることを印象付けて「伝絵」を結ぶつもりだったのでしょうか。

## あとがき

中澤見明氏（『史上之親鸞』）は衝撃的な発言をしたものです。「伝絵」には史実とみられるものは少なく、ほとんど夢物語から成ると言い切ったのです。学問的な良心に基づく発言であるだけに、衝撃的なものでした。これに対し、山田文昭氏（『真宗史稿』）は作者の覚如に同情的でした。覚如が故意に事実を曲げて親鸞伝を捏造したのではなく、そもそも史料収集の段階で遺弟の不確かな言い伝えを利用せざるを得なかったので、史実に反する情報を取り入れる結果になったと弁護します。また、「伝絵」制作の目的が事実を列ねた伝記制作ではなく、聖人の信仰に多くの人々を引き入れたいという唱導の目的であったことも斟酌するべきであると主張します。

「伝絵・絵伝」の絵相の変化を総合的にみると、ざっくりと言えば、覚如の制作した「伝絵」について、史実に立脚しているのがせいぜい70％、残りの30％が「虚飾」と判断できるでしょう。つまり、大枠では、根も葉もない夢物語ではありませんが、枠内では覚如の意図にしたがって内容が修正されています。覚如は親鸞の荘厳化傾向を強め、本願寺中心主義を核にして三代伝持の血脈を強調しました。そのことは初稿本系伝絵と康永本系伝絵を比較すれば鮮明です。

高田門流に属す門徒集団がつくりあげてきた親鸞伝承は本願寺系の「伝絵」とは別系統のもので、それは三河三幅本絵伝・甲斐等々力万福寺旧蔵絵伝で画像化されています。この門流は坊守の役割を早期から重視し、善光寺信仰の影響が濃い特徴をもつといえます。玉日姫との結婚伝説をふくむ『親鸞聖人御因縁』も高田門流の荒木門徒に伝えられたものです。

同じく、高田門流に属す仏光寺派によってつくられた仏光寺本伝絵にも、特異な伝承がふくまれています。それらは「伊勢神宮参詣」「鹿島神宮参詣」です。親鸞を仏光寺の前身である興正寺の創建にかかわらせ、神祇信仰との親和性をもたせることで親鸞が「聖なる人」であることを示す伝承です。親鸞を荘厳し、興正寺（仏光寺）を真宗の本流に近づけるために神祇が利用されたとも言えるでしょう。また、「一切経校合」も仏光寺本伝絵にふくまれます。これについては、史実と見る学説が近年有力です。

なお、『親鸞聖人御因縁』の「真仏因縁」では、平太郎は「親鸞真仏」と崇められるのですが、「伝絵」下巻第五段では親鸞の一門弟の扱いになっています。制作意図の違いが典型的にあらわれた例です。おまけに、康永本伝絵には熊野権現が親鸞に頭を下げている絵相が見られます。親鸞の荘厳化が初稿本系伝絵よりもすすんでいます。これに対し、初稿本系の一幅本・二幅本・三河三幅本や万福寺六幅本絵伝などでは、権現は親鸞へ恭順の態度をとくにあらわしていません。

親鸞が善光寺聖であったとする説は五来重氏、平松令三氏などが強力に提唱したものです。勧進聖であることを明確に示す絵相は「伝絵・絵伝」にはありませんが、下巻第二段「稲田興法」で、「室の八島」を歩む親鸞の一行が笈を背負い、黒傘を持つのがそれらしい旅姿といえるかもしれません。ただし、傘はなぜか康永本では描かれていません。覚如がこれを嫌う理由があったのでしょうか。

「伝絵・絵伝」ではみられないのですが、「安城の御影」「熊皮の御影」には聖が愛用したとされるマタブリ杖が描かれ、勧進聖の外貌がこれらの御影に見られます（「安城の御影」では、猫皮の草履も描かれています）。このような図像から、聖人は「内《ない》専修、外《げ》勧進」と評せます。初期の高田門流ではそのような「親鸞観」が流布していたようです。

末尾ですが、『日本国語大辞典』（小学館）によって、「勧進聖」の意味を整理します。「かんじん【勧進】」は、

A—①「仏道に人々を導く」、A—②「社寺や仏像の建立・修理などのために広く人々に金品の寄付を募る」に大別されます。「ひじり【聖】」は、B—①「高徳の僧」、B—②「一般に僧侶の敬称」、B—③「寺院にはいらず私的に修行する僧」、B—④「諸国を巡り、勧進・乞食をしたりして修行する僧。高野聖・時宗の遊行僧を指すこともある」に分類されます。「かんじんひじり【勧進聖】」の意味については、C—①「諸国を巡り歩いてA—②をした僧」、C—②「それを名目とする乞食僧」が主なものです。親鸞にあてはめれば、赦免後、信濃から関東へ向かった頃は、善光寺再建・維持のために金品の寄付を募る勧進僧（A—②、B—④、C—①）だったとも思われます。

関東在住中および帰洛後では、念仏によって浄土往生する教えを勧める「念仏勧進」僧でした。ただし、諸国遊行の「勧進聖」ではありませんが、「安城御影」に描かれているように、「勧進聖」の性格が完全に消えたわけではありません。門弟からの寄付によって生計維持をした在俗の僧（聖）と思われます。門弟の醵金は、「念仏のすすめもの」として勧進元の親鸞に送られた、と推定できます。この「念仏勧進」では太子伝の絵解きが行われ、その勧進資料として太子関係の和讃を親鸞が制作したとする説が提唱されています。「念仏のすすめもの」には、「写経勧進」に類する「聖典・名号書写下付」による懇志もふくまれるでしょう。

覚如は、自力的信仰を嫌い、「伝絵」から親鸞の勧進聖的性格をほぼ消し去ったと思われます（ただし「入西鑑察」段でわずかに垣間見えます）。越後に流されてから関東に至るほぼ七年間は、親鸞伝の空白期間です。このあいだ、善光寺勧進聖であったとすれば、どのような生活を過ごしていたのか、解明が待たれるのですが、五来重・平松令三両先生のご逝去はこの方面の研究の進展に大打撃でした。今後、中世勧進聖の研究集積が切に望まれます。

史料が乏しいことから、事実と虚構の間に横たわる灰色ゾーンが広く深いというのが親鸞伝だけでなく、法然ほかの中世祖師伝にも顕著な問題です。絵画資料を読み解く方法によって、灰色ゾーンに分け入り、真実の親鸞伝に近づくのが本書の目標ですが、はたして所期の目的がどれほど達成されたのでしょうか。史料をフェアに扱うように心掛けましたが、ともかくも、思いもよらない誤りがあるかもしれず、読者諸賢のご叱正・ご教示を乞うしかありません。

二〇一四年七月八日　岸田緑渓

# 親鸞関係略系図

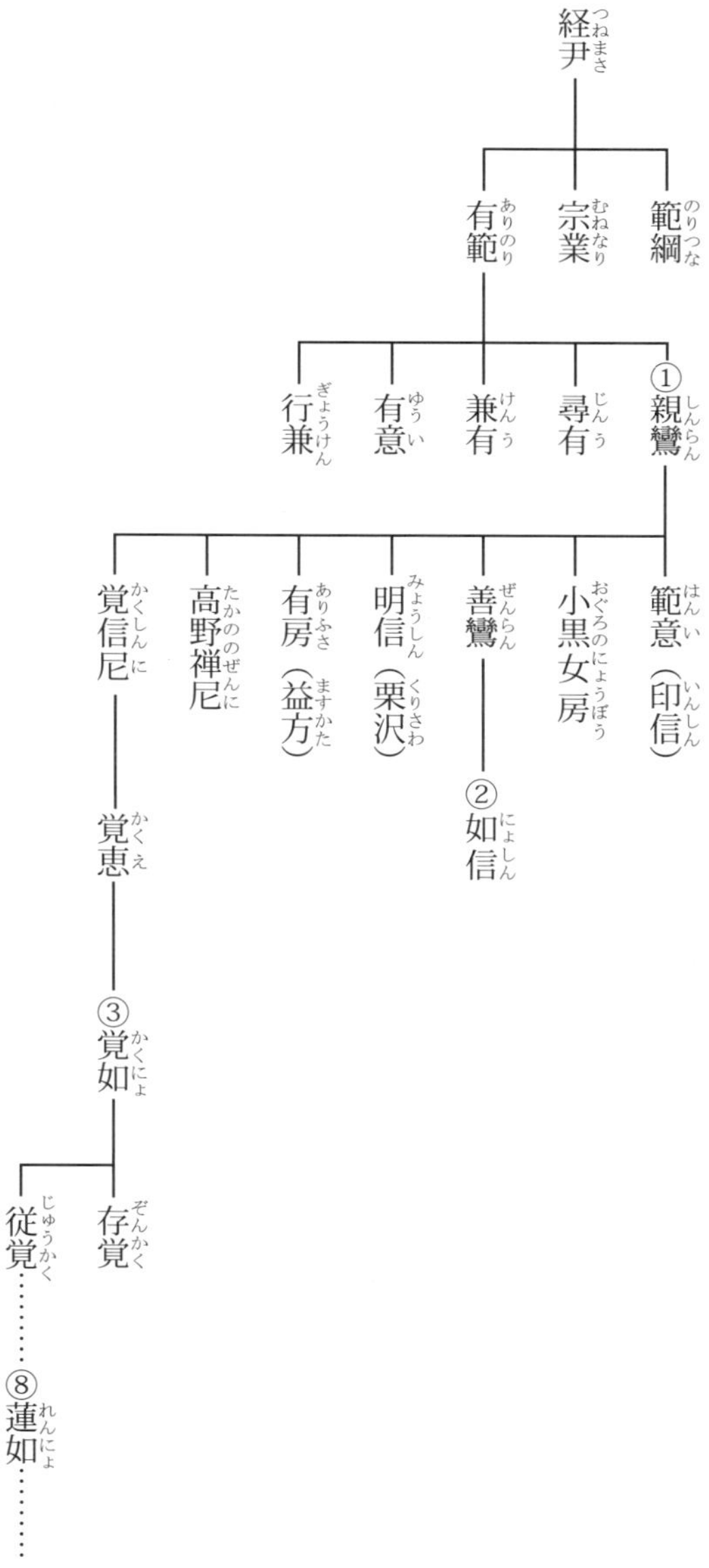
経尹《つねまさ》
範綱《のりつな》
宗業《むねなり》
有範《ありのり》
①親鸞《しんらん》
尋有《じんう》
兼有《けんう》
有意《ゆうい》
行兼《ぎょうけん》
範意《はんい》（印信《いんしん》）
小黒女房《おぐろのにょうぼう》
善鸞《ぜんらん》
明信《みょうしん》（栗沢《くりさわ》）
有房《ありふさ》（益方《ますかた》）
高野禅尼《たかののぜんに》
覚信尼《かくしんに》
②如信《にょしん》
覚恵《かくえ》
③覚如《かくにょ》
存覚《ぞんかく》
従覚《じゅうかく》
⑧蓮如《れんにょ》

## 参考文献（本書で言及した論文・著書に限る）

赤井達郎　『絵解きの系譜』（一九八九年　教育社）
赤松俊秀　『鎌倉仏教の研究』（一九五七年　平楽寺書店）
『続鎌倉仏教の研究』（一九六六年　平楽寺書店）
『親鸞』（人物叢書新装版）（一九八五年　吉川弘文館）
安藤弥　「親鸞消息にみる門弟の動向」『誰も書かなかった親鸞―伝絵の真実』（二〇一〇年　法蔵館）
池田勇諦　「信行両座・信心諍論」（『誰も書かなかった親鸞―伝絵の真実』）（二〇一〇年　法蔵館）
井筒雅風　『法衣史』（一九七四年　雄山閣出版）
井上光貞　『日本浄土教成立史の研究』（一九五六年　山川出版社）
今井雅晴　「親鸞と関東教団」（『真宗重宝聚英』第四巻）（一九八八年　同朋舎メディアプラン）
『親鸞と東国門徒』（一九九九年　吉川弘文館）
『親鸞と浄土真宗』（二〇一三年　吉川弘文館）
上田さち子　『修験と念仏』（二〇〇五年　平凡社選書２２３）
塩谷菊美　『語られた親鸞』（二〇一一年　法蔵館）
小山正文　「図版解説・総説　法然上人絵伝」「総説　拾遺古徳伝絵／善導大師絵像・法然上人絵像」（『真宗重宝聚英』第六巻）（一九八八年　同朋舎メディアプラン）

「絵伝に画かれた幼少時代の親鸞」「初期真宗門侶の一考察」「法然絵伝と真宗」「関東門侶の真宗絵伝―甲斐国万福寺旧蔵絵伝を探る―」（『親鸞と真宗絵伝』）（二〇〇〇年　法蔵館）
「〔解説〕真宗絵巻・絵詞の成立と展開」（『大系真宗史料〔特別巻〕絵巻と絵詞』）（二〇〇六年　法蔵館）
「二つの絵巻からみた師弟関係」『誰も書かなかった親鸞―伝絵の真実』（二〇一〇年　法蔵館）
「親鸞真筆の『皇太子聖徳奉讃』」「初期真宗三河教団の構図」（『続・親鸞と真宗絵伝』）（二〇一三年　法蔵館）
勝田至　『死者たちの中世』（二〇〇三年　吉川弘文館）
『日本中世の墓と葬送』（二〇〇六年　吉川弘文館）
「中世墓の諸相」（『日本葬制史』）（二〇一二年　吉川弘文館）」
蒲池勢至　「親鸞の石塔・遺骨・影像・廟堂」（『誰も書かなかった親鸞―伝絵の真実』）（二〇一〇年　法蔵館）
『真宗民俗史論』（二〇一三年　法蔵館）
北西弘　「親鸞聖人伝絵製作の意図」（『真宗重宝聚英』第五巻）（一九八九年　同朋舎メディアプラン）
菊藤明道　『親鸞聖人伝説集』（二〇一一年　法蔵館）
木越祐馨　「家系と出自」（『誰も書かなかった親鸞―伝絵の真実』）（二〇一〇年　法蔵館）
岸田緑渓　『日本の葬送儀礼―起源と民俗―』（二〇一二年　湘南社）
『親鸞と葬送民俗』（二〇一三年　湘南社）
日下無倫　『總説親鸞傳繪』（一九五八年　史籍刊行會）
黒田日出男　「『親鸞伝絵』と犬神人―「洛陽遷化」の場面を中心に―」（『週刊朝日百科　日本の歴史　別冊「歴史の読み方」1 絵画史料の読み方』）（一九八八年　朝日新聞社）

小島惠昭「神祇不拝と汚穢不浄」（『誰も書かなかった親鸞―伝絵の真実』）（二〇一〇年　法藏館）
小山聡子『親鸞の信仰と呪術―病気治療と臨終行儀―』（二〇一三年　吉川弘文館）
小柳義男「妙高山の山岳信仰」（『山岳信仰と考古学』）（二〇〇三年　同成社）
五来重『五来重著作集』第二巻〔聖の系譜と庶民仏教〕（二〇〇七年）、第五巻〔修験道の修行と宗教民俗〕（二〇〇八年）、第九巻〔庶民信仰と日本文化〕（二〇〇九年）、第十一巻〔葬と供養（上）〕（二〇〇九年）、（法藏館）
沙加戸弘『親鸞聖人 御絵伝を読み解く』（二〇一二年　法藏館）
佐藤正英『親鸞入門』（一九九八年　筑摩書房）
重松明久『日本浄土教成立過程の研究―親鸞の思想とその源流―』（一九六四年　平楽寺書店）
「『親鸞夢記』の成立」（『千葉乗隆博士還暦記念論集　日本の社会と宗教』）（一九八一年　同朋舎出版）
『覚如』（人物叢書新装版）（一九八七年　吉川弘文館）
澁澤敬三・神奈川大学日本常民文化研究所〔編〕『新版　絵巻物による日本常民生活絵引』（第二巻、第四巻、第五巻）（一九八四年　平凡社）
嶋口儀秋「善光寺信仰と真宗高田派の関係」（『印度學仏教學研究』第二十巻第二号　一九七二年）
「聖徳太子信仰と善光寺」（『太子信仰』）（一九九九年　雄山閣）
末木文美士「法然の『選択本願念仏集』撰述とその背景」（『念仏の聖者　法然』）（二〇〇四年　吉川弘文館）
平雅行『歴史のなかに見る親鸞』（二〇一一年　法藏館）
谷下一夢『存覚一期記の研究並解説』（一九六九年　改訂　永田文昌堂）
圭室諦成『葬式仏教』（オンデマンド版）（二〇〇四年　大法輪閣）

田村圓澄　『法然上人傳の研究』（新訂版）（一九七二年　法蔵館）
『法然』（人物叢書新装版）（一九八八年　吉川弘文館）
千葉乗隆　『中部山村社会の真宗』（一九七一年　吉川弘文館）
「卒塔婆から御影堂へ―本願寺影堂成立考―」（『仏教の歴史と文化』仏教史学会〔編〕）（一九八〇年　同朋舎）
「親鸞の一切経校合」（『千葉乗隆博士傘寿記念論集　日本の歴史と真宗』）（二〇〇一年　自照社）
「『親鸞聖人絵伝』（光照寺本）の成立」「真宗の礼拝対象―名号本尊―」（『千葉乗隆著作集』第四巻）（二〇〇二年　法蔵館）
津田徹英　「〈記念講演〉親鸞聖人の鎌倉滞在と一切経校合をめぐって」（『眞宗研究』第五六巻、二〇一二年）
「佛光寺本『善信聖人親鸞伝絵』の制作時期をめぐって」（『美術研究』第四百八号、二〇一三年）
土井順一　「親鸞聖人の出家得度時の詠歌」（『佛教と芸能』）（二〇〇三年　永田文昌堂）
中澤見明　『史上之親鸞』（一九八三年　法蔵館複刊）
『真宗源流史論』（一九八三年　法蔵館複刊）
中ノ堂一信　『中世勧進の研究―その形成と展開―』（二〇一二年　法蔵館）
中路孝信　「親鸞聖人出家得度時の詠歌の形成」（『日本浄土教の諸問題』）（二〇一一年　永田文昌堂）
「共同研究　親鸞聖人伝の注釈書の研究（二）親鸞聖人と詠歌」（『龍谷大学仏教文化研究所紀要』三八号、一九九九年）
名島潤慈　『夢と浄土教』（二〇〇九年　風間書房）
「親鸞聖人の伝承―『親鸞聖人御臨末の御書』についての一考察―」（『眞宗研究』四七輯、二〇〇三年）

平松令三　「高田専修寺の草創と念仏聖」（『赤松俊秀教授退官記念　国史論集』）（一九七二年　赤松俊秀教授退官記念事業会）
「解題」（『真宗史料集成』第七巻）（一九七五年　同朋舎）
「解説」（『真宗史料集成』第四巻）（一九八二年　同朋舎）
「図版解説・総説」（『真宗重宝聚英』第二巻）（一九八七年　同朋舎出版）
『真宗史論攷』（一九八八年　同朋舎出版）
「図版解説・総説　親鸞聖人絵伝」「総説　親鸞聖人絵像」（『真宗重宝聚英』第四巻）（一九八八年　同朋舎メディアプラン）
「図版解説　親鸞聖人伝絵　5．西念寺」（『真宗重宝聚英』第五巻）（一九九〇年　同朋舎メディアプラン）
『聖典セミナー「親鸞聖人絵伝」』（一九九七年　本願寺出版社）
『親鸞』（歴史文化ライブラリー　37）（一九九八年　吉川弘文館）
『親鸞の生涯と思想』（二〇〇五年　吉川弘文館）
古田武彦　『わたしひとりの親鸞』（二〇一二年　明石書店）
松尾剛次　「黒衣と白衣」（『春秋』342）（一九九二年　春秋社）
「黒衣と白衣―鎌倉新仏教を捉え直す」（『日本仏教論―東アジアの仏教思想Ⅲ』〔シリーズ・東アジア仏教〕第四巻）（一九九五年　春秋社）
松野純孝　『親鸞―その生涯と思想の展開過程』（一九五九年　三省堂）
光森正士　「親鸞聖人の遷化をめぐって」（『仏教美術の研究』）（一九九九年　自照社）

源豊宗　「親鸞聖人傳繪の研究」（『新修日本絵巻物全集』第20巻　善信聖人繪・慕帰繪）（一九七八年　角川書店）
峰岸純夫　「鎌倉時代東国の真宗門徒―真仏報恩板碑を中心に―」（『北西弘先生還暦記念会編　中世仏教と真宗』）（一九八五年　吉川弘文館）
宮崎円遵　「『いまこせんのはゝ』に就いての疑義」「『いまこせん』のはゝ私見」「帰洛後の親鸞聖人」「晩年の親鸞」（『宮崎圓遵著作集』第一巻）（一九八六年　永田文昌堂）
「本願寺聖人親鸞伝絵私記」「親鸞伝絵の竪幅絵伝」「親鸞聖人と関東の門弟」「親鸞聖人と門弟たち」「晩年の親鸞聖人と周辺」「親鸞聖人安城御影」「『親鸞伝絵』の撰述について」（『宮崎圓遵著作集』第二巻）（一九八六年　思文閣出版）
「最須敬重絵の指図書」「親鸞の和讃―三帖和讃―」（『宮崎圓遵著作集』第六巻）（一九八八年　永田文昌堂）
「『親鸞聖人御因縁』ならびに『秘伝抄』について」「真宗伝道史雑想」「伝親鸞作聖徳太子講式について―初期真宗における太子尊崇の一意義―」「聖徳太子伝の絵解―『正法論蔵』を中心として―」（『宮崎圓遵著作集』第七巻）（一九九〇年　思文閣出版）
『初期真宗の研究』（一九七一年　永田文昌堂）
「親鸞絵伝の成立と荒木門徒」（『千葉乗隆博士還暦記念論集　日本の社会と宗教』）（一九八一年　同朋舎出版）
「親鸞聖人傳繪諸本の成立と照願寺本」（『本願寺親鸞聖人傳繪』）（一九八九年　大法輪閣）
「聖徳太子略絵伝について」（『太子信仰』）（一九九九年　雄山閣出版）

吉田清　『法然浄土教成立史の研究』（二〇〇一年　岩田書院）
柳田國男　「毛坊主考」（『定本柳田國男集』第九巻）（一九六九年　筑摩書房）
山田文昭　『真宗史稿』（一九六八年　法蔵館複刊）
義江彰夫　『神仏習合』（一九九六年　岩波新書）
渡辺信和　「聖徳太子と善光寺」『誰も書かなかった親鸞―伝絵の真実』（二〇一〇年　法蔵館）

絵画史料は『真宗重宝聚英』全十巻（同朋舎出版）を利用しました。

◇追記

二十五年ぶりに小西輝夫氏著『精神医学からみた日本の高僧』（牧野出版）をひらき、親鸞についての氏の病跡学的な見解を再読しました。性格学からは、粘着気質圏内にあって、「寡黙・几帳面・誠実・執念深さ」などの性格特性によって親鸞の行実が理解できるということです。体格も粘着気質者の「闘志型」に近く、それは「鏡御影」からもわかります。そのような性格特性を生きぬいたという精神医学的見解はさておき、親鸞が「われわれと同様に妻を持ち、子を持ち、その中で味わわずにはおれなかった人間の淋しさ、悲しさから目をそらすことなく、ひたすら凡夫の救いを求めて歩みつづけたその」すがたに小西氏は共感をおぼえたとのこと。同感です。

二〇一五年二月

●著者プロフィール

岸田 緑渓（きしだ りょくけい）

昭和 20 年　島根県生まれ。
元セント・アンドルーズ大学客員研究員。
現在、浄土真宗本願寺派僧侶。

現住所　〒177-0033　東京都練馬区高野台 5-9-4
電話　03-3996-8525
郵便振替　00120-9-322656　岸田緑渓

もうひとつの親鸞伝―伝絵・絵伝を読み解く―

発　行　2015 年 3 月 25 日　第一版発行
著　者　岸田緑渓
発行者　田中康俊
発行所　株式会社 湘南社　http://shonansya.com
　　　　神奈川県藤沢市片瀬海岸 3-24-10-108
　　　　TEL　0466-26-0068
発売所　株式会社 星雲社
　　　　東京都文京区大塚 3-21-10
　　　　TEL　03-3947-1021
印刷所　株式会社 シナノパブリッシングプレス


ISBN978-4-434-20430-2　C0015

岸田緑渓著

# 日本の葬送儀礼

―起源と民俗―

「カラスが鳴くと人が死ぬ」、「死者の着物に水をかける」、「香典に赤飯を持ち寄る」、「意味のわからないお経を聞く」、「幽霊が三角巾をつけるのはなぜか」など、葬送儀礼の起源・民俗について三十一項目にわたり論考します。

ISBN978-4-434-17134-5 ● 四六判 324 頁 ● 2000 円 + 税

湘南社

岸田緑渓著

# 奥津軽の冥界紀行

—お坊さんがあなたをミステリーの世界へ—

葬送に関する風習に惹きつけられていたある研究者のもとに秘境に孤立している墓跡を見つけたとの連絡が入り……。民俗学・宗教学を背景として、山奥の庵を中心にミステリーの世界がひろがります。

ISBN978-4-434-18397-3 ● 四六判 288 頁 ● 1500 円 + 税

湘南社